Erfolg kann jeder

Gesundheit, Geld, Liebe: So findest Du ganz entspannt den Sinn im Leben und gewinnst in allen Lebensbereichen

von Alexander Lang

ForwardVerlag

ForwardVerlag

Erfolg kann jeder

Gesundheit, Geld, Liebe: So findest Du ganz entspannt den Sinn im Leben und gewinnst in allen Lebensbereichen

ForwardVerlag (StudyHelp GmbH), Paderborn
www.forwardverlag.de

1. Auflage

Autor: Alexander Lang

Kontakt: info@forwardverlag.de
Umschlaggestaltung: @magicdesign
Druck: mediaprint solutions GmbH

ISBN 978-3-98755-119-2

Über den Autor

Alexander Lang ist Immobilienunternehmer und Experte für ganzheitliches Wachstum. Nach einer beeindruckenden fünfjährigen Karriere in einer spezialisierten Einheit der Polizei Baden-Württemberg, in der er den richtigen Umgang mit Stress und extremen Herausforderungen meisterte, wandte er sich 2017 dem Immobilienmarkt zu. Inspiriert von dem Buch „Reicher als die Geissens" von Alex Fischer, baute er sich in den folgenden zwei Jahren ein beeindruckendes Portfolio von 30 Wohnungen auf, während er kontinuierlich seine Kenntnisse durch Fortbildungen und Veranstaltungen vertiefte.

2020 markierte einen Wendepunkt in Alexanders Karriere, als er beschloss, seinen Beamtenstatus niederzulegen und sich voll und ganz auf die Immobilienbranche und den Aufbau eines Mindset-Coachings zu konzentrieren. So hat er in den letzten Jahren über 60 Wohnungen gehandelt und damit einen siebenstelligen Gewinn erzielt. Seine Erkenntnis aus Spezialeinheit, Unternehmertum und persönlicher Entwicklung war: Erfolg ist lernbar. Er vertiefte sich in die Welt der Persönlichkeitsentwicklung, investierte seither über 350.000 € in seine eigene Weiterbildung und erkannte, dass persönliche Weiterentwicklung der Schlüssel zu Erfolg und Erfüllung ist.

Diesen Erfolg will er nun auch anderen möglich machen und unterstützt seit 2020 seine Coaching-Teilnehmer bei ihrer persönlichen Weiterentwicklung. In über 1.000 Stunden Eins-zu-Eins- sowie Gruppen-Coaching studierte Alexander die Herausforderungen seiner Klienten und entwickelte neue und innovative Coaching-Programme. Durch diese Programme und durch sein Buch „Mach aus Deinem Leben eine Meisterleistung", veröffentlicht 2023, hilft er seinen Klienten dabei, blockierende Glaubensmuster zu überwinden und ein erfüllteres Leben in allen Bereichen zu führen.

Mit diesem Buch zeigt Alexander, wie jeder, der nach Erfolg strebt, seine Ziele in allen Lebensbereichen erreicht und welche Schritte dafür nötig sind. Persönliche Weiterentwicklung ist für ihn die Basis des Erfolgs. Alexander möchte seine Geschichte und sein Wissen mit denen teilen, die sich jetzt dort befinden, wo er einst stand. Er zeigt, wie man alte Glaubenssätze überwindet, ein erfolgreiches Mindset entwickelt und das Leben führt, das man verdient hat.

„Persönliche Weiterentwicklung ist der Schlüssel zum Erfolg, zu mehr Gelassenheit und Erfüllung."

Website:

Instagram:

Sämtliche Inhalte dieses Buches wurden – auf Basis von Quellen, die der Autor für vertrauenswürdig erachtet – nach bestem Wissen und Gewissen recherchiert und formuliert. Dennoch können weder der Verlag noch der Autor eine Gewähr für Aktualität, Richtigkeit, Vollständigkeit, Genauigkeit oder Qualität der Inhalte übernehmen.

Quellen:

Inhaltsverzeichnis

Vorwort

Liebe Leserin, lieber Leser,

dies ist mein drittes Buch und es soll Dir zeigen, dass Erfolg nicht nur ein paar wenigen auserwählten Menschen vorbehalten ist. In den letzten Jahren bin ich sehr vielen unterschiedlichen Menschen begegnet und jeder dieser Menschen hatte sein Päckchen zu tragen. Manchmal habe ich es auf den ersten Blick gesehen, manchmal stellte es sich erst nach dem besseren Kennenlernen heraus. Aus diesen vielen Menschen habe ich eine wichtige Erkenntnis für mich gelernt: „Erfolg kann jeder."

Häufig, wenn die äußeren Umstände einer Person nicht unbedingt darauf hingewiesen haben, dass diese Person tatsächlich ihr Leben tiefgreifend ändern und erfolgreich und erfüllt sein kann, wurde ich eines Besseren belehrt. Es ist wie beim Pokerspiel: Beim Pokern kommt es nicht darauf an, dass Du die beste Hand hast, sondern dass Du mit Deiner Hand am besten spielst. Selbst eine vermeintlich schlechte Hand, bevor die ersten Karten gelegt werden, kann sich von jetzt auf gleich in einen absoluten Gewinn verwandeln.

Wir Menschen leben in einer Welt voller Bewertung und Verurteilung. Wir haben gelernt, innerhalb der ersten Momente eine Begegnung oder eine Erfahrung zu bewerten und in Raster einzuteilen. Das ist hilfreich, wenn es um Leben und Tod geht. In unserer heutigen Welt nimmt uns dieses Verhaltensmuster allerdings enormes Wachstumspotenzial, da wir Gefahr laufen, alles, was wir nicht kennen und als nicht gut bewerten, außen vor lassen. Doch wenn wir in unsere Welt immer nur Dinge hineinlassen, die uns bereits bekannt sind, können wir nicht weiter wachsen und neue Erfahrungen machen.

Dieses Buch soll einen Beitrag dazu leisten, dass Du bewusster durch Dein Leben gehst und Deinen ganz persönlichen Erfolg erreichst. Erfolg ist eine subjektive Bewertung und daher gibt es nicht diesen einen Erfolg oder Misserfolg. Es gibt für jede Person dieser Welt eine eigene Definition davon. Du wirst in den folgenden Seiten durch alle Lebensbereiche geführt – von Deinem Privatleben, über Business, Gesundheit und Fitness, bis hin zu Finanzen, Beziehungen und Persönlichkeitsentwicklung. In meinen Augen kann ein glückliches und erfülltes Leben nur durch die Verbindungen und die Balance all dieser Lebensbereiche stattfinden und hier lernst Du, wie genau das geht.

Zu viele Menschen laufen dem schnellen Geld hinterher, verlieren sich selbst darin und zerstören damit auch noch ihre Gesundheit und häufig die eigene Familie. In meiner Welt gibt es nicht „entweder oder“, sondern nur „und und und“. Ich lade Dich ein, dieses Buch als Inspiration zu sehen und die Erkenntnisse mitzunehmen, die jetzt gerade in Deiner Situation am wichtigsten für Dich sind. Neben den textlichen Inhalten findest Du immer wieder die Möglichkeit über QR-Codes noch tiefer in die einzelnen Themenpunkte einzusteigen, wie zum Beispiel in die Wertearbeit oder das Führen eines Erfolgsjournals. Nimm diese Möglichkeiten unbedingt wahr, da sie jeweils ein wichtiges Puzzlestück für Dein Leben sein können.

Nun wünsche ich Dir viel Spaß beim Lesen und maximalen Erfolg auf allen Ebenen. Du kannst Erfolg.

Dein Alexander

Einleitung

Du willst erfolgreich und glücklich sein.

Wir alle wollen das.

Was auch immer Erfolg und Glück für Dich bedeuten.

Doch viele von uns geben das Streben danach irgendwann auf. Es erscheint so schwer, das zu erreichen, fühlt sich überwältigend an, und für viele von uns scheint es fast unmöglich zu sein.

Dabei ist es so einfach, Glück und Erfolg zu finden.

Meine Suche nach Glück und Erfolg begann schon in meiner Kindheit, als ich gerade mal fünf oder sechs Jahre alt war. Der Auslöser dafür war mein Vater: Ich hatte stets das Bedürfnis, ihn stolz zu machen, auch wenn ich oft das Gefühl hatte, diesem Anspruch nicht gerecht zu werden.

Mein älterer Bruder, der mir immer um eine Armlänge voraus zu sein schien, prägte meinen Ehrgeiz zusätzlich. Dieser brüderliche Wettbewerb um die Zustimmung unserer Eltern legte den Grundstein für mein Streben nach Anerkennung und Erfolg.

Die Schule und mein soziales Umfeld verstärkten diesen Drang nur noch weiter. Inspiriert von Idolen wie Mehmet Scholl und Giovane Élber, träumte ich als Kind davon, Fußballprofi zu werden. Vielleicht kommt Dir das bekannt vor.

Auch die Teilnahme an einer Show wie *DSDS* erschien mir als ein einfacher Weg zu Ruhm und Reichtum. Ich war von der Vorstellung, über Nacht berühmt zu werden und die Liebe und Anerkennung des Publikums zu gewinnen, fasziniert. In diesen Shows führten Talent und Leidenschaft, in den Augen meines früheren, kindlichen Ichs, direkt zum Erfolg. Obwohl mein Gesangstalent für solche Wettbewerbe nicht ausreichte, blieb die Begeisterung bestehen.

Meine berufliche Laufbahn begann völlig abseits von Fußball und Bühne bei der Polizei, wo ich hoffte, durch eine steile Karriere sowohl Anerkennung als auch finanzielle Erfüllung zu finden. Ich hatte mir fest vorgenommen, Polizeipräsident zu werden und – wie ich damals dachte – ein beachtliches Gehalt von 6.000 € im Monat zu verdienen.

Erfolgreiche genießen eine Sonderstellung in der Gesellschaft.

Je mehr ich mich mit der Idee des Erfolgs beschäftigte, desto mehr verstand ich, dass wahrer Erfolg und wahrhaftiges Glück weit über den Bekanntheitsgrad und den Kontostand hinausgehen. Aber was genau ist Erfolg dann? Ich strebte danach, nicht nur im Beruf, sondern auch im Leben erfolgreich und wohlhabend zu sein, ohne allerdings genau zu wissen, wie ich dieses Ziel erreichen sollte.

Erst im Alter von 25 Jahren, im Jahr 2017, erlebte ich eine entscheidende Wende: Durch das Buch „Reicher als die Geissens“ von Alex Fischer erhielt ich den notwendigen Anstoß und einen klaren Fahrplan. Dieses Buch verdeutlichte mir die Bedeutung von Persönlichkeitsentwicklung und Unternehmertum und erklärte, welches Potenzial in Immobilieninvestitionen steckt. Mit einem Mal rückte Erfolg auch für mich in greifbare Nähe.

Das neugewonnene Wissen rund um Immobilien setzte ich direkt um und kaufte Anfang 2018 meine erste Wohnung. Mein erster Schritt in die Welt des Unternehmertums und der Immobilien war getan und plötzlich wurde mir klar: **Wahrer Erfolg und persönliches Glück lassen sich nicht durch das Erklimmen von Karriereleitern oder durch finanzielle Sicherheit finden.** Sie entstehen aus dem Mut, eigene Wege zu gehen und sind das Resultat von persönlicher Entwicklung.

Nun möchte ich meine Erkenntnisse all jenen weitergeben, die ebenfalls noch auf der Suche sind. Erfüllung und Erfolg im Leben beschränken sich nicht auf einige wenige Menschen in unserer Gesellschaft – Du kannst das erreichen, was Du anstrebst. Du brauchst nur das notwendige Wissen und eine Karte, die Dir den Weg weist.

TEIL 1
Das unerwartete Fundament Deines Erfolgs

Was sind Deine Wünsche und Bestrebungen im Leben? Wo willst Du gerne hin? Was sind Deine Ziele? Hast Du Dir darüber wirklich schon einmal uneingeschränkt Gedanken gemacht? Dir erlaubt, wirklich groß zu denken? Deiner Fantasie freien Lauf gelassen?

Meine Eltern hätten sich nie erträumt, dass ich einmal Millionär werden würde – aber genau das war mein Ziel. Allerdings fehlten mir lange Zeit der Glaube an mich selbst und das nötige Werkzeug, um dieses Ziel zu erreichen. Ich versuchte mich in den verschiedensten Bereichen – von Aktien über das Züchten von Reptilien bis hin zu kleinen Handelsgeschäften auf *Ebay*.

All diese Unternehmungen waren zwar interessant, aber keines brachte mich meinem Ziel, ein Vermögen anzuhäufen, wesentlich näher. Eine Karriere bei der Polizei schien mir der vernünftige Weg, um Anerkennung und ein besseres Einkommen zu bekommen. Stabiler, guter Job und ordentliches Gehalt. Im besten Fall Anstellung auf Lebenszeit. Hörte sich alles gut an, erfüllte aber nicht meine eigentlichen Wünsche.

Das Problem lag tiefer: Ich wusste noch gar nicht, was ich vom Leben erwarten konnte. Ich kannte meine Möglichkeiten nicht. Meine Vorstellungskraft war limitiert, wie das Fassungsvermögen eines Glases. Die wenigen Erfahrungen in meiner kleinen Welt glichen einem Schnapsglas, auf 20 Milliliter begrenzt. Erst durch gezielte Persönlichkeitsentwicklung und das Erschließen neuer Möglichkeiten erweiterte ich meinen Horizont und dadurch auch mein Fassungsvermögen schrittweise über ein standardmäßiges Wasserglas, zuerst 200 ml, dann 500 ml, weiter auf 1 Liter und so entwickelte ich mich bis heute. Ich wuchs, machte Erfahrungen, schaute über den Tellerrand hinaus, immer auf der Suche nach Neuem, stets bereit, dazuzulernen. Wer weiß, wo ich noch ankomme – vielleicht beim Äquivalent der Weltmeere. Wo stehst Du?

Wer seine Möglichkeiten nicht kennt, wird sie auch nicht ausleben. Mir war die Existenz einer Welt jenseits meiner eigenen kleinen Blase lange Zeit nicht bewusst – von First-Class-Flügen bis zu Luxushotels. Meine Träume beschränkten sich auf einen *AMG* und ein schickes Haus, während meine sonstige Vorstellung von Erfolg sehr abstrakt blieb. Ich wusste gar nicht, welche Möglichkeiten die Welt eigentlich bietet und wonach ich streben sollte, wenn ich erfolgreich sein wollte. Was ist Erfolg? Und wie sollte er aussehen? Doch eine Sache wurde mir klar: **Erfolg kann jeder.**

1. Einführung: Wir alle streben nach Glück und Erfolg

> *„Mein Vater gab mir den besten Rat meines Lebens. Er sagte: Was Du auch tust, auf keinen Fall darfst Du mit 65 aufwachen und darüber nachdenken, was Du versäumt hast.“*
>
> George Clooney

Vielleicht gehörst Du ja auch zu den Menschen, die meinen, dass Erfolg und Glück wie ferne Gestirne am Himmel erscheinen, unerreichbar und stets außer Reichweite. Doch lass uns gleich damit aufräumen: Sie sind für jeden von uns erreichbar. Erfolg kann jeder. Wie? Das ist die Eine-Million-Dollar-Frage.

Wir alle, ohne Ausnahme, streben nach Glück, Zufriedenheit, Ruhe und Erfolg. **Es ist ein universelles Streben, tief verwurzelt in unserem Sein, meist schon seit frühester Kindheit.** Ich habe manchmal das Gefühl, dass dieser Eifer sogar von der Evolution so vorgesehen ist. Diese Vermutung liegt nahe, wenn man bedenkt, dass wir instinktiv Gefahren aus dem Weg gehen – denn Gefahr bedeutet eine potenzielle Bedrohung für unser Überleben. Erfolg und Zufriedenheit schließen Gefahren schlichtweg aus. Sie schaffen einen Raum, in dem wir uns wohlfühlen und entspannen können. Hier kann das Gehirn herunterschalten und muss nicht in Alarmstimmung sein.

Doch während wir alle bildlich gesprochen den Gipfel erklimmen wollen, sieht jeder von uns einen anderen Berg vor sich. Für den einen mag es berufliche Anerkennung sein, die auf dem Gipfel wartet, für den anderen die Suche nach innerem Frieden oder das Erreichen finanzieller Unabhängigkeit.

Schon von klein auf werden wir darauf konditioniert, dass Erfolg etwas Positives ist, das auf etwas Mühsames folgt. „Wenn Du Dein Gemüse aufisst, darfst Du fernsehen“ oder „Wenn Du brav bist, kriegst Du Schokolade". Es ist also eine sehr frühe und nicht auf den ersten Blick wahrnehmbare Form der Konditionierung. Wer X macht, bekommt Y – wobei Y für den Erfolg nach den Mühen steht. Als Kind manifestiert sich dieser Erfolg zumeist in Form von Anerkennung, später verschiebt sich der Fokus auf andere Werte wie Geld.

Aber warum scheint Erfolg oft so unerreichbar? Wir alle strengen uns doch täglich an und durchlaufen etliche Mühen. Müssen wir uns noch mehr abmühen? Genau da liegt der Fehler: Es ist nicht der Erfolg selbst, der schwer zu erreichen ist; es ist unsere Vorstellung davon, was Erfolg bedeutet, die uns im Weg steht. Auch ich habe in meinem Leben viele Momente des Zweifels, der Unsicherheit und des Scheiterns erfahren. Doch durch diese Erfahrungen lernte ich eine entscheidende Lektion:

Erfolg ist kein genau definiertes Ziel, sondern eine fortwährende Reise.

Erfolg kann jeder. Aber Du brauchst für ihn mehr als nur den Wunsch selbst und das Denken in X und Y: „Wenn ich das tue, dann bin ich erfolgreich". Stattdessen erfordert er Verständnis, Anpassungsfähigkeit und die Bereitschaft, Deine eigenen Definitionen von Erfolg und Glück zu hinterfragen und neu zu formulieren.

Genau hier möchte ich ansetzen und Dir in diesem Buch mehr bieten als nur eine Sammlung von Geschichten und Ratschlägen. Sieh dieses Buch als Deinen Kompass, der Dich auf Deinem persönlichen Weg zu Glück und Erfolg leitet. Du erhältst Einsichten und ganz konkrete, praktische Werkzeuge und Strategien, die auch Dir helfen, Deine persönlichen Berge zu erklimmen und am Gipfel genau das zu finden, was Du Dir erträumst.

2. Das Paradoxon: Warum Erfolg oft unerreichbar scheint

Lass mich direkt mit ein paar falschen Glaubenssätzen aufräumen: **Erfolg ist nichts Exklusives, das nur den „Auserwählten", den außergewöhnlich Begabten oder den Glücklichen vorbehalten ist.** Erfolg ist auch kein seltener, beinahe mystischer Zustand, der nur unter besonderen Umständen erreicht werden kann. Und zu guter Letzt hängt die Höhe des Erfolgs auch nicht direkt von der Bürde ab, die Du auf Dich nimmst, um ihn zu erreichen.

Alle diese Perspektiven sind trügerisch und schaffen ein Paradoxon, das viele von uns davon abhält, ihre eigenen Erfolge zu erkennen und zu verfolgen.

Ich erinnere mich gut daran, wie mein Vater auf meine Äußerung, dass ich einmal reich und erfolgreich sein will, mit ironischer Stimme antwortete: „Du glaubst auch, die ganze Welt wartet auf Alexander Lang."

Denk daran, dass in den meisten Fällen Dein Umfeld nicht klassisch erfolgreich ist und Dir daher auch nur mangelhaft beibringen kann, was Erfolg bedeutet. Hast Du Millionäre in der eigenen Familie oder im eigenen Freundeskreis? Wie sollen Dir dann ausgerechnet diese Menschen gute Ratschläge darüber geben können, wie man reich wird? Genauso sieht es auch mit Erfolg aus.

Meist ist sogar das Gegenteil der Fall: Dein Umfeld wird Dir aus der eigenen Lebenssituation heraus eher dazu raten, etwas „Vernünftiges" zu lernen und fleißig zu sein. Bloß nichts Ungewöhnliches wagen, sonst blamiert man sich. Bloß nicht zu viel träumen, sonst folgt die Enttäuschung. Bloß nicht zu hoch hinauswagen, sonst folgt der Absturz.

Sicher kennst Du den Song „Lieber Wolke 4 mit Dir als unten wieder ganz allein“. Er macht genau das deutlich: Menschen geben sich mit dem Mittelmaß zufrieden, statt Wolke 7 anzustreben. Sie bleiben lieber auf der niedrigeren Wolke 4 sitzen, als Gefahr zu laufen, wieder ganz nach unten zu fallen.

Die Angst vor dem Scheitern spielt eine große Rolle im paradoxen Verständnis von Erfolg. Sie lähmt, hält Dich davon ab, Risiken einzugehen und neue Wege zu beschreiten. Doch ohne Mut, ohne die Bereitschaft, zu scheitern, schränkst Du Deine Möglichkeiten ein und verhinderst potenziellen Erfolg, bevor er sich überhaupt zeigen kann. Die Überwindung dieser Angst und das Akzeptieren von Rückschlägen als Teil des Wachstumsprozesses sind deshalb wortwörtlich erfolgsentscheidend.

Gerade die Babyboomer-Generation, zu der auch unsere Eltern zählen, trug noch viele Ängste in sich – Ängste, deren Wurzeln zurück in die Nachkriegszeiten reichen. Das hat dazu geführt, dass sie uns lehrten, Sicherheit über alles zu stellen: Eine solide Ausbildung, ein sicherer Job in einem großen, stabilen Konzern, Eigenheim, Auto und der jährliche Urlaub, immer zur gleichen Zeit, gelten als Inbegriff des Erfolgs.

Diese Vorstellungen von Glück und Erfolg sind gut gemeint, basieren aber auf der Idee, dass wir es ein bisschen besser haben sollen als sie, aber auch nicht viel, viel besser. Eine zu starke Abweichung vom eigenen Lebensweg könnte die Eltern vor den Kopf stoßen, sie vielleicht sogar dazu veranlassen, ihre eigenen Lebensentscheidungen infrage zu stellen. Dabei ist es nie zu spät, sich noch umzuentscheiden.

Es gibt immer Möglichkeiten,
Du musst sie Dir nur bewusst machen.

Eine wesentliche Komponente auf dem Weg zum Erfolg sind deshalb die Selbstreflexion, die Persönlichkeitsentwicklung und die Fähigkeit, Deine eigene Definition von Erfolg zu entwickeln und immer wieder zu hinterfragen. Zu oft orientieren wir uns an den Erwartungen und Maßstäben anderer, anstatt uns selbst zu fragen: „Was bedeutet Erfolg für mich?"

Erfolg ist subjektiv und variiert von Mensch zu Mensch. Am Ende geht es um Deine Haltung: Eine Haltung, die von Offenheit für das ständige Lernen, Anpassungsfähigkeit und vor allem Entschlossenheit geprägt ist, ebnet Dir den Weg zum Erfolg, denn es erfordert Mut, die eigene Route zu wählen, die zum Erfolg führt. Oft liegt sie abseits der ausgetretenen Pfade.

Überwinde das Paradoxon des Erfolgs und mach Dir klar, was Erfolg für Dich bedeutet. Tauche tiefer in Dein eigenes Verständnis von Erfolg ein, konfrontiere Dich mit Deinen Ängsten und gehe mutig voran. Vielleicht stürzt Du ein paar Mal von Wolke 4 nach unten. Vielleicht erreichst Du aber auch Wolke 7 und Deinen persönlichen Erfolg in seiner wahren Form. Das schaffst Du aber nur, wenn Du bereit bist, die Reise überhaupt anzutreten, unterwegs aus den Lektionen des Lebens zu lernen und immer nach vorne zu blicken.

Für mich persönlich schien Erfolg lange Zeit unerreichbar, zumal ich gegen eine Vielzahl von Widerständen zu kämpfen hatte, vor allem vonseiten meiner Familie. Meine Eltern äußerten immer wieder Bedenken und Ängste bezüglich der Veränderungen in meinem Leben und meiner rasanten Entwicklung. Trotz oder gerade wegen der Liebe meiner Mutter war ihr angst und bange, als ich anfing, die ausgetretenen Wege der Gesellschaft zu verlassen. Mein Vater neigte dazu, in allem nur das Negative zu sehen und war über die Maßen kritisch. Mein Bruder und Teile meines damaligen Umfelds, einschließlich meiner damaligen Freundin, zeigten sich ebenso skeptisch gegenüber meinem Weg.

Wieder und wieder wurde meine Euphorie gedämpft. Meine Eltern warfen mir sogar vor, dass ich mich zu schnell verändere, einer Sekte beigetreten sei oder mich von zweifelhaften Personen beeinflussen lasse. Mir wurde sogar vorgeworfen, dass ich gebrainwashed wurde.

In dieser Zeit des Zweifels und der Kritik war die Unterstützung durch einen Mentor für mich von entscheidender Bedeutung. Die enge Begleitung gab mir die nötige Sicherheit und Bestätigung, dass ich auf dem richtigen Weg war. Ohne diesen Mentor hätte ich mich sicherlich über kurz oder lang von meinem Umfeld beeinflussen lassen, meine Ambitionen zurückgesteckt und hätte aufgegeben. Da bin ich mir absolut sicher. Diese Lebensphase verdeutlichte mir, wie wichtig Unterstützung und der Glaube an den eigenen Weg sind, um gegen Widerstände zu bestehen und die eigenen Ziele ohne Wenn und Aber zu verfolgen.

Was Dein Umfeld oder die Gesellschaft als Erfolg betrachten, muss nicht Deiner eigenen Ansicht von Erfolg entsprechen.

Das führt zu dem Paradoxon, dass Du vielleicht in den Augen der Welt erfolgreich scheinst, Dich selbst aber alles andere als erfolgreich fühlst. Darum ist es so wichtig, Erfolg für Dich zu definieren.

WAS SIND DEINE 3 WICHTIGSTEN ERKENNTNISSE AUS DIESEM KAPITEL?

1

2

3

3. Erfolg neu definiert: Was bedeutet Erfolg für Dich?

> *„Bedeutende Leistungen werden nur von bedeutenden Menschen erzielt; und bedeutend ist jemand nur dann, wenn er fest entschlossen ist, es zu sein."*
>
> Charles de Gaulle

Wir werden ununterbrochen mit Botschaften bombardiert, was Erfolg zu bedeuten scheint. Da ist es leicht, sich in einer Flut von Erwartungen und Vorstellungen zu verlieren, die oft nicht unsere eigenen sind. Erfolg wird dann an materiellem Besitz, beruflichem Status oder sozialer Anerkennung gemessen. Aber ist das auch Dein Erfolg?

Verschiedene Definitionen von Erfolg

Wirklich gut getroffen ist die Definition, die erscheint, wenn man googelt: „Was bedeutet Erfolg". Hier bekommt man zur Antwort: *Erfolg: positives Ergebnis einer Bemühung*.[1]

Der Duden sagt: *positives Ergebnis einer Bemühung; Eintreten einer beabsichtigten, erstrebten Wirkung*.[2]

Das Lexikon der Psychologie auf *spektrum.de* definiert Erfolg so: *Erfolg, bezeichnet in der Motivations- bzw. Lernpsychologie bestimmte Verstärker, die ähnliches zukünftiges Verhalten wahrscheinlicher machen und allgemein aktivierend wirken*.[3]

Das Digitale Wörterbuch der deutschen Sprache schreibt: Eintritt einer beabsichtigten, angestrebten Wirkung, positives Ergebnis.[4]

[1] Google/Oxford Languages (2024)
[2] Duden (o.J.)
[3] Spektrum (1992)
[4] Digitales Lexikon der deutschen Sprache (o.J.)

values-academy.de sagt zur Wortherkunft: *Rückbildung zum Verb „erfolgen" = „das, was dem folgt, was zuvor getan wurde" im Sinne von „angestrebtes, hervorragendes Ergebnis"*; auch: *„das Erreichen eines Zieles, gewünschte Wirkung erzeugen", vgl. „Effektivität" = „einen Effekt erzielen; bewirken"* und sagt weiter: *Erfolg ist kein Wert, auch wenn dieser Begriff oft als solcher bezeichnet oder verwendet wird. In diesem Fall wird auf pauschale Weise davon ausgegangen, dass Wertvorstellungen erreicht werden, ohne diese konkret zu benennen.*[5]

Erfolg ist vielmehr der Zustand, bei dem bestimmte Werte (in einem gewünschten hohen Maß) gelebt bzw. erreicht worden sind. Erfolg ist die Summe aller geschaffenen Werte in einem bestimmten Kontext. Meist werden diese Werte und Wertvorstellungen durch eine zuvor aufgestellte Zielsetzung definiert und anschließend erreicht sowie auf dem Weg dorthin durch sogenannte Erfolgskontrollen gemessen.

In einem Interview in der *Wirtschaftswoche* heißt es: *Ich orientiere mich gerne an einer Definition, die mindestens 2000 Jahre alt ist. Erfolg hängt demnach weder davon ab, wie eine Gesellschaft Prestige verteilt, noch eignet er sich für vulgäre Rankings. Wahrer Erfolg ist innerer Erfolg.*[6]

Für mich ist zum Beispiel Cristiano Ronaldo nicht wirklich erfolgreich. Natürlich genießt er Ruhm, Anerkennung und hat viel Geld. Aber nachdem ich eine Dokumentation über ihn gesehen habe und sah, wie er in diese Rolle gedrängt wurde und heute auch lebt, bin ich mir sicher, dass er nicht wirklich glücklich ist.

Erfolg ohne innere Zufriedenheit gibt es einfach nicht. Daher betrachte ich Ronaldo nicht als erfolgreich. Also, was ist nun Erfolg? Die Antwort liegt in der individuellen Bedeutung, die wir dem Erfolg beimessen.

---

[5] Value Academy (2022)
[6] Wirtschaftswoche (2017)

Um Erfolg neu zu definieren, tritt einen Schritt zurück und frage Dich: „Was ist wirklich wichtig für mich? Was macht mich wahrhaft glücklich und erfüllt mich?"

Diese Fragen führen Dich zu einer tieferen, persönlicheren Definition von Erfolg, die über das Oberflächliche hinausgeht. Für einige mag Erfolg darin bestehen, ihre Leidenschaften zu verfolgen und in einem Bereich, der ihnen am Herzen liegt, Meisterschaft zu erlangen - sei das im Baumstammwerfen oder im Kuchenbacken - unabhängig vom finanziellen Gewinn. Für andere könnte Erfolg bedeuten, Zeit mit Familie und Freunden zu verbringen und bedeutungsvolle Beziehungen aufzubauen. Wieder andere definieren Erfolg als die Fähigkeit, einen positiven Einfluss auf die Welt auszuüben, sei es durch ehrenamtliche Arbeit, Umweltschutz oder soziales Engagement.

Diese individuelle Sichtweise von Erfolg fordert Dich dazu heraus, über die gesellschaftlich vorgegebenen Pfade hinauszudenken und Dich auf das zu konzentrieren, was Dir Erfüllung und Sinn bringt. Sei authentisch und führe ein Leben, das mit Deinen tiefsten Werten und Überzeugungen übereinstimmt.

Wir alle kommen als weißes, unbeschriebenes Blatt Papier auf die Welt. Im Laufe der Zeit schreiben unsere Eltern, unsere Lehrer, unser Umfeld und auch die Gesellschaft etwas auf dieses Blatt. Sie falten es hier und dort, erzeugen Knicke und biegen es zurecht. Das macht uns kleiner, als wir eigentlich sind, damit wir eine bestimmte vom System vorgelegte Form einnehmen und zu den anderen gefalteten Blättern passen.

Stell Dir nun vor, Du könntest Dich selbst wieder entfalten. Wieder den Raum und die Fläche einnehmen, die von Natur aus Dir gehören. Radiere aus, was auf Dir geschrieben wurde und starte als weißes Blatt Papier neu. Tust Du das nicht, passt auch Dein Bild von Erfolg nicht auf Dein Blatt, sondern muss sich ebenfalls an die vorgegebene Form anpassen und wird verzerrt und verfälscht. Dann läufst Du einem Bild von Erfolg hinterher, das im Zweifel gar nicht Dein eigenes ist, sondern das Deiner Eltern, Deiner Lehrer, Deiner Freunde oder der Gesellschaft.

Dieser Prozess stellt eine echte Herausforderung dar, weil er Dich dazu zwingt, Konventionen infrage zu stellen und vielleicht zu erkennen, dass Dein bisheriges Verständnis von Erfolg Dich nicht wirklich glücklich macht.

Aber aus dieser Herausforderung entspringt auch eine immense Freiheit: die Freiheit, Dein eigenes Leben nach Deinen eigenen Werten zu gestalten.

Definiere Erfolg auf Deine eigene, einzigartige Weise und eröffne Dir Wege zum wahren Glück und zur Zufriedenheit, die Du sonst vielleicht nie entdeckt hättest.

Letztlich ist Erfolg nicht das Ziel, sondern die Reise selbst. Leb jeden Tag bewusst, triff Entscheidungen, die Dich glücklich machen, und feiere die kleinen Siege, die auf dem Weg liegen. Indem Du Erfolg für Dich selbst neu definierst, schaffst Du ein Leben, das nicht nur erfolgreich im herkömmlichen Sinne ist, sondern eines, das echt, authentisch und erfüllend ist. Es ist diese persönliche Sicht auf Erfolg, die die Basis für ein wahrhaft bedeutungsvolles und erfülltes Leben bildet. Dabei sind die Suche nach Erfolg und die Suche nach Sinn eng miteinander verknüpft.

Maurice Bork, Host des Podcasts „Erfolg ist kein Zufall – Der Nummer 1 Podcast in Deutschland zum Thema Erfolg“[7] erzählt über Erfolg:

„Für mich bedeutet Erfolg, die Freiheit zu haben, zu bestimmen, wann ich arbeite, ob ich arbeite und mit wem ich arbeite. Vor allem will ich nicht Opfer meines Terminkalenders sein. Einmal teilte mir jemand mit, er habe erst in acht Wochen einen Slot frei, um einen Podcast mit mir aufzunehmen. Dieser Mensch hat zweifelsohne finanzielle Erfolge verbucht, doch nach meiner persönlichen Definition ist er nicht erfolgreich. Weil es ihm an Freiheit mangelt. Darüber hinaus bedeutet „Erfolg“ für mich, dass man die verschiedensten Lebensbereiche parallel bedient bekommt: Familie, Freunde, Gesundheit, Fitness, Beruf, Finanzen, persönliche Entwicklung und soziales Engagement. Jemand, den die Gier steuert, jemand, der nach immer mehr Geld strebt und der dafür alles andere vernachlässigt, dessen Erfolg beschränkt sich auf eine Facette. Das ist doch traurig!

Wer hingegen sein „Erfolgsgleichgewicht“ gefunden hat, kann sich glücklich schätzen. Das bedeutet jedoch nicht, dass dieser Zustand auf ewig andauern wird, da sich der Lebensschwerpunkt verlagern könnte. Ganz nach dem Prinzip der Freiheit erlaube ich mir, meine Definition nicht in Stein zu meißeln, sondern in Sand zu schreiben.“

[7] *Apple Podcast*: „Erfolg ist kein Zufall“

WAS SIND DEINE 3 WICHTIGSTEN ERKENNTNISSE AUS DIESEM KAPITEL?

1

2

3

4. Die Suche nach dem Sinn: Was ist Dein Lebenszweck?

„Wer den Hafen nicht kennt, in den er segeln will, für den ist kein Wind der richtige."

Seneca

Die Frage nach dem Sinn des Lebens ist so alt wie die Menschheit selbst. Viele von uns verbringen Jahre, manchmal sogar ein ganzes Leben, auf der Suche nach einer Antwort auf diese Frage. Doch was, wenn der Schlüssel zum Erfolg und zur wahren Erfüllung in dieser Suche selbst liegt? Was, wenn Dein Lebenszweck nicht etwas ist, das gefunden, sondern etwas, das erschaffen wird?

Ein Lebenszweck gibt Richtung, er motiviert, legt die Grundlagen für Entscheidungen und beeinflusst, wie Du Deine Zeit und Deine Ressourcen nutzt. Er hilft Dir, Prioritäten zu setzen und führt Dich durch schwierige Zeiten, indem er Dir ein größeres Bild vor Augen hält. Doch wie findest Du diesen Zweck, diese tiefere Bedeutung im eigenen Leben?

Alles beginnt mit der Selbsterkenntnis. Um Deinen Lebenszweck zu entdecken, musst Du zunächst Dich selbst kennen: Deine Leidenschaften, Deine Stärken, Deine Werte.

Was bringt Dich zum Leuchten? Wofür stehst Du morgens gerne auf? Welche Aktivitäten lassen Dich die Zeit vergessen? Die Antworten auf diese Fragen sind Hinweise auf Deinen Lebenszweck.

Bei der Beantwortung dieser Fragen geht es um Selbstreflexion. Halte inne und nimm Dir die Zeit, Dein Innerstes zu erkunden, Deine Träume, Wünsche und das, was Dich wirklich antreibt, zu verstehen. Dabei hilft es, jemanden zu haben, der Dich unterstützt, denn es gibt immer wieder blinde Flecken, die man an sich selbst nicht sieht. Macht Dich jemand auf diese blinden Flecken aufmerksam, komplettiert diese neue Perspektive das Bild, das Du von Dir selbst hast. Daher sind ehrliche und offene Partnerschaften auch Gold wert für die Selbsterkenntnis.

Für mich war ein weiterer Aspekt besonders aufschlussreich, und zwar der Gang in die Spiritualität. Ich habe mich neuen Sichtweisen geöffnet und Erfahrungen von Menschen gelauscht, die völlig andere Möglichkeiten wahrnahmen. Diese Menschen haben mir Dinge aufgezeigt, die ich immer gespürt hatte, aber nie richtig ausdrücken konnte, oder bei denen ich mich nicht getraut hatte, sie auszusprechen.

Davor gehörte ich zu den größten Zweiflern und Kritikern von Spiritualität. Als ich 2021 auf einer Mastermind zum ersten Mal etwas von der Seelenlehre und Reinkarnation hörte, schüttelte ich nur den Kopf und wollte nichts davon wissen. Doch immer öfter lernte ich Menschen kennen, die in dem Bereich bereits weiter waren als ich, sodass ich mich Stück für Stück mehr damit beschäftigte. So wie ich mein eigenes Fassungsvermögen erweiterte, nahm ich auch hier eine neue Perspektive ein. Ich machte mich frei von Konventionen und sah Dinge mit neuen Augen. Heute kann ich sagen, dass ich unendlich dankbar für die Erfahrungen und Erkenntnisse bin, die ich dem Gang in die Spiritualität zu verdanken habe.

Ob Du diesen Weg auch gehen möchtest, liegt allein an Dir. Versuch es und Du wirst spüren, ob Du auf dem richtigen Weg bist oder nicht. Du wirst spüren, wenn das Feuer in Dir entflammt und plötzlich Licht auf eine bestimmte Richtung oder ein neues Ziel in Deinem Leben wirft. Du wirst die positive Energie spüren und diesem Weg unweigerlich folgen.

Wenn es sich richtig anfühlt, tu es.

Um noch tiefer in die Suche nach Deinem Sinn einzusteigen, verbinde Dich auch mit der Welt um Dich herum. Wie kannst

Du Deinen einzigartigen Beitrag leisten? Jeder von uns hat etwas zu geben, sei es durch unsere Arbeit, unser Engagement für die Gemeinschaft oder durch die Art und Weise, wie wir miteinander umgehen. **Dein Lebenszweck findet sich oft an der Schnittstelle dessen, was Du liebst, was Du gut kannst und was die Welt von Dir benötigt.** Dabei ist Dein Lebenszweck kein statisches Ziel, sondern entwickelt sich mit Dir weiter. Was in einem Lebensabschnitt bedeutungsvoll ist, kann sich im nächsten komplett ändern. Eine junge Mutter sieht in ihren Kindern vielleicht für viele Jahre den Sinn ihres Daseins, findet aber, sobald die Kinder ausgezogen sind und ihr eigenes Leben leben, einen neuen Sinn. Sei offen für diese Entwicklungen und erlaube Dir, Deinen Zweck neu zu definieren, wenn sich Deine Umstände, Interessen oder Ansichten ändern.

Wann immer Du glaubst, etwas gefunden zu haben, das Dich erfüllt, probiere es aus. Auf der Suche nach dem Lebenszweck ist das Handeln unumgänglich. Es reicht nicht aus, über den Sinn des Lebens nur nachzudenken; unternimm die notwendigen Schritte, um Deine Erkenntnisse in die Tat umzusetzen. Experimentiere mit verschiedenen Wegen, engagiere Dich in Bereichen, die Dich interessieren, sei bereit, Risiken einzugehen. Oft ist es die Erfahrung, nicht die Theorie, die uns unserem wahren Zweck näherbringt.

Zu guter Letzt, sei geduldig mit Dir selbst. Es kann Zeiten geben, in denen der Weg deutlich vor Dir liegt und alles im Leben wie Puzzleteile zueinanderpasst. Dann scheint der Sinn völlig klar und eindeutig. In anderen Zeiten aber fühlst Du Dich vielleicht verloren, weißt nicht, wohin mit Dir, und nichts scheint einen Sinn zu ergeben. Beide Phasen sind Teil des Findungsprozesses. Was zählt, ist, dass Du immer nach vorne blickst und offen für Veränderungen bist, um aus jeder Erfahrung zu lernen.

Indem Du Deinen Lebenszweck erkundest und definierst, verleihst Du Deinem Leben eine tiefere Dimension von Erfolg. Es ist diese Suche nach Sinn, die Dich nicht nur zu einer besseren

Version von Dir macht, sondern auch zu einem reicheren, erfüllteren Leben führt – zu einem erfolgreichen Dasein. Was ist Dein Lebenszweck? Die Antwort liegt in Dir, bereit, entdeckt und gelebt zu werden.

Der Weg ist das Ziel

Die Antwort auf die Frage, ob es eine Art vorbestimmtes Schicksal gibt, hat Generationen von Theologen und Philosophen so manch schlaflose Nacht gekostet. Auch ich kann natürlich nicht sagen, ob es bei jedem ein solches vorbestimmtes Schicksal gibt. Gehe ich in meinem Leben jedoch chronologisch zurück, so sehe ich verdammt klare Zeichen dafür, dass es bei mir so ist. Immer wieder fügten sich Gegebenheiten, um mich in eine bestimmte Richtung zu lenken, die mich meinem Sinn näherbrachte. Dieser Weg hat mich dorthin geleitet, wo ich heute bin – zu meinem persönlichen Erfolg.

Nur durch die Erfahrungen, die ich auf diesem Weg gesammelt habe, bin ich der Mensch geworden, der ich heute bin. Es kommt jedoch darauf an, dass Du aus den Erfahrungen auf Deinem Weg auch das machst, was Dir Deine Intuition sagt und Dich nicht von Deiner Umwelt und Konventionen unterkriegen lässt.

Nehmen wir ein extremes Beispiel: Wenn jemand als Kind Missbrauch erfährt und sich später im Leben dazu entscheidet, Selbsthilfegruppen für Missbrauchsopfer zu betreiben, um anderen zu helfen, dann legten die negativen Erlebnisse den Grundstein für das Finden des eigenen Sinns.

Der Weg eines jeden Menschen setzt sich aus den einzelnen Erlebnissen im Leben zusammen und führt jeden von uns an unser persönliches Ziel, auch wenn es nicht immer direkt den Anschein hat. Es liegt an uns, die Zeichen zu erkennen und das Beste aus jeder Situation zu machen.

WAS SIND DEINE 3 WICHTIGSTEN ERKENNTNISSE AUS DIESEM KAPITEL?

1

2

3

5. Deine Werte: Was ist Dir wirklich wichtig?

„Was bedeutet schon Geld? Ein Mensch ist erfolgreich, wenn er zwischen Aufstehen und Schlafengehen das tut, was ihm gefällt."

Bob Dylan

Alles um uns herum verändert sich fortlaufend. Daher suchen wir alle nach einem Leitfaden, einem Kompass, der uns durch das Dickicht unseres Lebens führt. Diesen Kompass findest Du nicht in externen Ratgebern oder den unzähligen Stimmen, die Dir aus den sozialen Medien entgegen rauschen. Nein, der wahre Kompass, der Dir Orientierung bietet und Dir hilft, Deinen Weg zu finden, sind Deine persönlichen Werte.

Beispiele für klassische Werte

- ★ Respekt
- ★ Offenheit
- ★ Unabhängigkeit
- ★ finanzielle Sicherheit
- ★ Kreativität
- ★ Freiheit
- ★ Wachstum
- ★ Optimismus
- ★ Glück
- ★ Gesundheit
- ★ Mitgefühl
- ★ Freundlichkeit
- ★ Ausdauer
- ★ Spontaneität
- ★ Vertrauen
- ★ Perfektion
- ★ Bescheidenheit
- ★ Treue
- ★ Spaß
- ★ Professionalität

Werte sind die in Deinem Innersten verankerten Überzeugungen, die Dein Handeln bestimmen, die Entscheidungen, die Du triffst, und letztlich den Menschen bilden, der Du bist. Sie sind das Fundament, auf dem Du Dein Leben aufbaust und der Anker, der Dir Halt gibt, wenn die Stürme des Lebens Dich umzuwerfen drohen. Nur auf einem soliden Fundament lässt sich ein emporstrebendes Leben aufbauen. Doch trotz ihrer zentralen Bedeutung nehmen sich nur wenige von uns die Zeit, wirklich tief in sich zu gehen und die eigenen Werte zu erkennen und zu definieren.

Warum ist das so? Vielleicht, weil es einfacher ist, im Strom mitzuschwimmen, als dagegen. Vielleicht, weil die Auseinandersetzung mit unseren innersten Überzeugungen uns auch mit unseren tiefsten Ängsten konfrontiert. Sobald Du Dir Deiner Werte bewusst wirst, erkennst Du unter Umständen auch die Diskrepanz zwischen Deinen Werten und Deiner Lebensweise. Was dann?

Ich versichere Dir: Die Entdeckung und das Leben nach Deinen persönlichen Werten ist einer der lohnendsten Schritte, die Du auf Deinem Weg zu einem erfüllten und authentischen Leben unternehmen kannst. Werte geben Dir nicht nur die Klarheit und die Richtung, die Du im Leben suchst, sondern sie verleihen Deinem Handeln eine tiefe Bedeutung und Zufriedenheit.

Ich möchte Dir Methoden vorstellen, mit denen Du Deine Kernwerte identifizierst, und Wege aufzeigen, wie Du Dein Leben so gestaltest, dass es diese Werte widerspiegelt. Denn am Ende des Tages ist es nicht das Ansehen, das Du genießt, was Dein Leben wertvoll und erfolgreich macht. Es sind die Werte, nach denen Du lebst, und die Spuren, die Du im Einklang mit diesen Werten in der Welt hinterlässt, die Deinem Leben seinen wahren Wert und Erfolg verleihen.

Die Selbstreflexion

Die Reise zur Entdeckung Deiner Werte beginnt mit einem einfachen, aber kraftvollen Schritt: der Selbstreflexion. Nimm Dir eine Pause vom hektischen Alltag und Zeit für Dich selbst. Diese Momente der Ruhe sind selten, aber unerlässlich, um Dir über das, was Dir wirklich wichtig ist, klar zu werden. In dieser Zeit frage Dich: „Was will ich?"

Du betreibst bereits Selbstreflexion auf der Suche nach Deinem Sinn. Darin fragst Du Dich nach den Aktivitäten, bei denen Du Dich am lebendigsten fühlst oder nach den Momenten, in denen Du Dich am meisten wie Du selbst wahrnimmst. Im Prozess der Wertfindung geht es vor allem auch darum, Dir zu verdeutlichen, womit Du nicht einverstanden bist. Was verstößt gegen Deine Werte? Was tust Du, mit dem Du eigentlich nicht zufrieden bist? Wann stößt Dir die Handlung einer Person sauer auf? Was geht gegen Deine Überzeugungen?

Diese Fragen helfen Dir, die Dinge zu identifizieren, die Dir wirklich wichtig sind – Deine Werte. Denn Selbstreflexion geht noch einen Schritt weiter: Erkenne nicht nur, was Dir wichtig ist, sondern auch, warum. Warum empfindest Du in bestimmten Momenten bestimmte Emotionen? Weil Du Werte besitzt, egal ob Du Dir derer bewusst bist oder nicht.

Deine Werte und Deine Ziele

Deine Werte sind eng mit Deinen Zielen verbunden. Sie sind der Grund, warum Du bestimmte Ziele verfolgst. Wenn Du Deine Werte kennst, kannst Du Ziele setzen, die nicht nur erreichbar, sondern auch erfüllend sind. Deine Werte zu kennen, bedeutet, einen Wegweiser für Dein Leben zu haben, der Dir hilft, Entscheidungen zu treffen, die Dich Deinen wahren Zielen näherbringen.

Werte spielen auch bei der Entscheidungsfindung eine große Rolle. Sie dienen als Maßstab, an dem Du Deine Optionen misst.

Wenn Du vor einer Entscheidung stehst, frage Dich: „Entspricht diese Option meinen Werten? Fühlt sich diese Entscheidung richtig an?“ Entscheidungen, die auf Deinen Werten basieren, führen zu Handlungen, die im Einklang mit Deinem wahren Selbst stehen.

Die Entdeckung Deiner Werte ist ein kontinuierlicher Prozess und nimmt etwas Zeit in Anspruch, aber die Belohnung ist ein authentisches und erfülltes Leben ohne innere Widersprüche. **Deine Werte zu kennen und zu leben, bedeutet, den Grundstein für ein Leben zu legen, das nicht nur nach außen hin erfolgreich, sondern auch innerlich zutiefst befriedigend ist.**

Die Liste der 100 Werte

Um Deine Werte besser kennenzulernen oder zu definieren, habe ich eine kleine Übung entwickelt. Stell Dir vor, Du hast vor Dir eine Liste von 100 Werten. Diese umfassen alles von „Abenteuerlust“ über „Kreativität“ und „Integrität“ bis zu „Respekt“, „Weisheit“ und „Zuverlässigkeit“. Diese Vielfalt bietet Dir einen umfassenden Überblick über die Bandbreite menschlicher Werte und ermöglicht Dir, die zu identifizieren, die für Dich von besonderer Bedeutung sind.

Erstelle als Erstes eine Liste mit einer Vielzahl von Werten. Greife dafür entweder auf bestehende Listen zurück, wie die, die ich Dir weiter unten zur Verfügung stelle, oder werde selbst kreativ und sammle Werte, die Dir spontan einfallen. Wichtig ist, dass Du Dir erlaubst, offen und neugierig zu sein, ohne sofort zu urteilen oder zu bewerten.

Aus dieser Liste wählst Du nun die zehn Werte aus, die Dich am meisten ansprechen. Diese Auswahl erfordert, dass Du tief in Dich gehst und spürst, welche dieser Werte nicht nur attraktiv klingen, sondern wirklich eine Verbindung zu Deinem Inneren haben. Identifiziere die Werte, die, wenn Du sie lebst, Dein Leben mit Sinn erfüllen. Wichtig dabei ist, dass Du jeden der Werte exakt für Dich definierst. Für den einen mag

Zuverlässigkeit bedeuten, dass er immer pünktlich bei einer Verabredung erscheint, für den anderen bedeutet Zuverlässigkeit aber durchaus auch, dass er rechtzeitig absagt, wenn er eine Verabredung nicht einhalten kann. Werde Dir über die genaue Bedeutung der Wörter für Dich bewusst und was Du mit ihnen verbindest.

Es ist hilfreich, Dich bei jedem Wert zu fragen: „Inwiefern spiegelt dieser Wert das wider, was mir im Leben wirklich wichtig ist?“ und „Wie würde mein Leben aussehen, wenn ich diesen Wert täglich leben würde?“

Lass dabei die Meinungen anderer und gesellschaftliche Prägungen außen vor. Ist Dir Pünktlichkeit wirklich wichtig oder erscheint sie Dir nur erstrebenswert, weil Du sonst Ärger mit dem Chef bekommst? Liegt Dir wirklich etwas an Sesshaftigkeit oder redest Du Dir das nur ein, weil umzuziehen zu viel Aufwand wäre? Sei ehrlich mit Dir selbst. Die zehn Werte, die Du wählst, sollen die Bausteine Deines Charakters und die Leitprinzipien Deines Lebens widerspiegeln.

Das Werte-Duell

Nachdem Du die zehn Werte ausgewählt hast, die Dir am meisten bedeuten, ist es Zeit für das „Werte-Duell“, eine Methode, die Dir hilft, die allerwichtigsten Werte zu ermitteln.

Scanne diesen QR-Code und lade Dir die exakte Anleitung und detaillierte Erklärung herunter, mit der auch Du Deine Kernwerte findest.

Kernwerte:

Auf diese Weise stellst Du nach und nach heraus, welche Werte Deine Kernwerte sind. Nimm Dir für die Übung ruhig etwas

Zeit, sei ehrlich mit Dir selbst und habe den Mut, Dich mit Deinen allerinnersten Überzeugungen und manchmal auch mit Deinen Ängsten auseinanderzusetzen.

Vielleicht stellst Du während der Auswahl fest, dass Du Dich in einem Konflikt befindest, weil Dir manche Werte zwar jetzt noch wichtig sind, Du sie aber eigentlich ablegen und durch andere Werte ersetzen möchtest. Dann richte Dich nach den Werten, die Du für Deine Zukunft bevorzugst. Es geht bei dieser Übung um eine Art Wunsch-Duell, dem Namen gemäß also um einen Wunschzustand – um die Werte des Ichs, das Du in Zukunft gerne wärst und das all das verkörpert, das Du im Leben anstrebst.

Am Ende der Übung werden Dir drei Hauptwerte bestehen bleiben. Diese sind Deine Kernwerte, die Essenz dessen, was Dir am wichtigsten ist. Sie definieren, wer Du bist und dienen als Dein persönlicher Kompass, besonders in Zeiten der Unsicherheit oder des Wandels. Sie musst Du leben. Das Werte-Duell ist mehr als eine Übung zur Selbstreflexion; es ist ein Werkzeug zur Selbstbestimmung. Die Erkenntnisse, die Du aus diesem Duell gewinnst, bieten Dir Klarheit und Sicherheit bei der Entscheidungsfindung und helfen Dir, ein Leben zu führen, das in Einklang mit Deinen Überzeugungen steht.

Werte müssen gelebt werden.

Diese Kernwerte gilt es, aktiv in Deinem Leben zu verankern. Sieh jeden Wert, der aus dem Duell als Sieger hervorgegangen ist, als Richtschnur für Deine Handlungen, Entscheidungen und Ziele. Überlege Dir, wie Du diese Werte in Deinem Berufsleben, in Deinen Beziehungen und in Deinen persönlichen Projekten zum Ausdruck bringen kannst. Dieser bewusste Prozess stärkt Deine Integrität und Authentizität und führt zu einem erfüllten und erfolgreichen Leben. Wenn Deine Werte beispielsweise Wachstum, Freiheit und Liebe sind, dann passt es nicht, wenn Du Angestellter bist, alleinstehend und immer in Deiner Komfortzone bleibst. Dann arbeitest Du nämlich gegen Deine Werte und Überzeugungen.

Die Evolution Deiner Werte

Eines der beständigsten Merkmale des Lebens ist seine Unbeständigkeit. So wie die Jahreszeiten wechseln und die Gezeiten steigen und fallen, so entwickeln sich auch die persönlichen Werte im Laufe der Zeit. Was Dir mit Mitte zwanzig noch wichtig war, mag Dir mit Anfang vierzig völlig nebensächlich erscheinen, und worauf Du heute noch keinen Wert legst, bestimmt vielleicht morgen schon Dein gesamtes Tun. Diese Evolution ist nicht nur natürlich, sondern auch notwendig, denn sie spiegelt Dein Wachstum und Deine Erfahrungen wider. Du gewinnst im Laufe des Lebens neue Perspektiven und legst dadurch auch in unterschiedlichen Lebensphasen anderen Wert auf bestimmte Dinge.

Die Evolution Deiner Werte ist eine Reaktion auf das Leben selbst. Große Lebensereignisse, sei es eine Karriereveränderung, die Gründung einer Familie oder der Verlust eines geliebten Menschen, beeinflussen unsere Sicht auf die Welt und damit auch unsere Werte. Solche Momente fordern uns auf, zu reflektieren und möglicherweise unsere Prioritäten neu zu setzen.

Die Neubewertung Deiner Werte solltest Du als Gelegenheit zum Wachstum begreifen. Sie erlaubt es Dir, innezuhalten und zu überlegen, ob Deine aktuellen Werte noch mit Deinen Zielen und Bestrebungen übereinstimmen. Es ist nicht immer einfach, sich von alten Überzeugungen zu lösen, so wie sich niemand gerne eingesteht, dass ihm Musik, die er vor einigen Jahren noch geliebt hat, nicht mehr gefällt. Dabei ist es völlig in Ordnung, wenn etwas nicht länger zu dem Menschen passt, der Du geworden bist. Es beweist lediglich, dass Du im Leben nicht auf der Stelle trittst.

Praktische Schritte zur Neubewertung

1. **Reflektiere über Deine Werte:** Nimm Dir regelmäßig Zeit, um über Deine Werte und deren Rolle in Deinem Leben nachzudenken.
2. **Führe ein Journal:** Schreibe über Deine Erfahrungen und wie sie Deine Sichtweise verändert haben.
3. **Führe Gespräche:** Diskutiere mit vertrauten Personen über Veränderungen in Deinem Leben und wie diese Deine Werte beeinflusst haben.
4. **Sei flexibel:** Sei offen dafür, Deine Werte anzupassen, wenn Du spürst, dass sie nicht mehr zu Dir passen.

Erwirb hier Dein Journal! So behältst Du nicht nur einen Überblick über Deine täglichen Aufgaben, Termine und Routinen, sondern findest zusätzlich viele Anreize zur Reflexion, Ideensetzung und Weiterentwicklung Deiner gesunden Gewohnheiten und Ziele.

Zum Journal:

Indem Du Deine Werte regelmäßig überprüfst und anpasst, stellst Du sicher, dass Dein Leben ein authentisches Spiegelbild dessen ist, wer Du bist und wer Du sein möchtest. Dieser Prozess hilft Dir, im Einklang mit Dir selbst zu leben und Entscheidungen zu treffen, die Dir wahre Erfüllung und Erfolg bringen.

Die Evolution Deiner Werte ist ein Zeichen Deiner Fähigkeit, zu lernen, zu wachsen und Dich an die ständig wechselnden Umstände des Lebens anzupassen. Sie ist ein Beweis dafür, dass Du aktiv an der Gestaltung Deines eigenen Lebenswegs teilnimmst, geleitet von Werten, zu denen Du zwar stehst, die aber auch mit Dir wachsen. Es ist dieser fortwährende Prozess der Selbstentdeckung und -entwicklung, der Dein Leben reich und sinnvoll macht und Dich zu echtem Erfolg führt.

WAS SIND DEINE 3 WICHTIGSTEN ERKENNTNISSE AUS DIESEM KAPITEL?

(1)

(2)

(3)

6. Die Wahrheit: Erfolg kann jeder

„Erfolgreich zu sein, setzt zwei Dinge voraus: Klare Ziele und den brennenden Wunsch, sie zu erreichen."

Johann Wolfgang von Goethe

So individuell wie der Sinn Deines Lebens und Deine Werte, ist auch der Weg zum Erfolg. Die Essenz daraus und die simple Wahrheit lautet, dass jeder erfolgreich sein kann. Diese Behauptung mag auf den ersten Blick naiv klingen, aber bei genauerem Hinsehen wird deutlich, dass die Grundlage jedes Erfolgs in einer Reihe von Prinzipien liegt, die, richtig angewendet, für jeden gelten.

Du weißt bereits, dass Du Erfolg und seine Bedeutung für Dich selbst definieren musst und dass er eng mit dem Sinn Deines Lebens in Verbindung steht. Erlange Klarheit über Deine Ziele und lass Dich nicht von den vordefinierten Erfolgsvorstellungen, die Dir die Gesellschaft aufdrängt, ablenken. Kümmere Dich stattdessen um Dein Leben. Sobald Du Deine persönlichen Erfolgsziele definiert hast, wird der Blick frei auf die grundsätzlichen Prinzipien, die dem Erfolg zugrunde liegen. **Eines dieser Prinzipien ist die Beharrlichkeit:** die Fähigkeit, trotz Rückschlägen und Misserfolgen weiterzumachen.

Die Geschichtsbücher sind voll von Geschichten über Menschen, die erst nach unzähligen Fehlschlägen ihren Durchbruch erzielten. Ihre Beharrlichkeit, nicht ihr Talent, hat sie letztlich definiert.

In Dir steckt unendlich viel Potenzial. Es nicht auszuleben, wäre eine Tragödie. Das bringt mich zu einem weiteren wesentlichen Prinzip, und zwar der Bereitschaft zum Lernen. Erfolgreiche Menschen betrachten Misserfolge nicht als Niederlagen, sondern als Lernchancen. Sie sind konstant auf der Suche nach

Wegen, sich selbst zu verbessern, neue Fähigkeiten zu erlernen und ihre Strategien anzupassen. Diese Lernbereitschaft ermöglicht es ihnen, sich in einem ständig verändernden Umfeld zu behaupten und weiter zu wachsen. **Das menschliche Leben ist pure Entwicklung.**

Flexibilität ist in der schnelllebigen Welt von heute ebenfalls ein Schlüsselelement. **Die Fähigkeit, Dich anzupassen und neue Richtungen einzuschlagen, ist für Deinen langfristigen Erfolg eine absolute Grundvoraussetzung.**

Wer starr an Veraltetem festhält und unfähig ist, den Kurs zu ändern, wenn sich die Umstände wandeln, erreicht auch seine Zielen nicht. Erfolgreiche Menschen sind jene, die ihre Pläne an neue Herausforderungen und Entwicklungen anpassen, ohne dabei ihre grundlegenden Ziele aus den Augen zu verlieren.

Die vielleicht wichtigste Erkenntnis auf dem Weg zum Erfolg ist allerdings, dass das Streben danach eine persönliche Reise ist, die Geduld erfordert. **Erfolg über Nacht ist eine Seltenheit und Illusion.** Dann reden wir nämlich nur über plötzliche Berühmtheit oder finanziellen Gewinn. Das bedeutet nicht, dass diese Person plötzlich ein erfülltes Leben lebt. Der wahre Weg zum Erfolg ist ein Marathon, kein Sprint. Sei engagiert, bereit, für das zu arbeiten, was Du erreichen möchtest, ehrlich zu Dir selbst und sieh ein, dass der Weg selbst Teil Deines Erfolgs ist.

Die Welt bietet Dir alles, was Du für Deinen Erfolg benötigst. Es gibt unzählige Chancen, eine breite Palette an Kunden und genügend Gelegenheiten – nur hast Du vielleicht aktuell noch keinen Zugriff darauf oder keine Kenntnis dessen, was wirklich möglich ist. Du kannst aber lernen, wie Du Dir Zugang zu allem Notwendigen verschaffst. Heutzutage ist es möglich, überall alle Arten von Informationen zu finden und zu bekommen. Ja, alles und überall.

Suche diese Ressourcen, nimm die Dinge an und geh Deinen Weg. Auf diesem Weg gibt es allerdings keine Abkürzung.

Dirk Kreuter, Europas bekanntester Verkaufstrainer, hat bereits Hunderttausenden von Unternehmen und Selbstständigen zu mehr Erfolg verholfen. Auf meine Nachfrage, was aus seiner Sicht erfolgreiche Menschen anders machen, sagt er:

„Es gibt zwei Arten von Menschen: diejenigen, die rausgehen und sich holen, was sie wollen, und all die anderen."

Erfolg kann jeder, solange man sich die Zeit nimmt und seinen Werten folgt. Erfolg liegt nicht jenseits Deiner Möglichkeiten, sondern wartet darauf, durch ständiges Lernen, eine hohe Anpassungsfähigkeit und Geduld enthüllt zu werden.

Jeder hat das Potenzial, erfolgreich zu sein, in welcher Form auch immer, denn jeder strebt nach seinem eigenen individuellen Erfolg. Wie man den aber erreicht, daran scheiden sich bislang die Geister.

WAS SIND DEINE 3 WICHTIGSTEN ERKENNTNISSE AUS DIESEM KAPITEL?

1

2

3

7. Entspannt zum Erfolg: warum Härte, brutale Disziplin und Stress Dich nicht weiterbringen

„Unzufriedenheit ist der erste Schritt zum Erfolg."

Oscar Wilde

Schnelligkeit, ständige Verfügbarkeit und harte Arbeit werden in unserer heutigen Gesellschaft ständig und überall glorifiziert. Wahre Unternehmer schlafen nur vier Stunden am Tag. Wer hart arbeitet, erhält seinen Lohn. Wer sich auf dem Laufband abrackert, wird schlank. Da könnte man leicht denken, der Weg zum Erfolg sei klar vorgezeichnet und enthalte noch mehr Anstrengung, längere Arbeitszeiten und eine eiserne Disziplin.

Was aber, wenn Dich diese Mentalität, lediglich zu ständigem Stress und permanenter Überlastung antreibt, aber nicht zum Erfolg führt? Vielleicht hast auch Du bereits festgestellt, dass Du mit dieser Denkweise nicht wirklich vorankommst. Umdenken ist angesagt.

Härte, brutale Disziplin und Stress bringen Dich langfristig schlichtweg nicht weiter. Tatsächlich ist es ein entspannter Ansatz, der Dir den Weg zum wahren Erfolg ebnet.

Unsere Gesellschaft betrachtet Stress oft als Zeichen von Engagement und Ambition, aber das ist ein gefährlicher Irrtum. Zwar kann ein gewisses Maß an Stress motivieren und antreiben, doch anhaltender Stress zehrt an Deiner Energie, Deiner Kreativität und Deiner Fähigkeit, klare Entscheidungen zu treffen. **Anstatt Dich voranzubringen, hält Dich dauerhafter Stress zurück und macht Dich krank.**

Auch harte Arbeit und Disziplin sind wichtige Elemente auf dem Weg zum Erfolg, aber sie stoßen an ihre Grenzen, wenn sie zum Selbstzweck werden, getrennt vom eigenen Wohlbefinden und den wahren Zielen. Wenn Du Dich ausschließlich auf diese Aspekte konzentrierst, verlierst Du aus den Augen, was wirklich wichtig ist: **Deine Gesundheit, Deine Beziehungen und die Freude am Leben.**

Stell Dir den Unternehmensboss vor, der zwar Millionen verdient, aber keine Zeit hat, das Geld auszugeben. Oder den Selbstständigen, der sich zwar ein Haus für die Familie erarbeitet, durch seine ständige Abwesenheit aber seine Ehe ruiniert und es verpasst hat, seine Kinder aufwachsen zu sehen. Stattdessen lade ich Dich ein, zu entspannen. Sieh Entspannung nicht als das Gegenteil von Arbeit oder als reine Freizeitaktivität. Sie ist eine ganz entscheidende Komponente Deines Erfolgs, und zwar aus folgendem Grund: **Entspannung ermöglicht es Deinem Geist, zu regenerieren, fördert die Kreativität und verbessert Deine Problemlösefähigkeiten.** Ein entspannter Geist ist ein produktiver Geist.

Sei achtsam mit Dir selbst und Deinem Körper, um Stress abzubauen und Deine Präsenz im Moment zu erhöhen. Erlerne effektives Zeitmanagement, sodass Phasen intensiver Arbeit mit ausreichend Erholungspausen abwechseln. Priorisiere Aktivitäten, die Dein physisches und emotionales Wohlbefinden fördern. Das alles sind Schritte hin zu einer entspannten Herangehensweise an den Erfolg. Spiele Arbeit nicht gegen Entspannung aus.

Erfolg ist eine Frage der Balance.

Ein ausgewogenes Leben, in dem Arbeit, Erholung und persönliche Interessen ihren Platz haben, führt nicht nur zu nachhaltigem Erfolg, sondern auch zu einem zufriedenen und erfüllten Leben. Die Vorstellung, dass nur durch Härte, brutale Disziplin und dauerhaften Stress echter Erfolg erreichbar ist, ist ein Trugschluss. **Ein entspannter Ansatz, der das Wohlbefinden in den Mittelpunkt stellt, ist nicht nur gesünder, sondern auch langfristig effektiver.**

Mach es einfach und dann mach es einfach.

Indem Du lernst, Deinen Körper und Deinen Geist zu respektieren, zu lieben und für sie zu sorgen, öffnest Du Dich für nachhaltigen, echten Erfolg. Es ist Zeit, das Narrativ zu ändern und den Weg für einen entspannten Weg zum Erfolg zu ebnen.

Erfolg kann jeder. Wenn Du Dich selbst lieben gelernt hast, wirst Du mit Dir nicht mehr hart umgehen, denn das macht man nicht mit jemandem, den man liebt.

Kennst Du das dritte Newtonsche Gesetz?

Isaac Newtons drittes Gesetz, oft als das Gesetz von Aktion und Reaktion bekannt, besagt, dass für jede Kraft eine gleich große, entgegengesetzt gerichtete Kraft existiert. Wenn also ein Objekt A eine Kraft auf ein Objekt B ausübt, übt Objekt B eine gleich große, aber entgegengesetzt gerichtete Kraft auf Objekt A aus. Das bedeutet, dass Kräfte immer in Paaren auftreten.

Dieses Prinzip findet in der Physik vielfältige Anwendung, etwa in der Mechanik, wo es erklärt, wie Kräfte zwischen Objekten interagieren.

Eine übertragene Anwendung findet man aber auch im menschlichen Verhalten: Druck, den man in sozialen oder emotionalen Kontexten ausübt, ruft dann eine ähnliche Reaktion oder einen Gegendruck von anderen hervor. Am Ende heben sich beide Kräfte gegenseitig auf und niemand kommt voran. Stattdessen kann man auch Herangehensweisen wählen, die Synergien erzeugen, anstatt Druck aufzubauen.[8]

[8] Friedrich, Alena, Uni Mannheim (2009)

WAS SIND DEINE 3 WICHTIGSTEN ERKENNTNISSE AUS DIESEM KAPITEL?

1

2

3

TEIL 2

Warum Du gar nichts dafür kannst, dass Du bisher nicht die Ergebnisse hast, die Du immer haben wolltest

Nachdem wir das Fundament Deines Erfolgs geklärt haben, widmen wir uns einer Frage, die sicher auch Dich umtreibt: Warum hast Du noch nicht die Ergebnisse erreicht, die Du Dir wünschst?

Die Antwort liegt viel tiefer, als Du vielleicht denkst. Es geht nicht um fehlendes Engagement oder mangelnde Fähigkeiten. Unbewusste Prägungen und Erfahrungen aus Deiner Vergangenheit spielen eine entscheidende Rolle.

Die Frage ist: Wie beeinflussen frühe Erfahrungen und verinnerlichte Glaubenssätze Deine Sicht auf Erfolg und Deine Fähigkeit, Ziele zu erreichen – bewusst oder unbewusst? Ich lade Dich im Folgenden dazu ein, Dein bisheriges Leben aus einem neuen Blickwinkel zu betrachten und Dir zu erlauben, Verantwortung für Deine Zukunft in einer Weise zu übernehmen, die Dich von alten Lasten befreit.

Bereite Dich darauf vor, tiefe und manchmal überraschende Wahrheiten über Dich selbst zu entdecken, die Dich auf Deinem Weg zu mehr Erfolg und Erfüllung unterstützen werden. Es ist Zeit, die Ketten der Vergangenheit zu sprengen und das Leben zu führen, das Du immer führen wolltest.

Erfolg ist Dein Geburtsrecht.

8. Kindheitserlebnisse und ihr Einfluss auf Deinen heutigen Erfolg

Es ist erstaunlich, wie prägend die ersten Jahre unseres Lebens sind. In vielen von uns ruhen noch unerkannte oder verdrängte Kindheitserlebnisse, die unser Verhalten als Erwachsene unbewusst steuern. Bis etwa zum sechsten Lebensjahr leben wir quasi ohne Filter. Wir saugen alles um uns herum auf, insbesondere natürlich Werte und Verhaltensweisen unserer Eltern und unseres Umfelds. Dadurch entstehen unsere ersten Glaubenssätze, die sich mit der Zeit verfestigen und zu sogenannten Metaprogrammen werden.

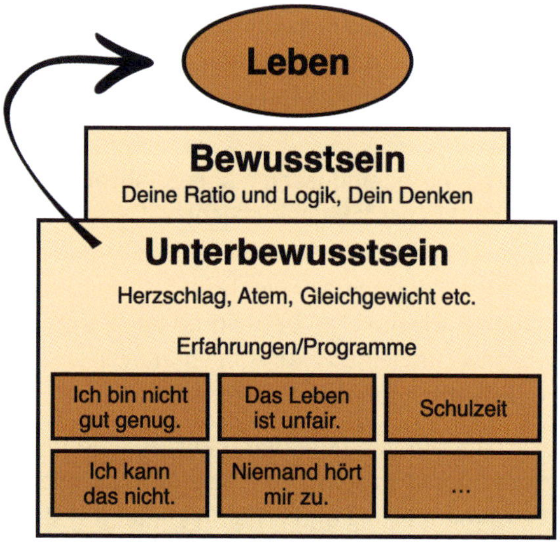

Solche Programme und Erfahrungen überschatten unser Leben und werden sozusagen immer und immer wieder eingeblendet, wie Werbung, der wir uns nicht entziehen können. Dadurch prägen sie unsere Weltsicht und scheinen sich ständig selbst zu bestätigen.

Interessante Berichte zum Thema Prägung in der Kindheit

„Selbstwert oder gelernter Hass – Wie uns die frühe Kindheit prägt“ von Deutschlandfunk Kultur:[9]

Verschiedenste Aspekte der frühen Kindheit beeinflussen die psychologische Entwicklung eines Kindes. Zum Beispiel entscheiden Nähe, Bindung und körperlicher Kontakt über die Entwicklung von Selbstwertgefühl und Empathie. Fehlende Zuwendung kann zu Aggressionen und Hass führen. Studien zeigen, dass Kinder, die in liebevollen und unterstützenden Umgebungen aufwachsen, eher selbstbewusst und sozial kompetent werden.

Das Magazin *Geo Wissen*[10] untersucht in dem Artikel „Das Erbe der Eltern: Wie die Familie unsere Persönlichkeit formt“,

wie die Familie die Persönlichkeitsentwicklung beeinflusst und welche Rolle die Erziehung neben der genetischen Veranlagung spielt.

Forscher haben dabei festgestellt, dass viele Verhaltensmuster und Eigenschaften über Generationen hinweg weitergegeben werden. Beispielsweise haben Kinder von geschiedenen Eltern eine höhere Wahrscheinlichkeit, selbst geschieden zu werden. Diese Muster werden oft unbewusst fortgeführt und formen das Verhalten und die Entscheidungen der Nachkommen.

Bezüglich der Erziehung wurde ermittelt, dass ein Kind, das in einem liebevollen und unterstützenden Umfeld aufwächst, tendenziell ein höheres Selbstwertgefühl und soziale Kompetenzen entwickelt. Studien zeigen jedoch, dass auch genetische Faktoren einen erheblichen Einfluss darauf haben. Etwa die Hälfte der Persönlichkeitsunterschiede wird durch Gene bestimmt. Diese genetischen Anlagen können durch die Umweltbedingungen verstärkt oder abgeschwächt werden.

---

[9] Deutschlandfunk Kultur (2018)
[10] *GEO Wissen* (o.J.)

Ein Beispiel ist die Bindungsfähigkeit, die durch das Hormon Oxytocin beeinflusst wird. Kinder, die bei ihren leiblichen Eltern aufwachsen und viel körperliche Nähe erfahren, zeigen höhere Oxytocin-Werte und entwickeln stärkere Bindungen und Vertrauen zu anderen Menschen.

Und die *NZZ*[11] schreibt:
„Forscher erklärt, wie sehr Geschwister prägen“:

Geschwisterbeziehungen haben tiefgreifende Auswirkungen auf die Persönlichkeitsentwicklung und das Leben. Geschwister sind oft die längsten und intensivsten Beziehungen im Leben eines Menschen. Ihre Interaktionen prägen soziale Fähigkeiten, Selbstbild und Verhaltensmuster, die bis ins Erwachsenenalter fortwirken. Geschwisterbeziehungen sind vielfältig und dynamisch und können von Rivalität und Konkurrenz bis zu tiefem Verständnis und Unterstützung reichen. Der Altersabstand spielt dabei eine wesentliche Rolle: Geschwister mit geringem Altersabstand haben intensivere und prägendere Beziehungen, während ein großer Altersunterschied oft zu weniger enger Bindung führt.

Im Erwachsenenalter können Geschwisterbeziehungen durch gemeinsame Lebensereignisse wie die Pflege der Eltern oder eigene Kinder wieder enger werden. Diese Beziehungen bieten auch emotionale Unterstützung und helfen, frühere Konflikte zu überwinden. Die Erfahrung, gemeinsame Herausforderungen zu bewältigen, stärkt das Band zwischen Geschwistern.

Mein Kindheitstraum war es, Fußballprofi zu werden. Ich erinnere mich noch gut daran, wie ich die großen Spiele im Fernsehen verfolgte und meine Idole über das Spielfeld sprinten sah. Scholl und Élber, die in ihren Trikots für den *FC Bayern München* Tore schossen und von den Fans umjubelt wurden, waren, wie bereits am Anfang des Buches gesagt, meine Helden. Sie verkörperten für mich den Inbegriff von Erfolg und Anerkennung.

[11] *NZZ* (2024)

Diese Bewunderung prägte meine Vorstellungen von Erfolg. Ich dachte mir, wenn ich es schaffen könnte, in ihre Fußstapfen zu treten, würde ich nicht nur meinen eigenen Traum verwirklichen, sondern auch die Anerkennung erlangen, die ich so sehr begehrte. Fußball wurde zu meiner ersten großen Leidenschaft und zu einem Ausgangspunkt, an dem ich lernte, was es heißt, sich Ziele zu setzen und hart für ihre Erreichung zu arbeiten.

Obwohl ich später andere Wege einschlug, hat dieser frühe Traum von der Fußballkarriere mir gezeigt, wie tief der Wunsch nach Erfolg und Anerkennung in mir verankert ist. Er lehrte mich auch, dass Erfolg viele Formen annehmen kann und dass die wahre Herausforderung darin besteht, seinen eigenen Weg zu finden und sich selbst treu zu bleiben.

Jeder Mensch trägt aus seiner Kindheit solche Prägungen mit sich, die seine Einstellungen und Handlungen beeinflussen. Vielleicht erinnerst auch Du Dich an besondere Momente der Freude oder an Herausforderungen, die Du als Kind erlebt hast. Diese Momente haben Spuren hinterlassen und formen noch heute, wie Du Dich selbst und die Welt um Dich herum wahrnimmst.

In vielen traditionellen Familien wuchs das Kind zum Beispiel vornehmlich mit der Mutter auf, während der Vater arbeitete. Das kann nun bei einem Kind zu der Überzeugung führen, dass einen der Vater nicht liebt, weil er nie da ist. Jede Interaktion mit dem Vater wird dann mit der Brille „Mein Vater liebt mich nicht" gesehen und bestätigt vermeintlich diese Meinung. Situationen hingegen, die eindeutig beweisen, dass uns der Vater sehr wohl liebt, übersehen wir einfach, da sie nicht zu unserem abgespeicherten Bild passen.

Es ist wichtig, dass Du Dir dieser Einflüsse bewusst wirst. Denn nur wenn Du verstehst, welche Ereignisse Dich geprägt haben, kannst Du gegensteuern.

Oft halten uns unbewusste Glaubenssätze aus der Kindheit zurück, wie die Annahme, dass wir bestimmte Ziele nicht erreichen können oder nicht gut genug sind. Solche Glaubenssätze können sich festsetzen und Dich auch später im Leben noch enorm einschränken.

Schon als kleiner Junge spürte ich den Druck des Wettkampfs, besonders im Vergleich mit meinem älteren Bruder. Er war in allem besser als ich – schneller, stärker, immer einen Schritt voraus. Dieses ständige Gefühl, ihm nicht das Wasser reichen zu können, hinterließ eine nagende Unsicherheit in mir, ein ständiges Gefühl, nicht zu genügen, das mich bis ins Erwachsenenalter begleitete.

Jedes Mal, wenn ich es nicht schaffte, Erwartungen zu erfüllen, oder wenn ich in seinen Schatten gestellt wurde, verdichtete sich mein innerer Antrieb, mich zu beweisen. Nicht nur meinen Eltern oder meinen Lehrern gegenüber, sondern vor allem mir selbst. Diese Erlebnisse trieben mich dazu an, immer wieder meine Grenzen zu testen und zu erweitern. Sie lehrten mich eine wichtige Lektion: **Der wahre Wettkampf findet nicht zwischen mir und anderen statt, sondern in mir selbst.**

Im Endeffekt halfen mir meine Kindheitserlebnisse dadurch dabei, meine eigenen Stärken zu erkennen und zu nutzen. Sie zeigten mir, dass mein Weg zum Erfolg nicht darin liegt, besser als andere zu sein, sondern die beste Version meiner selbst zu werden.

Dafür musste ich mich allerdings erst mit den Prägungen auseinandersetzen, limitierende Überzeugungen erkennen und sie hinterfragen. Dieser Prozess ist nicht immer einfach, aber er ist der erste Schritt auf dem Weg zu einem selbstbestimmten und erfolgreichen Leben.

Erfolg kann jeder.

WAS SIND DEINE 3 WICHTIGSTEN ERKENNTNISSE AUS DIESEM KAPITEL?

1.

2.

3.

9. Glaubenssätze erkennen und hinterfragen

Weg damit:

- ✗ **„Gegessen wird, was auf den Tisch kommt."**
- ✗ **„Aus Nichts wird Nichts."**
- ✗ **„Ohne Fleiß, kein Preis."**
- ✗ **„Vorsicht ist besser als Nachsicht."**

Auch Du musst auf dem Weg zu echtem Erfolg erst Deine tief verwurzelten Glaubenssätze erkennen und überarbeiten, denn nur so kannst Du vollkommen frei und bewusst entscheiden, wie Du Dein Leben gestalten willst. Fangen wir mit zwei ganz konkreten Beispielen an, die ich im Laufe der Zeit identifiziert habe:

Glaubenssatz über Anerkennung: „Mein Vater hat keine Zeit für mich, das heißt, er liebt mich nicht." Dieser Glaubenssatz entwickelte sich auch bei mir, weil mein Vater oft abwesend war, bedingt durch seine Arbeit. Diese Überzeugung führte dazu, dass ich einen starken Anerkennungsdrang ihm gegenüber entwickelte. Erkennst auch Du Dich darin wieder?

Glaubenssatz über Selbstwert: Ein weiteres Beispiel ist der Glaubenssatz, den ich als Kind entwickelte: „Ich kann es sowieso nicht schaffen." Dieser Satz entstand aus Situationen, in denen ich an meinen eigenen Fähigkeiten zweifelte oder wenn mir etwas nicht sofort gelang und ich nicht ausreichend Unterstützung erfuhr. Trifft das auch auf Dich zu?

Erkenne diese und ähnliche Glaubenssätze, indem Du Dich regelmäßig auf eine Metaebene begibst, also eine übergeordnete Sichtweise einnimmst, durch die Du Dich selbst uneingeschränkt betrachten kannst. Frage Dich dabei: „Welche Glaubenssätze steuern mein Verhalten? Welche davon dienen mir und welche halten mich zurück?"

So betrachtest Du Deine inneren Überzeugungen aus einer anderen Perspektive. Das ermöglicht es Dir, sozusagen in Echtzeit zu analysieren, was Du sagst und warum Du es sagst, und welche Glaubenssätze dahinterstecken könnten.

Ich frage mich etwa, warum ich versucht habe, jemanden in einer bestimmten Situation zu beeindrucken. Warum war mir Anerkennung gerade in diesem Kontext wichtig? Was wäre geschehen, wenn ich hier nicht nach Anerkennung gestrebt hätte?

Um diese Metaperspektive einnehmen zu können, ist es hilfreich, zunächst von jemandem angeleitet zu werden, der Erfahrung darin hat. Ein Coach ist hier besonders wertvoll und hat auch mir geholfen, meine subjektiven Ansichten und Verhaltensweisen objektiv zu betrachten und zu verstehen.

Ähnlich wie auf einem Fußballfeld, wo die Spieler während des Spiels nicht das gesamte Spielfeld überblicken können, bietet ein Coach die Vogelperspektive, die nötig ist, um die Gesamtheit der Handlungen und deren Ursprünge zu verstehen. **Der Coach hilft dabei, blinde Flecken zu erkennen und konstruktiv an ihnen zu arbeiten.** Diese Arbeit findet sowohl spontan im Alltag als auch gezielt während Zeiten der Selbstreflexion statt, wie beispielsweise abends oder am Wochenende, wenn ich Zeit habe, tiefer in meine Gedanken und Gefühle einzutauchen.

Ein konkretes Beispiel für eine Übung, die ich mit meinem Coach durchführe und auch Dir nahelege, ist das bewusste Aufschreiben der eigenen Glaubenssätze: Notiere Dir als Erstes alle bewussten Überzeugungen zu einem bestimmten Thema. Dann analysiere, welche dieser Glaubenssätze Dich unterstützen und welche Dir schaden. Abschließend hinterfrage, woher diese Glaubenssätze stammen und wie sie in Deinem Verhalten zutage treten.

Ein weiterer Teil dieser Übung führt Dich in Dein Unterbewusstsein. Hier versuchst Du, jene Glaubenssätze zu erreichen und aufzulösen, die tief in Deiner Psyche verankert sind. Das kann je nach der Tiefe und Stärke der Überzeugung eine intensive und herausfordernde Arbeit sein, aber es ist ungemein lohnend. Für diesen Schritt empfehle ich aber unbedingt die Zusammenarbeit mit einem Coach, der sich in der Materie auskennt, denn hier geht es darum, tiefliegende Traumata aufzuspüren und zu verarbeiten.

Hast Du noch keinen Coach, dann fang klein an und beobachte einfach einen kompletten Tag lang Deine Glaubenssätze. Schreib sie auf und reflektiere dann über das Geschriebene. Wo warst Du zu negativ eingestellt? Bist Du zum Beispiel davon ausgegangen, dass jemand schlechte Arbeit abliefert, obwohl Du das Resultat noch nicht vor Dir hattest? Wer Negativität sät, wird auch nur Negatives ernten. Positive Energie hingegen zieht Gutes in Dein Leben. Das gilt für Deine Gedanken genauso wie für Deine Glaubenssätze.

Her damit:

- ✔ **Erfolg kann jeder.**
- ✔ **Erfolg ist mein Geburtsrecht.**

WAS SIND DEINE 3 WICHTIGSTEN ERKENNTNISSE AUS DIESEM KAPITEL?

1

2

3

10. Traumata verstehen und verarbeiten

> *„Trauma ist nicht das, was mit uns passiert, sondern was in uns passiert, als Folge dessen, was mit uns geschieht."*
>
> Gabor Maté

Jeder von uns hat seelische Wunden, die als Traumata (altgriechisch: τραῦμα für Wunde oder Verletzung) bezeichnet werden. Sie können vielfältige Formen annehmen, von offensichtlichen Erfahrungen wie Unfällen oder Verlusten bis zu subtileren, emotionalen Verletzungen, die Du im Laufe der Zeit erlitten hast.

Ein Trauma ist nicht einfach nur ein negatives Ereignis im Leben; es ist eine Erfahrung, die Deine psychologische Struktur tiefgreifend verändert. Oft speichert der Körper diese Erlebnisse als sensorische Erinnerungen, die getriggert werden können, ohne dass Dir der Ursprung bewusst ist. Diese Trigger können zu wiederkehrenden emotionalen, physischen und psychischen Reaktionen führen, die Deinen Alltag und Deine Entscheidungen beeinflussen.

Das Verständnis und die Verarbeitung von Traumata beginnen mit der Erkenntnis, dass überhaupt ein Trauma vorliegt.

Viele Menschen leben lange mit den Auswirkungen ihrer Traumata, ohne sie direkt zu erkennen, geschweige denn anzuerkennen.

Als Erstes geht es deshalb darum, diese Wunden zu verstehen. Danach kommt der Wille, den Menschen, die möglicherweise an den Traumata beteiligt waren, verzeihen zu können. Und erst dann kannst Du in die Akzeptanz und die Heilung gehen. Am besten geht das mit einem Coach, der gemeinsam mit Dir in der Vergangenheit nachforscht.

In den Coachings zur Verarbeitung meiner eigenen Traumata ging es immer bei der Kindheit los. Ich beantwortete Fragen wie **„Wie war das Verhältnis zu Deinen Eltern?"** oder **„Woran denkst Du, wenn Du Dir eure Lebenssituation ins Gedächtnis rufst?"**. Wenn jemand sagt, er erinnere sich nicht mehr so gut an seine Kindheit, zeugt das oft von einer Verdrängung der Geschehnisse.

Nur durch den Blick in Deine Vergangenheit und insbesondere einen Blick auf Deine Eltern verstehst Du erst, warum Du so bist, wie Du bist. Deine Eltern besitzen nämlich selbst wiederum Traumata aus ihrer Kindheit, die sie Dir unterbewusst mitgeben und die sich bei Dir aufstauen, zusammen mit Deinen eigenen negativen Erfahrungen.

Traumata können sogar vererbt werden

An dieser Stelle möchte ich einen kleinen wissenschaftlichen Exkurs machen. Forschungen haben ergeben, dass Traumata sogar genetisch an die nächste Generation weitergegeben werden können. Ein Artikel in der *Süddeutschen Zeitung*[12] berichtet:

„Die Forscher entdeckten, dass extremer Stress, feindliche Lebensumstände und Traumatisierungen die Regulation in der Zelle beeinträchtigen. Ein Übermaß an kurzen RNA-Molekülen, den wohl wichtigsten Substanzen für die Umsetzung der genetischen Information, bringt in der Folge nicht nur das zelluläre Gleichgewicht durcheinander, sondern führt auch zu Veränderungen der Nervenfunktion und anderen Störungen."

Demnach hinterlassen schlechte Erfahrungen Spuren, unter anderem in den Keimzellen, über die sie dann weitervererbt werden. 2023 bestätigten neuere Forschungen der Uni Bern[13] die Ergebnisse sogar soweit, dass die Erlebnisse über lange Zeiträume hinweg die Gene verändern können.

[12] *Süddeutsche Zeitung* (2014)
[13] Universität Bern (2023)

Wenn Du Dir eine physische Verletzung, zum Beispiel beim Sport, zugefügt hast, dann wirst Du diese Wunde ordentlich versorgen und unter Umständen Deinen Körper für einige Zeit schonen. Erst, wenn die Wunde komplett verheilt ist, wirst Du den Körper auch wieder voll belasten. Bei seelischen Wunden jedoch machen wir das in der Regel nicht. Wir desinfizieren sie nicht, geben kein Pflaster drauf und lassen sie auch nicht ordentlich ausheilen. Und zum Arzt gehen wir ihretwegen schon gar nicht.

Das mag aber auch daran liegen, dass wir ein Trauma nicht zwingend immer sofort erkennen. Wir erkennen es oft erst, wenn sich in der Folge etwas ändert, zum Beispiel als Drang zur Magersucht, Fresssucht, andere Formen von Sucht, Schlafmangel, Probleme mit Beziehungen und vielem mehr. Erst dann denken wir: „Hmmm, da stimmt doch etwas nicht mit mir".

Wir erkennen das Symptom, aber nur selten die Ursache.

In aller Regel laufen die Prozesse zu Traumata vollkommen unterbewusst ab. Anders eben, als bei physischen Wunden, die wir sehen und spüren können und die uns damit im Bewusstsein sind. Das Unterbewusstsein sagt dann ganz einfach „Los, weitermachen. Erst einmal wegschieben und überleben".

Wusstest Du, dass Dein Bewusstsein nur etwa 2 bis 5 % Deines Denkens ausmacht und 95 bis 98 % im Unterbewusstsein passieren? Nehmen wir das Hier und Jetzt als eindrucksvolles Beispiel: Du liest gerade diese Zeilen hier. Aber dass das Lesen auch bedeutet, dass Deine Augen die Zeilen von links nach rechts ablaufen, ist Dir nicht bewusst – bis jetzt, wo ich Dich darauf aufmerksam gemacht habe. Gleichzeitig liegst Du vielleicht gerade auf einer weichen Decke auf dem Sofa. Die Weichheit der Decke spürst Du aber erst, wenn Du sie Dir bewusst machst. Diese Liste könnte man noch endlos weiterführen, aber das Prinzip ist klar.

Wie wichtig das Unterbewusstsein ist, zeigt sich am Energieverbrauch: Das Bewusstsein frisst 80 % der Energie, die dem Gehirn zur Verfügung steht, und das Unterbewusstsein nur die verbleibenden 20 %. Das Gehirn schaltet also aus reinem Überlebenstrieb automatisch so schnell wie möglich auf das Unterbewusstsein, um Energie zu sparen.[14]

Nun gilt es zu lernen, Deiner Intuition, Deinem Unterbewusstsein und Deinem Bauchgefühl zu vertrauen, auch wenn es um das Erkennen von Traumata geht.

Je öfter Du Dir bewusst machst, was Du in welchen Situationen fühlst und was in Deinem Innern vorgeht, desto eher kommst Du Traumata auf die Spur.

Nur, um es noch einmal ganz klarzumachen: Traumata sind nicht immer nur besonders dramatische, große Erlebnisse wie der Tod eines geliebten Menschen oder eine Misshandlung. Es können auch sehr kleine, banale Dinge sein, wie dass Deine Lehrerin in der fünften Klasse zu Dir sagte, dass aus Dir nie etwas werden wird oder dass Deine Mutter geistesabwesend erwähnte, dass Du zu viel redest. Es ist erstaunlich, wie sehr sich selbst kleinste Nebensächlichkeiten in unserem Wesen festsetzen können.

Jeder geht anders mit seinen Wunden und Traumata um. Den einen blockieren sie, einen anderen treiben sie eher an. Der eine verdrängt Traumata, bei einem anderen sind sie hingegen ständig präsent. Sich nicht mit den eigenen Wunden und unterbewussten Abläufen auseinanderzusetzen, liegt dabei meist an der Angst vor dem, was man finden könnte.

[14] *Die Welt* (2009)

Zu esoterisch?

Vielleicht denkst Du Dir nun, dass sich das alles doch sehr esoterisch anhört und dass das möglicherweise ein Thema ist, mit dem Du Dich nicht beschäftigen willst. Dabei geht es gar nicht um Esoterik. Es geht um Techniken, die Dir helfen sollen, Deine Ängste und Traumata zu entdecken, die bislang noch Deinem Erfolg im Leben im Weg stehen.

Dabei musst Du Dich keinesfalls auf alle Techniken einlassen, die Dir zur Verfügung stehen. So wie nicht jedes Werkzeug für jeden Job geeignet ist, eignen sich auch nicht alle Techniken für alle Traumata.

Das einzig Wichtige ist, dass Du Deiner Intuition folgst. Richte Dich nach dem, was sich für Dich gut und passend anfühlt. In aller Regel weißt Du tief in Deinem Innern am allerbesten, was der richtige Weg für Dich ist. Wenn das esoterische Themen wie Traumreisen einschließt – gut –, wenn nicht – auch gut. Es gibt viele Wege, wie Du Dich mit Deinem Inneren auseinandersetzen kannst, und Du wirst den für Dich richtigen Weg finden, das ist sicher.

WAS SIND DEINE 3 WICHTIGSTEN ERKENNTNISSE AUS DIESEM KAPITEL?

1

2

3

11. Die Angst als Wegweiser nutzen

„Mut ist Widerstand gegen die Angst, Sieg über die Angst, aber nicht Abwesenheit von Angst.“

Mark Twain

Viele von uns erleben Angst als ein Hindernis, das uns zurückhält, dabei kann Angst auch als ein mächtiger Wegweiser im Leben dienen. Wenn Du lernst, Deine Ängste zu verstehen und ihnen auf eine neue Weise zu begegnen, können sie zu einem wertvollen Werkzeug für persönliches Wachstum werden.

Angst ist ein natürlicher und universeller Teil der menschlichen Erfahrung. Sie schützt uns vor Gefahren und bereitet uns auf Herausforderungen vor. Doch oft erleben wir Ängste, die nicht direkt mit realen Bedrohungen verbunden sind – heutzutage sind fast alle unserer Ängste unbegründet, da wir in einer sehr sicheren und behüteten Welt leben.

Früher war eine Angst zum Beispiel, von der Sippe verstoßen zu werden und sich allein in der Wildnis zurechtfinden zu müssen. Klassische Torschlusspanik im wahrsten Sinne: Wer es nicht bei Einbruch der Dunkelheit durch das Stadttor und hinter die schützenden Mauern der Gemeinschaft schaffte, sah sich allen möglichen Gefahren allein ausgesetzt.

Auf solchen Urängsten beruhen heutige Ängste, selbst wenn sie nicht mehr angebracht sind. Existenzängste sollten für die allermeisten von uns völlig abwegig sein und trotzdem verspüren wir sie manchmal. Die Angst, es den Menschen im eigenen Umfeld nicht recht zu machen, ist ebenso ein Fall. In der jetzigen Zeit musst Du Dich nicht mehr auf Gedeih und Verderb der Masse anschließen. **Dein Leben hängt nicht davon ab, ob andere Dich mögen oder nicht.** Tatsächlich ist der Drang nach Anerkennung in dieser Hinsicht eher hinderlich.

Wenn Du Angst davor hast, die Menschen in Deiner Umgebung vor den Kopf zu stoßen, und es allen recht machen willst, wirst Du am Ende einem Menschen nicht gerecht, nämlich Dir selbst – also dem Menschen, mit dem Du 24/7 zusammen bist. Aber genau das ist es, was Du tun musst: Mach es Dir vor allem selbst recht und niemandem sonst.

Ängste entstehen durch Gedanken und Vorstellungen über mögliche negative Zukunftsszenarien. Welches Zukunftsszenario aber hätte es, wenn Du Deine eigene Meinung vertrittst und anderen nicht nach dem Mund redest? Im Zweifel kämst Du authentischer an und würdest wahre Freunde gewinnen, die Deine Meinung teilen. Deine Angst ist also vollkommen unbegründet und rührt schlichtweg aus Urzeiten. Wenn Du es schaffst, Dir dessen bewusst zu werden, befreist Du Dich von der Angst. Dann erst kannst Du Dich darauf konzentrieren, was Dir wichtig ist und was Du erreichen willst.

Um die Angst als Wegweiser zu nutzen, ist der erste Schritt deshalb, sie bewusst wahrzunehmen. Werde Dir bewusst, wovor Du Angst hast, dann kannst Du genau diesen Thematiken auf den Grund gehen.

**Anstatt vor der Angst zurückzuschrecken,
betrachte sie genau und erforsche sie eingehend.**

Frage Dich: „Was genau macht mir Angst? Welche tieferen Bedeutungen oder ungelösten Konflikte könnte diese Angst in mir ansprechen?"

In der **Konfrontation** mit meinen Ängsten habe ich festgestellt, wie mächtig diese Methode ist, um Ängste zu überwinden. Durch schrittweise und kontrollierte Konfrontation mit den Situationen oder Objekten, die meine Angst auslösen, habe ich meine Angstreaktionen deutlich reduziert. Das stärkte in der Folge mein Vertrauen in meine Fähigkeit, Herausforderungen zu bewältigen.

Ein konkretes Beispiel dafür war meine Angst vor öffentlichen Auftritten und Sichtbarkeit. Ich weiß noch genau, als ich das erste Mal auf *Facebook* live gegangen bin: Ich hatte im Februar 2020 ein dreitägiges 1:1-Coaching gebucht und dafür 12.000 € bezahlt. Das Coaching fand in St. Moritz statt, einem Ort, der Luxus und Reichtum auf die Spitze treibt. Allein dort zu sein, als kleiner Polizeibeamter, der sich gerade erst selbstständig gemacht hatte, war ein Schritt in eine andere Welt. Ich wusste, dass mein Coach von mir Dinge verlangen würde, die extrem außerhalb meiner Komfortzone und sehr unangenehm für mich sein würden. Vor dem Coaching hatte ich mir die Frage gestellt, wie ich damit umgehen sollte. Nach kurzer Zeit kam ich zu dem Entschluss, dass ich die wertvolle Zeit, die mich so viel Geld gekostet hatte, nicht damit verschwenden wollte, mit meinem Coach zu diskutieren und mich vor Aufgaben zu drücken. Stattdessen nahm ich mir vor, alles zu tun, was er sagte, ohne darüber nachzudenken, und erst im Nachgang zu bewerten, ob das für mich gut war oder nicht.

Also bekam ich den Auftrag im teuersten Hotel der Stadt, im *Badrutt's Palace* Hotel, auf *Facebook* live zu gehen und über die Erkenntnisse der ersten Stunden zu berichten. Wenn Du jemanden sehen willst, der die Hosen voll hat und vor Angst kaum ein Wort herausbekommt, dann geh auf meiner *Facebook*-Timeline auf Februar 2020 und schau Dir diesen Live-Auftritt an.

Diese Erfahrung war entscheidend dafür, dass ich lernte, meine Nervosität zu kontrollieren und letztlich meine Angst vor öffentlichen Auftritten vollkommen zu überwinden. Wie viele Menschen haben Angst davor, vor anderen aufzutreten? Vielleicht auch Du? Wie würde aber ein Überwinden dieser Angst Dein Auftreten verändern, zum Beispiel im Business-Kontext?

Ein weiterer Ansatz ist das **mentale Training**, bei dem Du durch Visualisierungen und mentale Vorbereitung Deine Reaktionen auf angstauslösende Situationen neu gestaltest. Diese Techniken helfen Dir, eine innere Stärke aufzubauen und Ängste als

Teil Deines Weges zu akzeptieren, ohne dass sie Dein Handeln bestimmen.

Beim mentalen Training, das ich in meiner Auseinandersetzung mit Angst anwende, spiele ich häufig verschiedene Szenarien durch, um meine Reaktionen neu zu gestalten. Das beginnt damit, dass ich mir das schlimmstmögliche Szenario vorstelle und einen detaillierten Plan entwickle, wie ich darauf reagieren würde. Ich realisiere meine Ängste, da ich sie mir realistisch vorstelle. Diese Vorgehensweise hilft mir, die Angst vor dem Unbekannten zu reduzieren, da ich bereits eine Strategie habe, die ich umsetzen kann, falls dieses Szenario eintritt.

Bleiben wir bei dem Beispiel mit den öffentlichen Auftritten. Ich frage mich dann: Was wäre, wenn ich vor einem Publikum stehe und alle anfangen zu lachen? Statt in Panik zu geraten, habe ich gelernt, mir vorzustellen, dass ich einfach mitlache oder das Publikum direkt anspreche und nach dem Grund für ihr Lachen frage. Dieses mentale Durchspielen hilft mir, mich von der Angst zu distanzieren und sie als beherrschbare Reaktion statt als unüberwindbare Barriere zu sehen.

Und hier noch **zwei weitere Techniken**, die Dir helfen können, mit Ängsten viel besser umzugehen: **Zerlege Deine Angst in kleinere, handhabbare Teile**. Anstatt Dich von einer großen, überwältigenden Angst dominieren zu lassen, frage Dich: „Was genau macht mir Angst und in welcher Reihenfolge? Gibt es spezifische Aspekte oder Trigger, die ich angehen kann?" Diese Zergliederung hilft Dir, konkrete Schritte zu entwickeln, um mit jeder Komponente Deiner Angst umzugehen.

Ein weiterer Ansatz ist **das Reframing** Deiner Angst. Das bedeutet, die Geschichte, die Du Dir über Deine Angst erzählst, bewusst zu verändern. Anstatt zu denken, dass Deine Angst ein Zeichen von Schwäche ist, kannst Du sie als Beweis für Deinen Mut interpretieren – denn es gehört Mut dazu, sich seinen Ängsten zu stellen. Nutze Reframing, um Deine innere Einstellung bedeutsam zu verändern und Dir die Kraft zu geben, Herausforderungen mutig zu begegnen.

Du wirst feststellen, dass Angst Dich nicht zurückhalten muss; sie kann Dich vielmehr lehren, widerstandsfähiger zu sein und Dein Leben mit größerer Authentizität und Selbstvertrauen zu führen.

Indem Du Dir Deine Ängste bewusst machst, leiten sie Dich zu all den Themen, die Dich bislang noch davon abhalten, komplett frei Entscheidungen zu treffen und Deinen eigenen Weg zu gehen. Sobald Du Dich Deinen Ängsten stellst und Dich ihrem Ursprung zuwendest, löst Du die Stricke und Ketten, die Dich bislang noch vom Erfolg in Deinem Leben zurückhalten.

WAS SIND DEINE 3 WICHTIGSTEN ERKENNTNISSE AUS DIESEM KAPITEL?

1

2

3

12. German Angst: angeborene Ängste

Kennst Du dieses besonders interessante Phänomen – die German Angst? Dieser Begriff beschreibt eine tief verwurzelte Tendenz zur Vorsicht und Skepsis, die oft als charakteristisch für die deutsche Kultur angesehen wird.

Ich persönlich denke, dass diese kollektive Angst auf die zwei Weltkriege zurückzuführen ist. Beide Kriege haben wir verloren. In beiden Kriegen wurden wir bloßgestellt und es wurde uns Wichtiges weggenommen. Wenn wir uns nun an die zuvor besprochene genetische Weitergabe von Traumata erinnern und die Tatsache berücksichtigen, dass sich diese Weitergabe über bis zu sechs Generationen ziehen kann, wird klar, dass wir alle auch heute noch diese Kriegstraumata in uns tragen.

Die Teilung Deutschlands und die ständige Bedrohung durch den Kalten Krieg haben die kollektive Psyche der Deutschen zusätzlich geprägt. Die Trennung in Ost- und Westdeutschland führte zu jahrelanger Unsicherheit und einem Gefühl der ständigen Bedrohung. Menschen lebten in der Angst vor einem möglichen Atomkrieg und unter dem Druck eines überwachten Lebens in der DDR.

Geschichten von Familien, die über die Mauer hinweg getrennt wurden, von der Flucht in den Westen oder dem Leben auf dem Sprung, zeigen, wie tief diese Ängste verwurzelt sind. Solche permanente Wachsamkeit und Vorsicht sind auch heute noch in der deutschen Mentalität spürbar.

Auch ein Blick auf andere Nationen zeigt, dass historische Traumata tiefe Spuren in der kollektiven Psyche hinterlassen können, und untermauert die These der Entstehung der „German Angst". Ein prägnantes Beispiel hierfür ist Japan, das nach den Atombombenabwürfen auf Hiroshima und Nagasaki eine ausgeprägte Vorsicht und ein starkes Sicherheitsbewusstsein entwickelt hat. Diese kollektive Erinnerung an traumatische

Ereignisse spiegelt sich in der japanischen Kultur wider und zeigt Parallelen zur deutschen Geschichte.

Ganz im Gegensatz dazu haben wir zum Beispiel die USA. Die amerikanischen Staaten wurden von Menschen gegründet, die Eroberer, Entdecker und neugierige, abenteuerlustige Menschen aus den alten Ländern waren, die sich darauf konzentrierten, Chancen zu nutzen. Aus den meisten großen Kriegen sind die USA als Sieger hervorgegangen. Hier herrscht also eine vollkommen andere Grundstimmung als bei uns. Da überrascht es nicht, dass Unternehmensgründungen und Innovationen hier eher zu finden sind als bei uns, selbst ohne staatliche Förderung.

Ein anschauliches Beispiel für die German Angst im modernen Kontext ist die Versicherungsbranche. Deutsche neigen dazu, sich gegen alle Eventualitäten abzusichern. So sind wir Spitzenreiter bei Haftpflicht-, Hausrat- und Lebensversicherungen. Im Gegensatz dazu ist in vielen anderen Ländern der Versicherungsmarkt weniger stark ausgeprägt.

Ein weiteres interessantes Beispiel ist der Umgang mit dem Automobil. Deutsche Autos sind für ihre Sicherheitsstandards bekannt und viele deutsche Autofahrer legen großen Wert auf Sicherheitsfeatures wie ABS, Airbags und Fahrassistenzsysteme. Auch in Japan werden Autos mit einer Vielzahl von Sicherheitsfunktionen ausgestattet. Japanische Autofahrer bevorzugen Fahrzeuge mit fortschrittlichen Assistenzsystemen und umfassenden Sicherheitschecks, um das Risiko von Unfällen zu minimieren.

In den USA hingegen, wo die Kultur historisch von Pioniergeist und Risikobereitschaft geprägt ist, liegt der Fokus der Automobilnutzer mehr auf Komfort und Leistung als auf umfassenden Sicherheitsausstattungen. Die unterschiedlichen Herangehensweisen in diesen Ländern verdeutlichen, wie historische und kulturelle Hintergründe das Sicherheitsbedürfnis und die damit verbundenen Maßnahmen prägen.

Doch über die kulturellen Stereotypen hinaus bietet die Betrachtung der German Angst auch wertvolle Einblicke in die Natur der Angst an sich, die universell ist und in verschiedenen Formen in allen Kulturen auftritt. Die German Angst kann als Metapher für die Ängste dienen, die uns angeboren sind. Diese Ängste haben evolutionäre Wurzeln; sie dienten ursprünglich dazu, unsere Vorfahren vor realen Bedrohungen zu schützen. In der modernen Welt, in der physische Bedrohungen seltener sind, manifestieren sich diese Ängste jedoch oft in Form von sozialen Ängsten, Leistungsdruck und der Furcht vor dem Unbekannten.

Deshalb sind auch Angstreaktionen heutzutage meist nicht mehr zielführend. Erhöhte Herzfrequenz, Tunnelblick und Adrenalinrausch sind nützlich in der Flucht vor einem angreifenden Wildtier und lassen den Körper plötzliche Höchstleistungen auffahren. In einer Präsentation vor dem Chef bringen sie nichts.

Um diese angeborenen Ängste zu verstehen und zu bearbeiten, ist es wichtig, ihre Ursprünge und ihre Funktionen zu erkennen. Sie sind nicht nur Relikte aus einer gefährlicheren Zeit, sondern auch Signale, die uns auf potenzielle Gefahren oder wichtige Entscheidungen hinweisen können. Durch das Verständnis dieser Signale können wir lernen, sie konstruktiv zu nutzen.

Ein Artikel über die German Angst im *SZ Magazin*[15] liefert interessante Erkenntnisse:

„German Angst" beschreibt eine ausgeprägte Neigung zu Pessimismus, Sorgen und übertriebener Vorsicht, die als typisch deutsch gilt. Diese kulturelle Eigenschaft ist tief in der deutschen Geschichte und Kultur verwurzelt, möglicherweise als Folge von historischen Traumata und politischen Unsicherheiten.

[15] *Süddeutsche Zeitung Magazin* (2009)

Trotz des Klischees der Verzagtheit haben die Deutschen in Krisenzeiten, wie der Wirtschaftskrise, eine bemerkenswerte Gelassenheit und Resilienz gezeigt. Diese Beobachtung steht im Gegensatz zum traditionellen Bild der „German Angst“.

International wird die deutsche Bevölkerung oft als besonders ängstlich und vorsichtig wahrgenommen. Dennoch hat sich gezeigt, dass sie in schwierigen Zeiten Optimismus und Anpassungsfähigkeit beweist.

„German Angst“ ist dabei kein spezifisch deutsches Phänomen, sondern es gibt ähnliche Ausdrucksformen in anderen Kulturen. Eventuell stellen solche Ängste auch universelle menschliche Verhaltensweisen dar.

WAS SIND DEINE 3 WICHTIGSTEN ERKENNTNISSE AUS DIESEM KAPITEL?

1

2

3

13. Ängste loslassen und überwinden

„Auch der stärkste Mann schaut einmal unters Bett.“

Erich Kästner

Ängste loszulassen und zu überwinden betrifft jeden von uns, denn jeder Mensch ist im Laufe seines Lebens Ängsten ausgesetzt. Das ist ein universelles Erlebnis, muss jedoch individuell gemeistert werden. Das Loslassen von Ängsten ist nicht nur eine Befreiung von unmittelbarem emotionalem Stress; es ist ein entscheidender Schritt hin zu echter persönlicher Freiheit.

Wenn Du Ängste überwindest, öffnest Du Türen zu neuen Möglichkeiten und Erfahrungen, die zuvor durch Deine eigenen mentalen Barrieren versperrt waren.

Denke dabei nicht nur an die großen Ängste, die offensichtlich das Leben beeinträchtigen, sondern auch an die kleinen, subtilen Ängste, die Dich tagtäglich beeinflussen. Egal, ob Du Angst vor Arbeitslosigkeit oder Spinnen hast, ob Du Dich fürchtest, die Küche im Dunkeln zu betreten, in tiefem Wasser zu schwimmen oder Dir beim Landeanflug der Schweiß ausbricht – jede Angst kann überwunden werden.

Die Fähigkeit, Ängste zu überwinden, dient Deinem persönlichen Wachstum und ermöglicht Dir, aus Deiner Komfortzone herauszutreten und das Leben in seiner vollen Bandbreite zu erfahren. Lerne, mit Deinen Ängsten umzugehen, und entwickle dadurch Resilienz und Flexibilität im Umgang mit den Unsicherheiten des Lebens.

Außerdem fördert das Überwinden von Ängsten Dein Selbstvertrauen und Deine Selbstachtung. Jedes Mal, wenn Du eine Angst überwindest, beweist Du Dir selbst, dass Du dazu fähig bist, Herausforderungen zu meistern und Deine

Grenzen zu erweitern. Das baut ein Fundament für weiteres Wachstum und weitere Erfolge auf. Folge diesen Phasen, um sukzessiv mit Deinen Ängsten umzugehen:

1. Erkennen der Angst

Der erste Schritt zur Bewältigung von Angst ist, diese zu erkennen. Werde Dir darüber bewusst, was Angst in Dir auslöst, also welche Situationen und welche Kontexte Dir Angst machen.

Beispiel: Ich fürchte mich davor, in den sozialen Medien vor vielen Zuschauern live zu gehen.

2. Akzeptanz und Wertschätzung

Einmal der Angst bewusst geworden, akzeptiere sie und sieh sie als Teil Deiner Erfahrung an. Dadurch reduzierst Du bereits ihre Macht über Dich. Dieser Prozess beginnt mit dem ehrlichen Zugeständnis Dir selbst gegenüber, dass die Angst existiert und eine legitime Reaktion auf bestimmte Lebensumstände darstellt. Wie weiter oben angesprochen, basieren Ängste auf (vormals) gefährlichen Situationen und dienten uns dazu, uns zu schützen und anzutreiben. Du kannst Deine Ängste also durchaus wertschätzen und Dir ihren dienlichen Charakter in Erinnerung rufen. Nur weil Dir ihre Auswirkungen heute nicht mehr nützen, sondern eher irritieren, bedeutet das nicht, dass das Gefühl der Angst selbst in unserer heutigen Zeit keinen berechtigten Stellenwert mehr hat. Anstatt sie also zu bekämpfen, akzeptierst Du sie als funktionsfähigen Teil Deines Körpers und Geistes.

Beispiel: Ich akzeptiere diese Angst und sage mir, dass es in Ordnung ist, so zu fühlen.

3. Analyse

Analysiere, woher die Angst kommt. Mach mit folgender Übung ein Spiel daraus und frage Dich: „Nur mal angenommen, die Angst wäre nur vorgeschoben und nicht real? Was wäre dann? Ist sie denn real? Und von wem habe ich die Angst? Habe ich sie von meinen Eltern übernommen?"

Du weißt bereits, dass Glaubenssätze und Traumata aus früheren Erlebnissen und Deinem persönlichen Umfeld stammen können. Analysiere also konkret für Dich und in Bezug auf die spezifische Angst, um die es Dir geht: Woher stammt sie? Was genau ist der Auslöser der Angst und was löst wiederum die Angst in Dir aus?

Beispiel: Ich frage mich, ob mir vielleicht als Kind eingeredet wurde, dass ich vor Publikum versage. Vielleicht fällt mir ein Kindheitserlebnis ein, in dem ich schlechte Erfahrungen mit dem Auftritt vor anderen gemacht habe, selbst wenn es nur das Blockflötenspiel vor der Familie zu Weihnachten war.

4. Zuhören

Im dritten Schritt hörst Du der Angst zu, und zwar bis zum Ende. Auf was läuft die Angst hinaus? Spiel das Szenario Deiner Angst komplett durch. In aller Regel versucht man das eher zu vermeiden und die Angst zu ignorieren oder zu verdrängen, aber dann wächst sie lediglich weiter. Bereits in diesem Schritt ist es oftmals so, dass sich die Angst auflöst, weil Du merkst, dass sie vollkommen unbegründet und haltlos ist und ihre Geschichte auf nichts Handfestes hinausläuft.

Beispiel: Ich sitze vor dem Computer, versuche, meine vorbereiteten Inhalte zu erzählen, mehr und mehr Follower schalten zu, ich verhaspele mich vielleicht oder komme todlangweilig rüber. Das führt dazu, dass meine Follower das Interesse verlieren, abschalten, vielleicht sogar meinen Kanal komplett verlassen. Sowohl meine Follower-Statistik, als auch mein Ruf und nicht zuletzt mein Ego leiden unter dem vergeigten Live-Auftritt.

5. Worst-Case-Szenario

Hat sich die Angst bis hierhin noch nicht erledigt, dann bewertest Du im vierten Schritt die realistische Wahrscheinlichkeit von Gefahren objektiv und machst einen Plan für den Worst-Case. Frage Dich: „Was kann im schlimmsten Fall passieren? Und was wäre die Lösung dazu?" Durch diese Bewertung kannst Du die oft übertriebenen Ängste in einen realistischeren Kontext setzen und geeignete Strategien entwickeln, um mit dem Outcome umzugehen.

Wichtig ist, dass Du Deine Gedankengänge verschriftlichst. Schreib auf, was Du Dir vorstellst und welchen Outcome Du siehst. Was tust Du in welchem Fall? Durch die Verschriftlichung konkretisierst Du Deine Strategien und sie werden von vagen Ideen zu echten Leitlinien.

Diese Technik hilft, die Reaktionen auf Bedrohungen angemessen anzupassen und nicht überzureagieren. Die meisten Ängste entstehen, weil wir uns hilflos und unvorbereitet fühlen. Sobald Du in Deinem Kopf ein Szenario entwickelst, wie Du reagierst, wenn der Kontext Deiner Angst eintritt, dann fühlst Du Dich direkt besser vorbereitet und kannst einem vorbereiteten Plan folgen. Du bist der Angst nicht mehr hilf- und planlos ausgeliefert.

Beispiel: Die Zuschauer machen sich im Chat über mich lustig. Ich plane, darüber selbst zu lachen und mich nicht zu ernst zu nehmen.

6. Strategie finden und loslassen

Auf Basis der Lösung für Deinen Worst-Case erstelle einen Plan, um diese Lösung auch umzusetzen. Sobald dann Deine Strategie samt Planung steht, ist es Zeit, loszulassen. Deine Strategie gibt Dir das beruhigende Gefühl, vorbereitet zu sein, selbst auf den schlimmsten Fall. Mit diesem Gefühl kannst Du ab hier den weiteren Verlauf der Dinge sich selbst überlassen. Du weißt bereits, dass Dich nichts aus der Bahn werfen kann.

Beispiel: Ich male mir nicht nur aus, dass ich mit den Zuschauern zusammen über mich lache, sondern bereite sogar ein paar lustige Phrasen vor, die ich in dem Fall sagen kann. Auch einen Witz übers Lampenfieber suche ich heraus und speichere ihn in meinen Notizen ab, bereit für den Ernstfall. Dank dieser Vorbereitungen lehne ich mich entspannt zurück und lasse den Dingen ihren Lauf.

7. Best-Case-Szenario

In die Waagschale gegenüber dem Worst-Case legst Du den Best-Case. Was könnte im besten Fall passieren? Sieh die Angst nicht als Feind, sondern als Teil eines Prozesses, der eben auch einen positiven Ausgang haben kann. Mit dem Best Case stellst Du automatisch auch einen Grund dafür auf, durch die Angst hindurchzugehen. Was gewinnst Du, wenn Du der Angst begegnest und Dich von ihr nicht abhalten lässt?

Beispiel: Mein Live-Chat überzeugt eine ganze Reihe von Zuhörern und verschafft mir viele lukrative Aufträge von neuen Kunden, die mit mir zusammenarbeiten wollen.

WAS SIND DEINE 3 WICHTIGSTEN ERKENNTNISSE AUS DIESEM KAPITEL?

1

2

3

14. Digitales Verderben: die Schattenseiten der Technologie

„Die Digitalisierung geht nicht ‚vorbei', sie ist nicht irgendein technologischer Trend. Vorbeigehen wird höchstens der Gedanke daran, dass sie vorbeigeht."

Michael Pachmaier

In den bisherigen Kapiteln habe ich interne Faktoren angesprochen, die Dich in Deinem Erfolg zurückhalten, von Glaubenssätzen bis Angst. Daneben gibt es aber auch äußere Faktoren, die Dich in Deinem Fortkommen sabotieren und deretwegen Du bislang noch nicht die Erfüllung erreicht hast, die Du Dir erhoffst. Moderne Technologien sind einer dieser Faktoren.

Wir leben in einer Zeit, in der die Technologie nicht nur allgegenwärtig ist, sondern auch tief in unser alltägliches Leben eingreift. Die ständige Verfügbarkeit des Internets und die Dominanz von Smartphones und sozialen Medien haben unser Verhalten und unsere Gewohnheiten massiv verändert.

Für viele von uns führt der erste und letzte Griff des Tages zum Smartphone. Die meisten Menschen nutzen es jedoch nicht smart, daher sollte es meiner Meinung nach eher „Dumbphone" (Dumm-Telefon) heißen: Anstatt wichtige Fakten zu recherchieren, notwendige Telefonate zu tätigen oder Wartezeiten zu nutzen, um sich in etwas Nützlichem weiterzubilden, wird gedankenloser Blödsinn konsumiert, und das stundenlang. Konzentration und zwischenmenschliche Interaktion leiden darunter, genauso wie die körperliche Gesundheit.

Zum Beispiel gibt es mittlerweile die als „Tech-Neck" bezeichnete Nackenbeschwerde, ausgelöst durch ungesunde Haltung vor Smartphone und Computer, Augenleiden und Schlafprobleme durch die Nutzung moderner Technologie sowie eine Beeinflussung durch die Strahlung von mobilen Geräten.

Auch wenn die wissenschaftlichen Meinungen dazu noch auseinandergehen und die Forschung der technologischen Entwicklung deutlich hinterherhinkt, ist es klug, vorsichtig zu sein. Ich persönlich nehme die Bedenken sehr ernst und treffe Vorkehrungen, um mich zu schützen. Wenn ich längere Telefonate führe, benutze ich unter anderem Lautsprecher oder Kopfhörer mit Kabel, um das Telefon nicht direkt am Ohr halten zu müssen.

Zudem vermeide ich es, mein Smartphone ständig in der Hosentasche zu tragen, besonders unterwegs, da es in diesen Momenten verstärkt nach Signalen sucht und die Strahlung dadurch erhöht wird. Außerdem lege ich mein Handy nachts in den Flugmodus und verbanne technische Gerätschaften grundsätzlich aus dem Schlafzimmer.

Zudem schütze ich mich mit den passenden Kristallen, die die Strahlung ablenken oder zerstreuen sollen. Wem das wiederum zu esoterisch ist, der kann sich gerne mit all den anderen, praktischen Tipps anfreunden. Die helfen dann nicht nur gegen Strahlung, sondern verbessern erwiesenermaßen auch die Konzentration, da Smartphones tatsächlich einen der größten Feinde des produktiven Arbeitens darstellen.

Die Ironie dabei ist, dass Technologie, die eigentlich unsere Effizienz steigern sollte, das Gegenteil bewirkt: Sie führt zu Ineffizienz und Zeitverschwendung, da sie uns permanent ablenkt.

Die Liste negativer Auswirkungen von Smartphones könnte noch ewig fortgesetzt werden, aber es ist mir wichtig zu betonen, dass es mir nicht darum geht, Technologie zu verteufeln. Vielmehr sollten wir bewusst und informiert mit ihr umgehen und dabei auf unser mentales und körperliches Wohlbefinden achten. Ein gesunder Umgang mit Technologie ermöglicht es uns, unser Leben nach unseren eigenen Bedürfnissen und Zielen auszurichten, es uns nicht von der Technik diktieren zu lassen und stattdessen von den Fortschritten zu profitieren. Es ist ungeheuer wichtig, dass wir einen Weg finden, Technologie bewusst und zum eigenen Vorteil zu nutzen, um unser Leben wieder in Einklang mit unseren wahren Bedürfnissen und Zielen zu bringen.

WAS SIND DEINE 3 WICHTIGSTEN ERKENNTNISSE AUS DIESEM KAPITEL?

1

2

3

15. Swipen, swipen, swipen: die ständige Sucht nach Neuem

> *„Wenn Du in den sozialen Medien unterwegs bist und dabei nichts lernst, nicht lachst, nicht inspiriert wirst oder keine Netzwerke aufbaust, dann nutzt Du sie falsch."*
>
> Germany Kent

Ich möchte dieses Kapitel mit einem kurzen Auszug aus einem Artikel des Deutschlandfunks[16] mit dem Titel: „*Die Kommunikation der Zukunft*" aus dem Jahr 2012 beginnen, da hier praktisch alles gesagt wird, was auch ich immer wieder beobachte. Zudem finde ich es faszinierend, wie zutreffend die Prognosen von vor über 10 Jahren sind:

„Wir haben Frauen gebeten, auch Teenager, Mädchen, einen Tag lang – einen Samstag – nicht zu kommunizieren, offline zu sein. Keine E-Mail, keine SMS, kein Social Media. Die Hälfte hat das Experiment abgebrochen. Die haben gesagt: Es ist unmöglich, es geht nicht. Und ein junges Mädchen ist im Bett geblieben, weil sie gesagt hat: Ich kann mich nicht verabreden! Was soll ich eigentlich machen an diesem Samstag?

113 Millionen Mobiltelefone sind heute in Deutschland im Einsatz – pro Bürger 1,38 Geräte. Laut US-Studien werden amerikanische Teenager mittlerweile von einer gewaltigen Informationsflut überrollt: Sie erhalten durchschnittlich 3.417 Textnachrichten im Monat. Das digitale Dauerfeuer überreizt die Sinne: Fast 60 % aller Handynutzer bilden sich einmal pro Woche ein, einen Vibrationsalarm zu erleben."

Unsere Finger gleiten über die Bildschirme, immer auf der Suche nach dem nächsten Kick, der nächsten Information, dem nächsten Hingucker in einer App. Diese ständige Suche nach

[16] Deutschlandfunk (2012)

Neuem hat uns in ihren Bann gezogen, eine Sucht, die durch die Leichtigkeit des Swipens nur noch verstärkt wird. Was hat diese Gewohnheit mit uns gemacht? Sie hat uns ungeduldig gemacht, ständig hungrig nach sofortiger Befriedigung.

Die Technologie hat es uns erleichtert, immer neue Reize zu finden. Ein neues Video, ein neuer Post, eine neue Story – all das ist nur einen Fingertipp entfernt. Doch was macht das mit unserer Fähigkeit, uns zu konzentrieren, uns auf eine Sache wirklich und für längere Zeit einzulassen? Es untergräbt sie. Unsere Aufmerksamkeitsspanne hat gelitten und mit ihr unsere Fähigkeit, tiefe und bedeutungsvolle Verbindungen zu unserem Tun und zu anderen Menschen aufzubauen. Wir müssen verstehen, dass diese ständige Suche nach dem Neuen eine Illusion von Fülle schafft, die uns letztlich leer zurücklässt.

Wir tauschen Tiefe gegen Breite und Qualität gegen Quantität.

Es ist, als würden wir durch ein unendliches Menü von Optionen blättern, ohne jemals wirklich zu schmecken, was wir vor uns haben.

Es ist an der Zeit, dass wir uns fragen, ob wir wirklich jeder neuen Ablenkung nachgeben müssen. Können wir das ständige Swipen unterbrechen und uns stattdessen auf das konzentrieren, was wir bereits haben? Können wir die Tiefe wiederentdecken, die in der Konzentration auf weniger liegt?

Wir müssen lernen, unsere digitale Diät zu managen. Nicht jedes Signal unseres Smartphones verdient unsere Aufmerksamkeit. Nicht jede Benachrichtigung ist es wert, dass wir unsere aktuellen Tätigkeiten für sie unterbrechen. Es ist möglich, unsere Technologienutzung so anzupassen, dass sie unser Leben bereichert, anstatt es zu fragmentieren.

Stell Dir ein Leben vor, in dem wir Technologie nutzen, um echte Verbindungen zu schaffen, anstatt oberflächliche Interaktionen zu fördern. Ein Leben, in dem wir bewusst entscheiden, wann und wie wir digitale Inhalte konsumieren. Dieses bewusste Handeln erlaubt es uns, Herr über unsere digitalen Gewohnheiten zu werden, statt uns ihnen willenlos auszuliefern.

Die Technologie ist ein mächtiges Werkzeug, aber es liegt an uns, sie so zu gestalten, dass sie unsere menschlichen Bedürfnisse unterstützt und nicht untergräbt. Interessanterweise starteten viele Technologien, die wir aktuell nutzen, zum Zeitpunkt ihrer Erfindung oder Einführung mit ebensolchem Suchtpotenzial, Fernseher und Computer zum Beispiel. Mittlerweile nehmen wir all diese Technologien so nicht mehr wahr, sondern haben sie als Teil unseres Lebens akzeptiert. Zu welchem Preis?

Aus meiner Sicht sind fast alle Internetnutzer reine Konsumenten. Kaum jemand nutzt digitale Tools wirklich, um effizienter zu sein. Lediglich ein verschwindend geringer Teil sind Produzenten, die tatsächlich etwas Sinnstiftendes mit der digitalen Technologie anfangen. Das sind die Menschen, die nicht swipen, sondern kreieren. Lass uns also wählen, weniger zu swipen und mehr zu leben.

Wie oft denkst Du Dir:
„Ich sollte jetzt eigentlich aufhören“,
machst dann aber doch weiter?

Um den vielen digitalen Versuchungen zu entkommen, empfehle ich, Dir alle möglichen Hilfsmittel einzurichten, die den Zugang zu verführerischen Apps, Diensten, Tools, Internetseiten etc. erschweren. Richte im Smartphone ein, wie viele Stunden am Tag Du das Telefon oder bestimmte Apps nutzen möchtest. Setze Leitplanken, Warnungen, Sperren und Erinnerungen. Installiere eine Verzögerungsapp: Immer, wenn Du eine andere App öffnen möchtest, musst Du zunächst fünf bis zehn Sekunden warten. Das ist sehr lästig und Du wirst Dir dreimal überlegen, ob Du mal schnell etwas checken möchtest.

Das nimmt auch dem Dopamineffekt den Wind aus den Segeln. Oder lege bestimmte Zeiten für die Online-Nutzung fest. Außerhalb dieser Zeiten kannst Du die entsprechenden Apps einfach nicht mehr öffnen.

Nutze diese kleinen Hilfen, denn echter Erfolg ist nur möglich, wenn Du Dein Leben selbst in die Hand nimmst und es nicht von äußeren Faktoren und Einflüssen bestimmen lässt. Erfolg, Glück und Erfüllung finden sich nicht in der digitalen Welt, sondern in der echten Interaktion mit anderen Menschen, in der Verbindung mit der Natur und Zeit mit den Liebsten.

WAS SIND DEINE 3 WICHTIGSTEN ERKENNTNISSE AUS DIESEM KAPITEL?

①

②

③

16. Höher, schneller, weiter: der Druck einer technologiegetriebenen Gesellschaft

> *„Je mehr Druck ich aufbaue, umso mehr Widerstand erzeuge ich."*
>
> Jesper Juul

Erinnerst Du Dich vielleicht noch, wie es früher war: Du hast Dich mit einem Kumpel in der Schule für später um 15 Uhr zum Fußballspielen im Park verabredet. Und dann war man eben auch um 15 Uhr an dem verabredeten Ort. Heute ist das alles etwas anders. Dutzende Nachrichten gehen hin und her, bis man sich endlich auf einen Ort und eine Zeit einigt, und dann sagen die Kumpels doch noch kurzfristig ab.

Technologie treibt uns an. Jeden Tag, jede Sekunde. Ständig online, immer erreichbar. Es ist ein Rennen, das wir selbst entfacht haben und das nun unsere Tage bestimmt. Leider nimmt das Rennen aber kein Ende, es hat kein Ziel.

Kurzer Überblick über die digitale Vernetzung (Stand 2023)

- In Deutschland gibt es knapp 68 Millionen Handys. 96 % der 30- bis 39-Jährigen besitzt mindestens eines.
- 67 % der Weltbevölkerung ist online, also etwa 5,40 Milliarden Menschen.
- Weltweit gibt es 4,76 Milliarden Nutzer sozialer Medien, die im Durchschnitt 2 Stunden und 27 Minuten pro Tag auf *Facebook* und Co. interagieren.[17]

[17] Alle Daten Statista (2024)

Du kennst das Gefühl sicher: das Smartphone, das nie zur Ruhe kommt, die E-Mails, die auch nach Feierabend eintrudeln, das ständige Pling, immer und überall. Die Hyperverfügbarkeit, die durch die dauernde Erreichbarkeit entsteht, führt häufig zu Stress und Überforderung. Dieser ständige Informationsfluss und die Erwartung, immer erreichbar und reaktionsbereit zu sein, sind erschöpfend und können auf lange Sicht zu Burnout führen.

Dabei können wir Dinge wie Automatisierung und Künstliche Intelligenz auch nutzen, um effizienter zu arbeiten und Zeit zu sparen, die dann für Familie und Hobbys zur Verfügung steht.

Technologie kann entweder Zeit sparen oder wir können mit ihr uns selbst blockieren.

Wichtig ist, sich bewusst zu werden, dass man auch mal abschalten darf, ohne direkt das Gefühl zu bekommen, im Rennen zurückzufallen.

Wir leben in einer Welt, in der die Grenzen zwischen Arbeit und Freizeit verschwimmen. Die Technologie, die uns Freiheit bringen kann, hat viele von uns paradoxerweise im Würgegriff. Ständig getrieben von der Angst, etwas zu verpassen, hetzen wir von einer Benachrichtigung zur nächsten oder übernehmen noch mehr Aufgaben, weil wir sie alle vom Computer aus erledigen können und eh schon dabei sind.

Die Digitalisierung durchzieht dabei alle Lebensbereiche, von Freizeit bis Arbeit. Digitale Technologien sind aus unserem Leben nicht mehr wegzudenken. Das hat Schattenseiten: Jugendliche verlieren den Anschluss an Klassenkameraden, wenn sie nicht über die neuesten digitalen Trends informiert sind. Veranstaltungen werden nur noch über *Facebook* beworben und wer nicht online ist, verpasst sie. Selbst Stelleninserate finden sich zunehmend auf *Instagram* und nirgendwo sonst.

Solange wir aber die Kontrolle über die Werkzeuge, die uns dienen sollen, behalten, werden wir zu Herren statt Sklaven dieser neuen Trends. Dann leidet unsere Lebensqualität nicht unter dem Druck der ständigen Erreichbarkeit und wir erweitern unsere Möglichkeiten, statt sie einzuschränken. Die Technologie ist ein Werkzeug – wie wir es einsetzen, liegt an uns. Sie kann uns helfen, effizienter zu agieren und auch wortwörtlich abzuschalten. Sie kann uns helfen, entspannter zu arbeiten, nicht einfach nur mehr zu leisten.

Um das sicherzustellen, müssen wir uns einige Fragen stellen und konsequent beantworten: Darf eine Handvoll weniger Unternehmen das Zepter in der Hand halten und alle anderen durch ihr Monopol unterdrücken? Wie viel Zeit sollten wir für Social Media aufwenden? Welche anderen Kommunikationswege wollen wir aufrechterhalten?

Dann wird digitale Technologie nämlich von der Herrscherin zur Bediensteten. Wir können sie zielgenau für die Aufgaben einsetzen, mit denen sie uns das Leben leichter macht. Dann nutzen wir Technologie, um echte Freiräume zu schaffen, statt uns in ständiger Erreichbarkeit zu verlieren. Ein Leben, in dem wir Technologie bewusst und gezielt einsetzen, um unsere menschlichen Bedürfnisse nach Ruhe, echtem Kontakt und tieferen Erfahrungen leichter ausleben zu können. Eine Welt, in der digitale Technik Alternativen bietet, statt Alleinherrschaft.

Wir stehen an einem Scheideweg: Wir können weiterhin dem Takt der Technologie folgen oder wir entscheiden uns bewusst dafür, sie so zu nutzen, dass sie unser Leben bereichert und nicht überschattet und einschränkt. Auch ich nutze smarte Technologien, wo immer ich kann, denn ich weiß, wie ich sie sinnvoll einsetze. Die Entscheidung liegt bei uns. Nutzen wir sie als das, was sie sein sollte: ein Werkzeug, das uns dient, unser Leben verbessert und das wir ohne schlechtes Gewissen aus der Hand legen können.

WAS SIND DEINE 3 WICHTIGSTEN ERKENNTNISSE AUS DIESEM KAPITEL?

1

2

3

17. Der Weg zum selbstbestimmten Leben

> *„Das Geheimnis des Glücks ist die Freiheit, und das Geheimnis der Freiheit ist der Mut."*
>
> Perikles

Du siehst also, dass Dein Leben in vielen Bereichen bislang noch fremdbestimmt ist, von Traumata, Ängsten und Technologie, um nur einige wenige Aspekte zu nennen. Wie gelangst Du nun auf den Weg hin zur Selbstbestimmung?

Um Dein Leben selbstbestimmt zu gestalten, erkenne zuallererst, was Dich im Innersten antreibt und was Dich möglicherweise zurückhält. In meinen Coachings stelle ich dafür oft die Frage: „Was würdest Du tun, wenn Zeit und Geld keine Rolle spielen würden? Mit wem würdest Du es tun? Wo würdest Du leben? Wie würdest Du genau leben? Welches Auto würdest Du fahren?"

Diese Fragen öffnen Türen zu den wahren Wünschen der Menschen und zeigen, wie sehr wir uns von unseren eigentlichen Träumen entfernt haben. Die Antworten fallen dabei in den meisten Fällen erstaunlich ähnlich aus: Reisen und Urlaub, Zeit mit Hobbys und Partner/in verbringen, die eigene Unabhängigkeit und Freiheit genießen. Im Grund sind wir alle freiheitsliebende Wesen.

Die Freiheit liegt in der Natur des Menschen.

Leider lassen wir uns immer wieder in einschränkende Systeme pressen oder bürden uns selbst Limitierungen auf. Fang an, zu verstehen, wo Du Dir selbst im Weg stehst und was Du wirklich vom Leben willst. Frag Dich bei allen Deinen Handlungen: „Tue ich das gerade aufgrund einer Abhängigkeit, einer Sucht oder einer Strategie, um Ängsten aus dem Weg zu gehen? Bin ich fremdbestimmt? Oder will ich wirklich so handeln?"

Stell Dich Deinen eigenen Blockaden. Die Freiheit, die Du anstrebst, wenn Du an ein selbstbestimmtes Leben denkst, beginnt mit der Freiheit im Inneren. Lerne, Deine Ängste und Abhängigkeiten zu erkennen, ihnen ins Auge zu blicken und sie zu überwinden. Nur so sprengst Du die Ketten, die Dich binden, und gewinnst die Kontrolle über Dein Leben zurück. Die Freiheit, die ich meine, ist umfassend. Sie bedeutet nicht nur, frei von finanziellen Sorgen oder beruflichen Zwängen zu sein, sondern auch von den inneren Zwängen, die Dich daran hindern, Dein volles Potenzial zu entfalten. Diese Art der Freiheit ermöglicht es Dir, Entscheidungen zu treffen, die wirklich Deinen tiefsten Überzeugungen und Wünschen entsprechen.

Finde den Mut, Dich Deinen Ängsten zu stellen und die Traumata zu heilen, die Dich bislang zurückhalten. Nur so kannst Du den Weg zu einem wahrhaft selbstbestimmten Leben einschlagen. Es ist ein Weg, der Disziplin und Mut erfordert, aber die Belohnung ist ein Leben in Freiheit und Einklang mit Deinen wahren Zielen und Wünschen. Nutze die Technologie und die Werkzeuge, die Dir zur Verfügung stehen, aber vergiss niemals, dass die wahre Freiheit aus Deinem Inneren kommt.

Es ist ein echtes Privileg in der westlichen Welt zu leben, in der wir mit Möglichkeiten regelrecht überhäuft werden. Mach Dir dieses Privileg bewusst und nutze die Chancen, die Dir dieses Leben ermöglicht. Es ist auch ein wenig Deine Pflicht, die Zeit, die Dir gegeben wird, nicht zu verplempern, sondern sinnvoll zu nutzen und mit Bedeutung zu füllen.

Das Lebensrad

Kennst Du schon das Lebensrad? Dies ist ein praktisches Werkzeug, das häufig im Coaching und in der Selbstentwicklung verwendet wird, um den aktuellen Stand der Zufriedenheit in verschiedenen Lebensbereichen zu visualisieren und Klarheit über persönliche Ziele und Prioritäten zu gewinnen. Im Folgenden findest Du eine strukturierte Anleitung, wie auch

Du das Lebensrad effektiv für Dich nutzen kannst, um mehr Motivation und Klarheit in Deinem Leben zu finden:

1. **Bewertung der Lebensbereiche**
   Überlege Dir für jeden Bereich, wie zufrieden Du aktuell bist. Setze einen Punkt auf die entsprechende Zahl auf der Skala von **0 (unzufrieden)** bis **10 (sehr zufrieden)**.

2. **Verbindung der Punkte**
   Verbinde die Punkte miteinander, um ein geschlossenes Polygon zu bilden. Dieses repräsentiert Deinen aktuellen IST-Zustand in den verschiedenen Lebensbereichen.

3. **Reflexion**
   Betrachte das entstandene Bild. Ist das Rad eher gleichmäßig oder ungleichmäßig? Gibt es Bereiche, die mehr Aufmerksamkeit erfordern?

4. **Motivation und Zielsetzung**
   Setze Dir zukünftige Ziele! Zeichne dafür nun andersfarbige Punkte auf das Lebensrad, die Dein gewünschtes zukünftiges Zufriedenheitslevel darstellen. Sei bei der Festlegung dieser Ziele realistisch, um Deine persönliche Motivation zu fördern und Enttäuschungen zu vermeiden.

5. **Priorisierung**
   Entscheide, welche Lebensbereiche für Dich besonders wichtig sind und priorisiere sie. Notiere Dir Schritte, die notwendig sind, um jeweils das gewünschte Zufriedenheitslevel zu erreichen. Welche konkreten Maßnahmen kannst Du ergreifen?

6. **Motivation**
   Betrachte das Lebensrad erneut und reflektiere über Deine Prioritäten und die möglichen Schritte zur Erreichung Deiner Ziele. Diese Übung kann Dir helfen, mehr Motivation zu finden und die Klarheit zu gewinnen, die Du benötigst, um Veränderungen in Deinem Leben vorzunehmen.

7. **Abschlussgedanken**
   Das Lebensrad ist nicht nur eine Momentaufnahme, sondern ein dynamisches Werkzeug, das regelmäßig genutzt werden kann, um Fortschritte zu messen und die eigene Entwicklung zu verfolgen. Es hilft dabei, das Leben in einem ganzheitlichen Ansatz zu betrachten und bewusst Veränderungen anzustreben, die zu einem erfüllteren Leben führen. Nutze es als Teil Deiner regelmäßigen Selbstreflexion, um kontinuierlich Klarheit und Motivation zu fördern.

Verwende die folgende Vorlage, um Dein persönliches Lebensrad zu erstellen und Deine Klarheit und Motivation zu fördern:

Vorlage Lebensrad:

WAS SIND DEINE 3 WICHTIGSTEN ERKENNTNISSE AUS DIESEM KAPITEL?

1

2

3

TEIL 3

Wie Du ganz entspannt alles erreichst, was Du schon immer haben wolltest

Alles zu erreichen, was Du Dir jemals erträumt hast, muss nicht hart sein – es geht auch ganz entspannt. Viele Menschen streben nach Erfolg, Gesundheit, Liebe und finanzieller Sicherheit, doch oft erscheint der Weg dorthin steinig und Hürden unüberwindbar. Hier zeige ich Dir, wie Du jegliche Herausforderungen mit Leichtigkeit meisterst.

Wir erkunden Strategien, die Dir helfen, klar definierte Ziele zu setzen und diese mit einer Gelassenheit zu verfolgen, die Dich nicht ausbrennen lässt, sondern energiegeladen und fokussiert hält. Du lernst, wie Du Hindernisse als Gelegenheiten nutzt und wie Du aus jeder Situation das Beste machst.

Bereite Dich darauf vor, zu entdecken, wie Du durch eine entspannte Herangehensweise und mit der richtigen Einstellung jedes Deiner Ziele erreichst, ohne dabei das Gefühl zu haben, gegen den Strom schwimmen zu müssen.

Es ist Zeit, den Druck beiseite zu lassen und den Weg des geringsten Widerstands zu gehen, der Dich zu Deinem ultimativen Erfolg führt.

18. Du hast unbegrenzte Möglichkeiten

„Probleme sind verkleidete Möglichkeiten."

Henry Ford

In einer Zeit, in der uns mehr Ressourcen zur Verfügung stehen als je zuvor, möchte ich Dir etwas Wichtiges mitgeben: Du hast unbegrenzte Möglichkeiten.

Stell Dir vor, jede Idee, die Du hast, jedes Projekt, das Du starten möchtest, kann Realität werden. Warum? Weil Du in einer Welt lebst, in der Wissen grenzenlos und größtenteils kostenlos zugänglich ist. Onlinekurse, Webinare, Foren und E-Books bieten Lernmöglichkeiten, die noch vor einigen Jahrzehnten undenkbar waren. Das Internet hat die Welt verändert, indem es Wissen demokratisiert hat, und jeder mit einem Zugang kann dieses Wissen nutzen, um sich selbst und seine Umstände zu verbessern.

Erfolg kann jeder.

Diese Fülle an Möglichkeiten bedeutet, dass es praktisch nichts gibt, was Dich zurückhalten kann. Alles, was Du brauchst – Wissen, Ressourcen, Kontakte – ist buchstäblich nur einen Klick entfernt. Ich sage oft in meinen Coachings, dass jeder Erfolg haben kann, denn die Werkzeuge dazu sind allen verfügbar, insbesondere in unserer westlichen Welt. In anderen Gesellschaften sind Menschen damit beschäftigt, genügend Essen aufzutischen – wir hingegen befinden uns in der Lage, darüber nachdenken zu können, wie wir leben wollen. Ein Privileg, das Du nutzen solltest.

Alles, was ich tue, tue ich aus dem Gedanken der Fülle heraus. Komm auch Du in den Fülle-Modus.

Anstatt aufgrund von Mangel zu handeln, rufe Dir das Positive Deiner Handlungen ins Bewusstsein, selbst bei Dingen, die Du nicht gerne tust: Du arbeitest, nicht, weil Du zu wenig Geld hast, sondern weil Du Erfahrung gewinnst. Sieh nicht, was Dir im Moment vielleicht noch fehlt, sondern was Du hast und was Du noch hinzugewinnst.

Es gibt mehr Menschen als je zuvor auf der Welt, aber auch mehr Nahrung, mehr Betätigungsmöglichkeiten, mehr Geld, mehr Wissen. Erkenne Chancen und werde aktiv. Es gibt genügend Immobilien, Anlagen, Unternehmen und Menschen, die nach Investitionsmöglichkeiten suchen. **Alles ist da – Du musst nur wissen, wo Du zugreifen musst.**

Tatsächlich sehen aber die meisten von uns den Wald vor lauter Bäumen nicht. Sie sind von Möglichkeiten umgeben, wissen aber nicht, wo sie anfangen sollen. Vielleicht geht es ja auch Dir so. Dann suche Dir jemanden, der den Weg bereits gegangen ist, der Möglichkeiten erkannt und genutzt und so ein Leben der Fülle kreiert hat. Das macht Coachings so wertvoll. Ein guter Coach hilft Dir dabei, die vielen Möglichkeiten zu filtern und genau die Strategien herauszufinden, die zu Dir und Deinen Zielen passen.

Früher konnten sich gerade einmal Könige oder hohe kirchliche Würdenträger einen Privatlehrer, Mentor oder Coach leisten. Später dann kamen einige elitäre Performer hinzu, die sich diesen Luxus gönnten. Heute hingegen hast Du unbegrenzte Möglichkeiten, auch im Rahmen der Auswahl Deiner Lehrer. Zum einen gibt es eine ganze Reihe von guten Coaches und Beratern und zum anderen stehen diese für erschwingliche Beträge zur Verfügung. So bringst Du viele neue Sichtweisen und Erkenntnisse mit nach Hause.

Leider ergreifen in Deutschland noch immer nicht genügend Menschen die Möglichkeit eines Coachings, obwohl die Vorteile offensichtlich sind. Viele wissen aber auch einfach nicht, dass es solche professionelle Unterstützung gibt und wie nützlich sie für das Finden von Möglichkeiten und von Entscheidungen ist. Bis 2016 hatte ich selbst keine Ahnung davon, was ein Coach ist und was er für mich tun könnte.

Zusätzlich sind viele Menschen davon überzeugt, dass sie alles allein schaffen müssen. Sie haben in ihrer Kindheit gelernt, dass man stark sein und unabhängig agieren muss. Diese Einstellung führt dazu, dass sie Hilfe als Schwäche ansehen, was absolut nicht der Fall ist. Im Gegenteil: **Die Inanspruchnahme von professioneller Unterstützung ist ein Zeichen von Stärke und der Bereitschaft, zu wachsen. Wann immer Du etwas nicht selbst weißt, lohnt es sich, zum Profi zu gehen.**

Du gehst ja auch zu einem Zahnarzt, wenn Du Zahnschmerzen hast, und dokterst nicht selbst herum. Oder Du bringst Dein Auto in eine Werkstatt, wenn Du eine neue Kupplung brauchst. Wenn Du selbst Hand anlegst, funktioniert danach vielleicht noch weniger als vorher. Warum also wendest Du Dich nicht an einen Fachmann, wenn es um wichtige Lebensentscheidungen geht, denen Du Dich noch nie zuvor gestellt hast?

Erschwerend hinzu kommt allerdings, dass es eine schier unüberschaubare Anzahl an Coachings gibt und es schwierig sein kann, das richtige herauszufiltern. Die Coaching-Branche in Deutschland ist noch relativ jung, hat aber in den vergangenen Jahren schnell an Popularität gewonnen. Das führt zu einem gewissen Misstrauen gegenüber Coachings – zurecht, denn es gibt auch ein paar Scharlatane und Möchtegerns, die von Themen reden, mit denen sie sich gar nicht ausreichend auskennen. Dann besteht die Befürchtung, Geld für etwas auszugeben, das einen nicht weiterbringt.

Viele denken, es wäre kostengünstiger und einfacher, alles selbst zu versuchen, bevor sie in einen Coach investieren. Es ist auch nicht immer offensichtlich, wie ein Coaching für 10.000 € einen Mehrwert von weit mehr als 10.000 € einbringen kann – vor allem, wenn es um Themen geht, die nicht in Geldwerten messbar sind, wie Glücklichsein oder Zufriedenheit. Ich kann Dir nur raten, Dich darauf einzulassen und Dich selbst von dem Nutzen eines guten Coachings zu überzeugen.

So ging es auch mir am Anfang. Nun schätze ich mich glücklich, gelernt zu haben, dass ein gutes Coaching vor allem zweierlei bedeutet: einen enormen Wettbewerbsvorteil und immense Zeitersparnis. Denke an den Sport: Die erfolgreichsten Athleten haben oft die besten Trainer. Im Fußball gewinnt nicht zwingend das Team mit dem schnellsten Stürmer, sondern das mit dem besten Coach. Warum sollte es in anderen Lebensbereichen anders sein? Wer keinen Coach hat, setzt sich selbst einem klaren Nachteil aus, sowohl im Vergleich zu anderen als auch in Bezug auf die eigene persönliche und berufliche Entwicklung. Denn unter Umständen entgehen ihm Chancen, die andere, die bereits einen Blick für Möglichkeiten entwickelt haben, sehen und wahrnehmen.

Du bist von endlosen Möglichkeiten umgeben, egal in welcher Lebenssituation Du Dich gerade befindest. Wenn Du Schwierigkeiten hast, sie zu sehen, dann suche Dir jemanden, der auch Dir die Augen für Deine Chancen in der Welt öffnet.

Tritt mit mir in Kontakt für eine erste kostenlose Persönlichkeitsanalyse, die Dir bereits viele hilfreiche Erkenntnisse gibt und Dich für die Suche nach den richtigen Coachings besser aufstellt:

Buche Dein Erstgespräch:

Nils Eiffler: Der Typ, der morgens mit einem Lächeln aufsteht und sich auf die Abenteuer des Tages freut. Als Familienvater, Inhaber von knapp 30 Unternehmen und mit über 400 Immobilienkäufen in seinem Portfolio, ist er nicht nur ein erfolgreicher Geschäftsmann, sondern auch ein einfach lieber Kerl und Freund. Nils und mich verbindet die Achtsamkeit mit uns Selbst und die Entwicklung der eigenen Persönlichkeit.

„Glück ist immer jetzt! Also hör auf mit immer höher, schneller weiter und frage Dich, was willst DU denn wirklich und wofür tust Du das, was Du tust? Damit was?
Fang an, den Weg zu genießen, jeden Tag!“
(Nils Eiffler)

WAS SIND DEINE 3 WICHTIGSTEN ERKENNTNISSE AUS DIESEM KAPITEL?

1

2

3

19. Du bist machtvoll

„Was, wenn Dein Licht nicht andere blendet, sondern ihnen den Weg leuchtet?“

Unbekannt

Je mehr Möglichkeiten jemand hat, desto machtvoller nehmen wir ihn wahr. Das bedeutet, dass auch Du machtvoll bist. Warum machtvoll? Weil Du alles in Deinem Leben beeinflussen kannst. Du hast zwar nicht immer die Kontrolle darüber, was Dir widerfährt, aber Du entscheidest, wie Du darauf reagierst. Diese Fähigkeit, zu wählen, gibt Dir eine unglaubliche Macht. Egal, ob es um Deinen Job geht, um das Geld, das Du verdienst, oder um Deine Reaktionen auf unvorhergesehene Ereignisse wie einen Autounfall – in all diesen Bereichen hast Du die Macht zu handeln und nach Deinem Willen zu reagieren.

Der Begriff „Macht“ besitzt bei vielen einen negativen Beigeschmack. Aber warum ist das eigentlich so? Schaut man sich die Definition von Macht an, dann ist sie etwas durchaus Positives.

Oxford Dictionary[18]

a. Gesamtheit der Mittel und Kräfte, die jemandem oder einer Sache anderen gegenüber zur Verfügung stehen; Einfluss

b. etwas, was eine besondere bzw. geheimnisvolle Kraft darstellt oder besitzt

socialnet[19]

Etymologisch ist Macht auf das indogermanische „magh“ (können, vermögen, fähig sein) bzw. das gotische Verb „magan“ (machen, können, vermögen) zurückzuführen.

[18] Google Suche *Definition Macht* (2024)
[19] socialnet (2024)

Mach Dich von dem negativen Verständnis von Macht frei und fühle Dich gut damit, machtvoll zu sein. Jeder von uns ist machtvoll. Diese Überzeugung ist tief in mir verankert. Macht bedeutet für mich nicht, andere zu beherrschen, sondern die Fähigkeit zu haben, Entscheidungen zu treffen. Ich kann voranschreiten, wählen und entscheiden – dafür oder dagegen – und ich kann mein Leben nach meinen Vorstellungen gestalten.

„Macht" kommt von „Machen".

Macht ist die Fähigkeit, aktiv zu sein, Dinge zu bewegen, und nicht passiv machtlos stehenzubleiben. Ohnmacht, das Gegenteil von Macht, bedeutet, dass man nichts tun kann. Aber wir sind nur dann ohnmächtig, also ohne Macht, wenn wir keine Strategien haben, um mit den Herausforderungen des Lebens umzugehen. Durch das Entwickeln von Strategien, das aktive Gestalten Deines Lebens, entziehst Du Dich der Ohnmacht. Du wirst nicht durch Deine Ängste oder Vergangenheit blockiert, sondern findest immer einen Weg, einen Ausweg, eine Lösung. Das ist wahre Macht – die Macht, immer eine Lösung zu finden, immer einen Weg vorwärts.

Ein weiterer wichtiger Aspekt Deiner Macht ist die Kontrolle über Deine Gedanken. Das mag zunächst trivial klingen, aber denke einmal genauer darüber nach: **Deine Gedanken bestimmen Deine Realität.** Was Du denkst, beeinflusst, wie Du Dich fühlst, wie Du handelst und letztlich, wie Du Dein Leben gestaltest. Die Macht über Deine Gedanken zu haben, bedeutet, dass Du die Richtung Deines Lebens bestimmst. Wenn Du negative Gedanken zulässt, die von Angst, Zweifel und Pessimismus geprägt sind, dann wird sich Deine Weltanschauung und Deine Lebenserfahrung entsprechend gestalten. Lerne, Deine Gedanken zu steuern und sie auf positive, stärkende Überzeugungen zu lenken. Dann öffnet sich Dir auch ein positiver Blick auf die Welt.

Ich spreche oft darüber, dass wahre Macht von innen kommt. Sie beginnt mit der Fähigkeit, Deine Gedanken bewusst zu wählen. Stell Dir vor, Du könntest jeden negativen Gedanken, der Dir nicht dient, einfach loslassen und durch einen Gedanken ersetzen, der Dich stärkt und Dir Energie gibt. Das ist keine Magie, sondern mentale Disziplin und eine Fähigkeit, die Du entwickeln kannst.

Denke immer daran: Deine Gedanken formen die Basis für Deine täglichen Erfahrungen und letztlich für Dein gesamtes Leben. Nimm Deine Macht über sie ernst. Du hast die Kontrolle über Deine Gedanken und das ist eine der größten Mächte, die Du je besitzen wirst. Nutze diese Macht, um ein Leben zu erschaffen, das nicht nur erfolgreich, sondern auch erfüllend und freudvoll ist. In dieser gesamten Erkenntnis über die enorme Macht, die Du hast, liegt eine große Freiheit. Wenn Du alle Ängste löst und entspannt voranschreitest, hast Du alles im Griff. Dann hast Du das Vertrauen und die Sicherheit, dass Du alles in Deinem Leben zum Positiven wenden kannst. Meine Botschaft an Dich:

Du bist machtvoll, weil Du die Macht hast, Dein Leben zu verändern.

Nutze diese Macht, schöpfe sie voll aus und erkenne die unbegrenzten Möglichkeiten, die sie Dir bietet.

Zum Abschluss noch ein konkretes Beispiel, dass ich in ähnlicher Weise zuvor schon einmal erwähnt habe: Stell Dir vor, Du stehst hinter der Bühne, bereit, einen Vortrag zu halten. Dein Herz klopft, der Schweiß perlt auf Deiner Stirn, und Du spürst, wie die Nervosität in Deinem Bauch kribbelt. In diesem Moment bist Du Dir Deiner Angst voll bewusst. Du könntest jetzt einfach versuchen, den Schweiß abzutupfen, ein paar Atemübungen machen und hoffen, dass es besser wird. Doch das ist nur eine Behandlung der Symptome. Jetzt stell Dir vor, Du fragst Dich stattdessen, woher diese Angst kommt. Vielleicht erkennst Du, dass Du nie gelernt hast, vor Menschen zu sprechen, oder dass eine alte Kindheitserinnerung, in der

Du auf der Bühne ausgelacht wurdest, Dich immer noch quält. Wenn Du den wahren Ursprung Deiner Angst erkennst, hast Du die Macht, diese zu überwinden.

Indem Du die Ursache Deiner Angst erforschst und aufarbeitest, änderst Du die Bewertung der Situation. Du siehst die Bühne nicht mehr als einen Ort des möglichen Scheiterns, sondern als eine Plattform, auf der Du 200 Menschen inspirieren und Deinen Mehrwert teilen kannst. Plötzlich sind die Schweißausbrüche weg, die Nervosität verschwindet und Du fühlst Dich wohl und selbstbewusst. Das ist die wahre Macht, die Du über Deine Reaktionen hast. Du kannst nicht dafür verantwortlich gemacht werden, dass Du nervös bist - das ist eine Reaktion auf tiefsitzende, alte Ängste. Aber Du bist dafür verantwortlich, wie Du in Zukunft auf sie reagierst, indem Du zurückgehst, die Ursachen erkennst und sie auflöst. So veränderst Du nicht nur Dein Empfinden in dieser einen Situation, sondern transformierst Deine gesamte Einstellung zu Herausforderungen im Leben.

Gewinne eine Metaperspektive, von der aus Du alles hinterfragen und kontrollieren kannst. Sie ist Teil Deiner Strategie, durch die Du machtvoll auftrittst, die wahren Ursachen hinter Blockaden erkennst und Deinem persönlichen Idealzustand und Deinem Erfolg näherkommst. Dieses Beispiel zeigt, wie mächtig Du wirklich bist. Du hast die Fähigkeit, Deine Gedanken und somit Deine Realität zu kontrollieren. Nutze diese Macht. Sie ist der Schlüssel, um nicht nur auf der Bühne, sondern in allen Bereichen Deines Lebens selbstbewusst und erfolgreich zu sein.

WAS SIND DEINE 3 WICHTIGSTEN ERKENNTNISSE AUS DIESEM KAPITEL?

1

2

3

20. Der entspannte Weg, Deine Ziele zu erreichen

„Was Du heute denkst, wirst Du morgen tun."

Tolstoi

Erfolg muss nicht aus einem unerbittlichen und ständigen Kampf und unnachgiebigem Einsatz entstehen. Die vorherrschende Meinung, dass man nur durch extreme Härte und ständige Überanstrengung seine Ziele erreicht, ist eine Fehlannahme, die lediglich zu Burnout und Unzufriedenheit führt.

Es gibt einen entspannteren, effizienteren Weg zum Erfolg, der es erlaubt, Dein Wohlbefinden zu bewahren und dennoch herausragende Ergebnisse zu erzielen. Betrachte etwa erfolgreiche Innovatoren wie Jeff Weiner, ehemaliger CEO von LinkedIn, der offen über die Bedeutung von Erholung neben der Arbeit spricht, oder Kampfsportlegende Bruce Lee, der auf seine acht Stunden Schlaf pro Tag achtete. Sie zeigen, dass nachhaltiger Erfolg aus einem gut balancierten Ansatz resultiert, der sowohl die geistige Gesundheit als auch die Leistungsfähigkeit fördert. Höre auf, Härte als einzige Tugend zu glorifizieren, und öffne Dir stattdessen die Tür für kreativere und durchdachtere Methoden, Deine Ziele zu erreichen.

Finde die Balance.

Du hast bereits Deine persönliche Definition von Erfolg festgelegt und Dir überlegt, was Erfolg für Dich bedeutet. Finde nun eine Balance zwischen Disziplin und Gelassenheit: **Disziplin ermöglicht es Dir, konsequent und fokussiert auf Deine Ziele hinzuarbeiten. Gelassenheit erlaubt Dir, das auch tatsächlich mit aller Kraft zu tun.**

Für die Disziplin hilfreich ist es, Routinen zu entwickeln, die Dich unterstützen, und Verhaltensweisen, die zu produktiven Ergebnissen führen. Beispielsweise könnte ein Autor sich tägliche Schreibziele setzen, um ein Buch zu vollenden, während ein Athlet ein striktes Trainingsschema befolgt, um für einen Wettkampf bereit zu sein.

Gleichzeitig wahrst Du aber die Gelassenheit und erlaubst Dir, flexibel auf Veränderungen zu reagieren und den Prozess zu genießen. Das bedeutet, offen für neue Ideen und Ansätze zu sein und Dich nicht von kleinen Rückschlägen entmutigen zu lassen. Lerne, den Moment zu schätzen und nicht nur das Endziel. So schaffst Du eine Quelle nachhaltiger Motivation.

Diese Haltung hilft Dir, kreativ und aufgeschlossen zu bleiben, was wiederum das Risiko eines Burnouts mindert. Zum Beispiel fördert ein Unternehmer, der auf unerwartete Marktschwankungen gelassen und flexibel reagiert und sich anpasst, nicht nur seine geschäftliche Resilienz, sondern auch persönliches Wachstum und Zufriedenheit.

Durch die Verbindung von Disziplin und Gelassenheit schaffst Du eine starke Grundlage für persönlichen und beruflichen Erfolg, die auf Deinen eigenen Bedingungen basiert und Dir erlaubt, sowohl Deine Ziele zu erreichen als auch die Reise dorthin zu genießen. Erfolg kann jeder und er muss definitiv nicht stressig sein.

Gib Aufgaben ab.

Ein weiterer ganz wichtiger Punkt auf Deinem Weg zum Erfolg ist das Delegieren und Loslassen von Kontrolle. Du kannst und solltest nicht alles alleine machen. Das zu erkennen, ist ein Zeichen von Stärke, nicht von Schwäche. Gib Aufgaben ab und beziehe andere in Deine Projekte ein, um so Kapazitäten zu schaffen und Dich auf jene Aspekte Deiner Arbeit und Deines Lebens zu konzentrieren, die Deine einzigartigen Fähigkeiten und Deine volle Aufmerksamkeit erfordern.

Delegieren bedeutet, strategisch zu entscheiden, welche Aufgaben andere Personen möglicherweise besser oder effizienter erledigen können als Du. Ein Unternehmer könnte insbesondere administrative Aufgaben an eine Verwaltungskraft übergeben, um mehr Zeit für die Kundenakquise und Produktentwicklung zu haben. Ein Autor könnte die Dienste eines Lektors nutzen, um sich auf das kreative Schreiben zu konzentrieren, anstatt Zeit mit der Korrektur von Grammatik und Rechtschreibung zu verbringen.

Das Loslassen von Kontrolle erfordert Vertrauen in die Fähigkeiten anderer und die Bereitschaft, Verantwortung zu teilen. Das ist nicht immer einfach, besonders wenn Du gewohnt bist, jedes Detail selbst zu managen. Doch das Vertrauen in das Können Deines Teams oder Deiner Unterstützer fördert ebenso deren Entwicklung und Deine Fähigkeiten, größere und komplexere Projekte erfolgreich zu managen.

Indem Du delegierst, bist Du im Endeffekt auch produktiver, denn Du schaffst Raum für Kreativität und strategisches Denken, was wiederum Deine Gesamtleistung und Zufriedenheit steigert. Letztlich ermöglicht Dir das Delegieren und Loslassen von Kontrolle, Deine Ziele effizienter und mit größerer Freude zu erreichen. So baust Du ein unterstützendes Netzwerk auf, das nicht nur zur Erreichung Deiner aktuellen Ziele beiträgt, sondern auch eine Grundlage für zukünftige Erfolge legt.

Geh in kleinen Schritten vor und feiere Siege.

Die Macht der kleinen Schritte ist ein fundamentales Prinzip auf dem Weg zum Erfolg, das oft unterschätzt wird. Jede große Reise beginnt mit einem einzigen Schritt und jeder komplexe Prozess mit einer ersten Aktion.

Diese kleinen, scheinbar unbedeutenden Handlungen kumulieren sich über die Zeit hinweg und führen zu tiefgreifenden, signifikanten Veränderungen. Das ist der sogenannte Zinseszinseffekt, den Du womöglich in Bezug zu Geld kennst, der aber auch bei Taten wirkt und auf den ich weiter unten noch genauer eingehe (siehe Kapitel „Der Zinseszinseffekt“). Es ist die Konstanz dieser kleinen Schritte, die den Unterschied macht, nicht die Größe des einzelnen Schritts.

Um die Wirksamkeit dieses Ansatzes noch zu vergrößern, setze Dir kleine, spezifische und erreichbare Ziele – Meilensteine auf der längeren Reise –, die klar auf Dein größeres Endziel ausgerichtet sind. Schneide Deine große Vision in kleinere Scheiben bis hin zu einem einzigen To Do. Setze Dir Jahresziele, aus denen Du Quartalsziele formulieren kannst. Aus den Quartalszielen leitest Du Deine Monatsziele ab, aus diesen Deine Wochenziele und wiederum aus denen Deine Tagesziele. Jedes Tagesziel hat einzelne To Dos, die Dich Schritt für Schritt jeden Tag näher an Deine übergeordneten Ziele bringen – bis Du auch die als Folge der kleineren Ziele automatisch erreichst und Dir so Deinen Erfolg sicherst.

Viele kleine Schritte führen zum Ziel.

Zum Beispiel könnte Dein übergeordnetes Ziel sein, Deinen gesamten Keller zu entrümpeln – eine scheinbare Mammutaufgabe, die mehrere Wochen in Anspruch nehmen dürfte. Siehst Du nur das finale Ziel, stellt Dein Gehirn auf „viel zu viel Arbeit“-Modus und Du willst gar nicht erst damit anfangen. Stattdessen trickst Du Dein Gehirn aus und setzt Dir kleine handlungsorientierte Ziele, die deutlich weniger anstrengend wirken: eine Kiste pro Tag vielleicht oder ein paar Handgriffe jedes Mal, wenn Du sowieso bereits im Keller bist. Bevor Du Dich versiehst, erreichst Du so schrittweise Dein übergeordnetes Ziel. Plötzlich wird das Unmögliche möglich, stressfrei und nebenbei, und Du feierst Deinen Erfolg.

Das Feiern ist dabei ein wichtiger Teil des Prozesses. Belohne Dich für Deine Erfolge. Feiere zum Beispiel ein erreichtes Wochenziel mit einem Dinner mit Deiner Frau oder gönne Dir eine Wellnessmassage. Jedes erreichte Ziel, sei es noch so klein, ist ein Schritt in die richtige Richtung und verdient Anerkennung. Feiere, was Du erreicht hast und stärke dadurch Deine Motivation, verbessere die Stimmung und bestätige den Wert der Bemühungen, die Du unternimmst.

Indem Du kleinere Schritte vorgibst, hast Du öfter einen Grund zu feiern, Deine bisherigen Bemühen wertzuschätzen und zu resümieren. Dadurch helfen Dir kleinere Zwischenschritte auch dabei, flexibel und anpassungsfähig zu bleiben. Wenn Du bemerkst, dass eine bestimmte Methode oder Herangehensweise nicht funktioniert, ist es einfacher, kleine Anpassungen vorzunehmen, als große Pläne komplett zu überarbeiten. Das reduziert das Risiko und den Druck, die mit großen Verpflichtungen verbunden sind.

Schließlich fördert die Praxis der kleinen Schritte auch das Lernen und die persönliche Entwicklung. Jeder Schritt bietet eine Gelegenheit zur Reflexion und Anpassung, was zu einer tieferen Einsicht in Deine eigenen Arbeitsweisen und Potenziale führt. Indem Du diese kleinen, aber konsistenten Schritte machst, baust Du nicht nur auf Deinem aktuellen Erfolg auf, sondern legst auch das Fundament für zukünftige Erfolge.

Sei geduldig.

Kleine Schritte zu machen, kann sich manchmal allerdings anfühlen, als seist Du noch immer meilenweit von Deinem eigentlichen Ziel entfernt. Dann heißt es, Geduld mit Dir selbst und den Fortschritten, die Du machst, zu haben. **Jeder Erfolgsweg ist so individuell wie die Person, die ihn beschreitet.** Behalte dabei stets im Hinterkopf, dass Rückschläge nicht nur normal, sondern auch ein fester Bestandteil des Lernprozesses sind. Sie sind unvermeidlich. Sieh sie nicht als Hindernisse, sondern als Gelegenheiten zur Weiterentwicklung.

Rückschläge zwingen uns dazu, unsere Ansätze zu überdenken, Strategien zu verfeinern und aus unseren Fehlern zu lernen. Sie testen unsere Entschlossenheit und fördern unsere

Anpassungsfähigkeit – Eigenschaften, die für jeden langfristigen Erfolg unerlässlich sind.

Beispielsweise könnte ein Unternehmer, der einen neuen Markt erschließen möchte, feststellen, dass seine ursprünglichen Marketingstrategien nicht die gewünschte Resonanz erzeugen. Dieser Rückschlag erlaubt ihm jedoch, Kundenfeedback zu sammeln, das Verständnis seiner Zielgruppe zu verbessern und seine Marketingansätze entsprechend anzupassen.

Betrachte Rückschläge aus einer anderen Perspektive und interpretiere sie nicht als persönliches Scheitern. Jeder Misserfolg, jede Verzögerung und jedes Hindernis liefert wertvolle Einblicke, die Dich auf Deinem Weg stärken. Sie bieten Lektionen über die Branche, in der Du tätig bist, über Deine eigenen Arbeitsweisen und über die Dynamik in Deinem Team.

Zudem ist Geduld mit dem eigenen Fortschritt ein Zeichen von Reife und Selbstbewusstsein. Wahrer Fortschritt benötigt nun einmal Zeit und nachhaltige Ergebnisse können nicht über Nacht erreicht werden. Durch Geduld verfolgst Du langfristige Ziele stetig und ohne Überstürzung, was Dir letztlich solideren und dauerhafteren Erfolg einbringt. Um diese Geduld zu kultivieren, plane regelmäßige Reflexionszeiten ein, in denen Du Deine Fortschritte bewertest, Deine Ziele neu justierst und Dich selbst für das bereits Erreichte feierst. Solche Momente der Selbstreflexion und Anerkennung helfen Dir, motiviert und fokussiert zu bleiben, auch wenn Ergebnisse vielleicht noch auf sich warten lassen.

Um immer ein Auge auf Deinen gegenwärtigen Fortschritt zu haben und alle Deine Gründe zum Feiern zu sehen, empfehle ich Dir, ein Erfolgsjournal zu führen. Erwirb hier Dein eigenes Journal:

Erfolgsjournal:

Max Reidl, bereits seit einigen Jahren einer meiner guten Freunde, investiert in Dubai und den Vereinigten Arabischen Emiraten in Immobilien und vermittelt auch anderen Erfolgssuchern lukrative Investments. Über Erfolg sagt er:

„Erfolg bedeutet, authentisch zu sein und mit Umsetzungsstärke und Intuition zu handeln. Es erfordert, den Fokus zu bewahren und ohne Grenzen zu denken. Vor allem aber ist es das Durchhaltevermögen, das uns befähigt, unsere Träume zu verwirklichen und unsere Ziele zu erreichen."

WAS SIND DEINE 3 WICHTIGSTEN ERKENNTNISSE AUS DIESEM KAPITEL?

1

2

3

21. So wirst Du viel erfolgreicher sein, als Du Dir jetzt noch vorstellen kannst

> *„Verantwortlich ist man nicht nur für das, was man tut, sondern auch für das, was man nicht tut."*
>
> Laotse

Es gibt viele Wege, um voranzukommen, Erfolg zu haben und Deine Ziele zu erreichen. Erfolg kann jeder, auch Du, und einer der wirkungsvollsten Ansätze, um Dein Potenzial zu maximieren und Deinen Erfolg zu steigern, ist das Verständnis und die Anwendung von, wie ich sie nenne, „**Geld produzierenden Maßnahmen**", kurz GPM. Diese Strategie hilft Dir, Deine Aktivitäten so auszurichten, dass sie den größtmöglichen finanziellen Nutzen bringen.

Bevor wir tiefer in die spezifischen Techniken eintauchen, die Dir dabei helfen, Deine GPM zu optimieren, ist es wichtig, ein solides Verständnis davon zu entwickeln, was GPM wirklich bedeutet und wie sie Dein Denken über Arbeit und Erfolg revolutionieren.

Im Kern der Diskussion über GPM liegt die Einsicht, dass nicht alle Tätigkeiten gleichwertig sind, wenn es um die Generierung von Umsatz und Erfolg geht. Erkenne, welche Aktivitäten tatsächlich zum Erfolg beitragen und welche lediglich Nebenschauplätze sind, die zwar notwendig sein mögen, aber keine direkte Wertschöpfung bieten.

Hier wirkt das Pareto-Prinzip, welches besagt, dass 20 % der Aktivitäten 80 % der Ergebnisse erzeugen. In meinem Fall fokussiere ich mich sogar noch stärker darauf, die spezifischen 1 % meiner Aktivitäten zu identifizieren, die 50 % der Ergebnisse liefern. Diese Konzentration auf das Wesentliche, auf die wirklich umsatztreibenden Maßnahmen, ist entscheidend, um entspannt zum Erfolg zu gelangen.

Nichts ist produktiver, als „Nein“ zu einer Sache zu sagen, die Dich von Deinen Zielen entfernt.

Dann läufst Du nämlich nicht mehr unnützen Kleinigkeiten hinterher oder verzettelst Dich in aussichtslosen Scharmützeln. Viele alltägliche Aufgaben wie administrative Arbeiten sind zwar notwendig, tragen aber nicht direkt zur Wertschöpfung bei. Indem Du Dich auf GPM konzentrierst, also auf das, was wirklich Geld einbringt, nutzt Du Deine Zeit viel effektiver. Dabei geht es nicht nur um Umsatz, sondern auch darum, durch diese Fokussierung Freiräume zu schaffen für Dinge, die tatsächlich wichtig sind.

Du weißt bereits, dass Dir Delegation bei der Priorisierung hilft. Das betrifft auch den Bereich der GPM: Wenn ich zum Beispiel jemanden für 20 € pro Stunde einstellen kann, der administrative Aufgaben übernimmt, während ich mich auf Aufgaben konzentriere, die 100 bis 1.000 € pro Stunde wert sind, dann steigert das meine Effizienz enorm. Viele scheuen sich vor der Delegation, weil sie glauben, dass niemand die Arbeit so gut wie sie selbst erledigen kann. Aber selbst wenn eine Person die Arbeit nur halb so gut erledigt, bedeutet das in der Gesamtrechnung immer noch eine erhebliche Kostenersparnis und Effizienzsteigerung.

Selbst wenn der Gehaltsunterschied weniger signifikant ist, lohnt sich die Delegation, solange sie Dir erlaubt, Dich auf das Wesentliche zu konzentrieren, auf die Tätigkeiten, die Dich weiterbringen. Es kann zum Beispiel sein, dass Du einen Job hast, bei dem Du 15 € pro Stunde verdienst. Genauso viel kostet Dich aber auch eine Reinigungskraft, die in der gleichen Zeit zu Hause putzt. Es würde sich also um ein Eins-zu-Eins-Tauschgeschäft handeln. Das lohnt sich für Dich aber eventuell trotzdem, denn Putzen bringt Dich nicht weiter, Dein Job aber schon. Du lernst deutlich mehr in Deiner Arbeit, als Du es zu Hause beim Geschirrspülen tun würdest. Delegiere also und konzentriere Dich auf das, was Dir zukünftig den größeren Gewinn einbringt.

Weil ich weiß, wie wichtig es ist, herauszufinden, wo die eigenen Prioritäten liegen sollten, habe ich ein spezielles Tool entwickelt, das GPM-Tool, welches dabei hilft, genau diese wertschöpfenden Aktivitäten zu identifizieren und zu priorisieren. In diesem Tool werden verschiedene Aktivitäten aufgelistet, die direkten Einfluss auf den Umsatz haben, und diese dann bewertet, sodass meine Kunden eine klare Vorstellung davon bekommen, worauf sie ihre Zeit und Energie konzentrieren sollten. Ich unterteile GPMs dabei in solche, die kurzfristig, und solche, die langfristig Geld bringen. Zudem unterteile ich diese beiden in drei Teile:

1. Macht mir Spaß
2. Ist okay für mich.
3. Macht keinen Spaß.

Stecke 90 % Deiner Arbeitskraft in kurzfristige GPM, die Dir Spaß machen. Den Rest delegierst Du Stück für Stück oder schaffst ihn sogar ganz ab. All das kann man natürlich auch auf das Privatleben übertragen beziehungsweise auf das Leben als Angestellter. Viele Menschen neigen leider dazu zu glauben, dass ihre Zeit nichts wert ist, besonders wenn es um alltägliche oder persönliche Aufgaben geht. Diese Annahme ist jedoch grundlegend falsch und kann viel teurer sein, als Du zunächst vielleicht annimmst.

Das wird besonders deutlich, wenn man die Opportunitätskosten betrachtet, die entstehen, wenn man Zeit für Tätigkeiten aufwendet, die man effizienter nutzen könnte. Zum Beispiel: Wenn ich als Angestellter mit einem Stundensatz von 20 € zwei Stunden lang einen Netflix-Film schaue, kostet mich das im Endeffekt 40 €, die ich in dieser Zeit hätte verdienen können. Oder – noch wichtiger – ich hätte mich in der Zeit weiterbilden können, um dadurch meinen zukünftigen Stundenlohn zu erhöhen.

Damit meine ich nicht, dass Du Dir keine Zeit dafür nehmen sollst, bei einem guten Film zu entspannen, sondern, dass Du ein Gefühl für den Wert Deiner Zeit entwickelst.

Was sind Deine persönlichen GPM? Mit welchen Handlungen bewirkst Du den größten Effekt?

Anstatt jeden Abend zwei Stunden lang Netflix zur Entspannung zu schauen, könntest Du Dich zum Beispiel an fünf von sechs Tagen fortbilden und Dir am sechsten Tag dafür eine professionelle Ganzkörpermassage gönnen. Dann hättest Du mit dieser einen Maßnahme den gleichen Effekt erreicht und insgesamt Deine Zeit deutlich besser genutzt.

Oder ein Beispiel aus meiner Zeit bei der Polizei, als ich auf Streife war: Ich bin öfter früher aufgestanden als ich eigentlich musste, um mich auf die Aufklärung von Drogendelikten zu konzentrieren, eine Aufgabe, die dem Revierleiter besonders am Herzen lag. Durch diese zusätzliche Bemühung und die Spezialisierung auf ein herausforderndes Gebiet erweiterte ich meine Fähigkeiten und mein Fachwissen. Das wiederum führte nicht nur zu einer höheren Anerkennung durch meine Vorgesetzten und Kollegen, sondern verbesserte auch meine Aufstiegschancen innerhalb der Polizei. **Durch die Konzentration auf eine Nische, die hohe Aufmerksamkeit und spezielles Wissen erforderte, setzte ich mich von anderen Mitarbeitern ab und positionierte mich für höhere und verantwortungsvollere Rollen.**

Ich sah den Wert, den mir die extra Zeit am Morgen brachte, und nutzte sie. Das frühe Aufstehen wurde zur wertsteigernden Aktivität, die zu signifikanten Karrierefortschritten beitrug.

GPM lassen sich also auf viele verschiedene Bereiche des Lebens anwenden, nicht nur als Geld produzierende Maßnahmen, sondern auch als Gesundheit produzierende, Beziehung produzierende oder schlichtweg Erfolg produzierende Maßnahmen. Wann immer Du Deine Zeit für etwas einsetzt, frag

Dich, was Du damit erreichst und welche anderen Maßnahmen Dich vielleicht schneller dorthin bringen würden.

Sieh Deine Zeit als wertvolle Ressource, die es zu optimieren gilt. Jede Stunde, die Du in eine Tätigkeit investierst, die wenig oder keinen Mehrwert bietet, ist eine verlorene Stunde in Bezug auf Dein Potenzial. Mach das Wertschätzen und effiziente Nutzen der eigenen Zeit zu einem zentralen Bestandteil Deiner Strategie, um Erfolg zu erzielen und ihn zu maximieren. In der Hinsicht habe ich einen Tipp für Dich, mit dem Du zwei Fliegen mit einer Klappe schlägst:

Lass Dich fürs Lernen bezahlen.

Wenn Du Dich in einem bestimmten Bereich selbstständig machen willst, arbeite zunächst bei den besten Firmen und Menschen in diesem Bereich. Während Deiner bezahlten Arbeitszeit lernst Du alles, was Du benötigst, um später in diesem Feld selbst erfolgreich zu werden und bildest wichtige Kontakte für Dein späteres Netzwerk.

Du kannst das auch nebenbei als Teilzeitjob machen, um Dich weiterzubilden. Statt also Netflix zu schauen, nutzt Du Deine Freizeit, um etwas zu lernen und gleichzeitig noch ein bisschen Geld nebenbei zu verdienen – alles mit dem Ziel vor Augen, diese neuen Kenntnisse für Dein eigenes Fortkommen zu nutzen.

Falls es für Dich gerade keine passende Stelle gibt, nutze andere Bildungsmöglichkeiten. Wie oben erwähnt, sind Unmengen an Wissen leicht verfügbar und bringen Dich ein ganzes Stück weiter auf dem Weg zum Erfolg. Anstatt also zum Beispiel als Kellner zu arbeiten und Trinkgeld zu kassieren, arbeite lieber eine ungestörte Schicht als Nachtwächter in einem unwichtigen Bürogebäude, wo Du Dich die gesamte Zeit lang fortbilden, lesen und Podcasts hören kannst.

Nachdem ich zum Beispiel durch das Lesen meines ersten Fachbuchs von Alex Fischer erkannt hatte, dass das Immobiliengeschäft funktioniert, vertiefte ich mich in weitere Literatur dazu. „Rich Dad Poor Dad" und „System Immobilie" von Immobilieninvestor und Immopreneur Thomas Knedel waren Teil meiner Weiterbildung, genauso wie viele weitere Bücher, Podcasts, *YouTube*-Videos und der Besuch verschiedener Veranstaltungen und Seminare.

Zunächst war ich schwer beeindruckt von jemandem, der 30 Immobilien besaß. Das erschütterte regelrecht meine Weltvorstellung. Als ich selbst 20 Immobilien erreicht hatte, wurde eine solche Zahl für mich zur Normalität. Dann traf ich jemanden mit 300 Immobilien und wieder wurde meine Weltanschauung auf den Kopf gestellt. Dabei gibt es auch Personen mit 1.000 und mehr Immobilien, unbekannt im Hintergrund der Gesellschaft.

Solche Begegnungen erweiterten meinen Horizont enorm und motivierten mich dazu, immer weiter zu lernen und zu wachsen. Sie zeigten mir, wie relativ meine eigenen Erfolge waren und spornten mich an, meine Grenzen immer weiter zu verschieben.

Je mehr Du lernst, desto mehr entwickelst Du Dich. Dein Glas wird größer, Limits verschwinden. Triff die Menschen, die weiter sind als Du und dann wachse über sie hinaus, um Dir neue Menschen als Antrieb zu suchen und auch sie zu überholen. Suche Dir immer wieder neue Mentoren, die Dich auf dem nächsten Schritt begleiten können. Lerne dabei vor allem, wie Du immer erfolgreicher wirst, je mehr Du an Dir selbst arbeitest, und das ganz entspannt und mit schier unendlichen Möglichkeiten.

Erfolg kann jeder.

Paul Misar, auch bekannt als Lifedesign Tycoon, ist nicht nur durch seine diversen Auftritte im TV wie *Secret Millionaire* (RTL), *Galileo* (Pro7), *ntv-De Luxe*, *Mieten Kaufen Wohnen* (VOX) & ORF bekannt. Der gebürtige Wiener ist Bestseller-Autor, führt über 20 Unternehmen und ist seit über zehn Jahren Mentor und Speaker für Investment, Business und Immobilien. Er sagt über Erfolg:

„*Die schlechte Nachricht: Erfolg ist kein Event! Die gute: Erfolg ist ein System. Und Systeme kann man lernen.*“

WAS SIND DEINE 3 WICHTIGSTEN ERKENNTNISSE AUS DIESEM KAPITEL?

1

2

3

TEIL 4
Ein felsenfestes Selbstbewusstsein gewinnen

Nun widmen wir uns einem der wichtigsten Bausteine für dauerhaften Erfolg und persönliche Zufriedenheit: dem Selbstbewusstsein. **Ein starkes Selbstbewusstsein ist notwendig, um Deine Werte auszuleben und dadurch eine Voraussetzung, um im Leben Deine Mission zu erfüllen und die Hürden des Alltags souverän zu meistern.**

Was bedeutet Selbstbewusstsein wirklich und wie ist es mit Deinen persönlichen Werten verbunden? Wie hilft Dir ein gefestigtes Selbstbewusstsein dabei, authentisch zu sein, Deine Werte zu identifizieren und sie mutig und entschieden in Deinem täglichen Leben zu vertreten?

Sobald Du für diese Werte einstehst, beeinflusst Du Dein Leben nachhaltig. Dazu gehört auch, das richtige Umfeld zu finden, das Dein Wachstum fördert und unterstützt. Die Menschen um Dich herum können Deine Bestrebungen entweder voranbringen oder hemmen. Daher ist es von großer Bedeutung, eine Gemeinschaft zu wählen, die Deine Werte teilt und Dein Streben nach Verbesserung unterstützt.

Zuletzt befassen wir uns mit praktischen Tipps und Strategien, um Selbstbewusstsein und Selbstsicherheit in Deinem Alltag zu stärken. Hier wirst Du konkrete Schritte und Techniken kennenlernen, die Dir helfen, täglich mit Zuversicht und Entschlossenheit aufzutreten.

22. Selbstbewusstsein: der Schlüssel zu Deinen Werten

„Wenn es einen Glauben gibt, der Berge versetzen kann, so ist es der Glaube an die eigene Kraft."

Marie von Ebner-Eschenbach

Auf meinem Weg zum Erfolg habe ich gelernt, wie entscheidend ein gesundes Selbstbewusstsein ist. Alles begann damit, dass ich mir über meine Fähigkeiten und Ziele klar wurde und mich dazu entschloss, mein Leben selbst in die Hand zu nehmen. Das Wichtigste dabei war, dass ich immer wieder meine eigenen Grenzen überschritt und mich, wie zuvor erwähnt, mit Menschen umgeben habe, die bereits erreicht hatten, was ich anstrebte. Diese Begegnungen haben meine Weltanschauung jedes Mal grundlegend verändert und mich motiviert, weiter zu wachsen.

Jeder der im letzten Kapitel beschriebenen Schritte erforderte ein Upgrade meines Selbstbewusstseins. Ich musste mich immer wieder selbst davon überzeugen, dass ich den nächsten Schritt gehen und mir größere Ziele zutrauen kann – von keiner Immobilie zu einer, von einer zu zwanzig usw. Das erreichte ich, indem ich klein anfing und systematisch vorging. Die meisten Menschen scheitern, weil sie zu große Schritte auf einmal machen wollen. Dabei ist es die schrittweise Erweiterung unserer Komfortzone, die uns wachsen lässt, ohne uns zu überfordern. Mein Ansatz war es immer, klein zu beginnen und mich dann schrittweise zu steigern.

Dieser bewusste Aufbau von Selbstbewusstsein durch kontinuierliches Lernen, die Auseinandersetzung mit meinen eigenen Grenzen und das ständige Streben, diese zu erweitern, hat mich dahin gebracht, wo ich heute bin. Dieser Prozess endet nie, denn mit jedem erreichten Ziel eröffnen sich neue Horizonte, die wiederum neue Herausforderungen und Lernchancen bieten.

Als ich meine Reise in die Welt der Immobilieninvestitionen begann, hatte ich zunächst den großen Traum, direkt mit einem Mehrfamilienhaus zu starten. Warum mit einer einzelnen Wohnung beginnen, wenn ich gleich ein ganzes Haus mit mehreren Einheiten erwerben könnte? Doch diese Ambition führte mich in eine Sackgasse. Ich fand einfach keine passenden Häuser und jeder Versuch scheiterte – ein klares Zeichen, dass ich dafür noch nicht bereit war.

Dann kam ein entscheidender Wendepunkt durch ein Gespräch mit einem erfahrenen Investor, der sowohl Häuser als auch Wohnungen besaß. Wir waren gerade auf dem Weg zu einem Treffen, wo wir gemeinsam „Das Cashflow Game" von Robert Kiyosaki spielen wollten. Da wir früh dran waren, setzten wir uns zunächst in einen Dönerladen und tauschten uns aus. Ich erzählte ihm, dass es mir schwerfalle, ein passendes Haus zu finden, und ich mich auch noch sehr unsicher dabei fühle. Er fragte mich, warum ich unbedingt mit einem Haus beginnen wolle, und schlug vor, stattdessen mit einer einzelnen Wohnung zu starten. In diesem Moment realisierte ich, dass der Einstieg über eine kleinere, handhabbare Investition viel sinnvoller war. Also kaufte ich meine erste Wohnung.

Es war ein kleiner, aber bedeutsamer Schritt. Der größte Vorteil war die Sicherheit – es handelte sich um eine leerstehende Wohnung in einem Mehrfamilienhaus mit Hausmeister und Verwaltung. Die Risiken waren minimal im Vergleich zu den potenziellen großen Reparaturen und Instandhaltungskosten, die bei einem kompletten Haus schnell in die Zehntausende gehen können. Die Entscheidung, klein anzufangen, ermöglichte es mir, Erfahrungen zu sammeln und mein Selbstvertrauen als Investor zu stärken, ohne das Risiko eines finanziellen Desasters einzugehen. Ich lernte, dass man nicht immer mit dem größten verfügbaren Schritt beginnen muss.

Manchmal ist der kleinere, sicherere Schritt der klügere Zug, besonders wenn man neu in einem Bereich ist.

Nach dem Kauf meiner ersten Wohnung war die Liquiditätsverwaltung eine der größten Herausforderungen. Anfangs war mein Fokus stark darauf gerichtet, weitere Investitionen zu tätigen und mein Portfolio auszubauen. Ich erkannte schnell, wie wichtig es ist, eine gute Bonität und genügend Liquidität zu haben, um in der Lage zu sein, weitere Immobilien zu erwerben und gleichzeitig für unvorhergesehene Ausgaben gewappnet zu sein.

Ein Meilenstein in meiner Entwicklung war, als ich lernte, wie man Nebenkosten und eventuelle unerwartete Ausgaben effektiv managt, ohne die gesamte Kapitalreserve zu gefährden. Mir wurde bewusst, wie essenziell es ist, einen Puffer für Notfälle zu haben. Zum Beispiel könnte eine unvorhergesehene Reparatur oder ein Mietausfall schnell zu finanziellen Schwierigkeiten führen, wenn man nicht genügend Reserven hat. Das lehrte mich, stets einen Teil meiner Einnahmen zurückzulegen und eine solide finanzielle Grundlage zu schaffen, bevor ich weitere Investitionen tätigte.

Das Konzept der 110 %-Finanzierung, das ich bald nach dem ersten Kauf kennenlernte, eröffnete mir zusätzliche Möglichkeiten. Mit dieser Art der Finanzierung kaufte ich auch ohne großes Anfangskapital Immobilien, da die Banken bereit waren, mehr als den Kaufpreis zu finanzieren, vorausgesetzt, die Bonität stimmte. Zusätzlich fragte ich in meinem privaten Umfeld nach Kapital und nahm auch Konsumkredite auf, um dieses Geld für weitere Immobilien einzusetzen. Ich war einfach bereit, alles zu tun, um möglichst viele Immobilien kaufen zu können. Diese Strategien halfen mir dabei, mein Portfolio deutlich schneller auszubauen.

Selbstbewusstsein und Selbstwert sind enorm wichtig für uns, unsere Gesundheit und unseren Alltag. Das Selbstbewusstsein beeinflusst alle Entscheidungen, die wir treffen und auch die Art und Weise, in der wir sie treffen. Es ist die Grundlage unserer Lebensgestaltung und wirkt sich immer aus, in jedem Lebensbereich.[20]

WAS SIND DEINE 3 WICHTIGSTEN ERKENNTNISSE AUS DIESEM KAPITEL?

1

2

3

[20] AOK Sachsen-Anhalt (o.J.)

23. Wie Du das richtige Umfeld findest

> *„Guten Menschen Gesellschaft zu leisten, ist die beste Methode, selbst ein guter Mensch zu werden."*
>
> Miguel de Cervantes

Wenn es um den Aufbau von Selbstbewusstsein und vor allem den Einstieg in neue Bereiche geht, ist Beistand von außen Gold wert. Umgib Dich mit Menschen, die weit mehr erreicht haben als Du bislang, und erfahre dadurch Unterstützung in den richtigen Momenten. Das funktioniert ähnlich wie das Schwimmenlernen als Kind, wenn man sich zur Sicherheit noch an Vaters Fingern festhält. In meinem Fall waren es die erfahrenen Investoren, die mir das Gefühl gaben, sicher zu sein und mich anspornten, mutig zu sein und weiterzumachen. Sie hielten im übertragenen Sinne meine Hand, während ich meine ersten unsicheren Schritte im Immobiliengeschäft machte.

Diese Mentorfiguren ließen mich fühlen, dass ich sicher war, und bestärkten mich darin, dass ich nicht untergehen würde, solange ich nur weiter strample. Dieses Vertrauen, das sie in mich setzten, war entscheidend dafür, dass ich mich traute, weiter zu investieren und zu expandieren. Jedes Mal, wenn ich eine neue Immobilie kaufte, war es wie ein weiterer Schwimmzug, der mich näher an mein Ziel brachte, ein erfolgreicher Immobilieninvestor zu werden.

Als ich begann, mich persönlich und beruflich weiterzuentwickeln, bemerkte ich zudem, dass manche Menschen in meinem Umfeld dies mit Skepsis betrachteten. Sie äußerten, dass ich mich verändert hätte. Während solche Kommentare zunächst verletzen können, erkannte ich, dass dahinter nicht immer üble Absichten standen. Es gibt zwei Hauptgründe, warum Menschen derart reagieren:

Erstens gibt es jene, die **sich selbst schützen müssen**, weil sie erkennen, dass ich Erfolge erziele, die sie selbst nicht erreicht haben. Sie müssen sich eine Erklärung dafür zurechtlegen, warum sie nicht auf dem gleichen Stand sind, und das führt oft dazu, dass sie negativ über meine Veränderungen sprechen. Sie sagen vielleicht, ich sei ‚anders' geworden oder würde mich ‚seltsam' verhalten, nur um ihre eigene Position zu rechtfertigen.

Der zweite Grund ist die **Angst**, die einige um mich haben. Sie sehen, wie ich mich verändere, neue Wege gehe, die sie nicht kennen oder verstehen, und fürchten, dass ich Fehler mache, die mich viel kosten könnten. Als ich begann, signifikante Veränderungen in meinem Leben vorzunehmen, wie zum Beispiel mein Engagement im Immobiliensektor, war meine Familie besorgt, ich könnte mich zu sehr von ihnen und meinem früheren Leben entfernen.

Diese Reaktionen aus meinem Umfeld haben mir gezeigt, wie wichtig es ist, sich bewusst zu sein, wer wirklich die Sprechberechtigung hat, als Autorität Ratschläge fürs Leben zu geben. Ich spürte, welchen Effekt Negativität haben kann – auf kreatives Denken, Interesse, Mut und nicht zuletzt das Selbstbewusstsein. Ein negatives Umfeld ist Gift für ein gesundes Selbstbewusstsein. Ich wusste, dass ich mir ein Umfeld schaffen musste, das meine Ambitionen unterstützt und meine neuen Ziele fördert, anstatt meine Entwicklung bremsen zu wollen und mich für jeden meiner Schritte schief zu beäugen. Hier stellt sich aber auch die Frage: Wie findest Du die richtigen Menschen, die zu Deinem neuen Lebensweg passen?

Geh strategisch vor, um dieses neue Umfeld zu finden, und zwar mit folgenden Fragen: Wer sind die Menschen, die bereits erreicht haben, was Du anstrebst? Und wo kannst Du sie finden? Zum Beispiel, wenn Du reicher werden willst, überleg Dir, wo sich wohlhabende Menschen aufhalten. Sie könnten in Fünf-Sterne-Hotels sein, auf Golfplätzen zu finden sein oder VIP-Lounges frequentieren.

Auch ich machte mich daran, Zugang zu diesen Kreisen zu finden. Früher arbeitete ich zum Beispiel auf einem Golfplatz und verdiente 7,70 € die Stunde, aber das gab mir die Möglichkeit, als Caddy direkten Kontakt zu vermögenden Menschen zu haben. Ich putzte ihre Golfschläger und lernte dabei nicht nur ihre Welt kennen, sondern knüpfte auch wichtige Kontakte. So lernte ich unter anderem eine junge Frau kennen, die dort spielte und reiche Eltern hatte. Plötzlich fand ich mich in Gesellschaft von Menschen wieder, die weit über meinen eigenen finanziellen Verhältnissen lebten.

Besonders beeindruckend war für mich auch ein älteres Ehepaar, das jedes Wochenende mit zwei identischen schwarzen *BMW* M7 Cabrios ankam, sie nebeneinander parkte und dann Golf spielen ging. Diese Szene hinterließ einen bleibenden Eindruck bei mir und weckte in mir den Wunsch, eines Tages auch so einen Lebensstil führen zu können.

Erst, was wir uns vorstellen können, können wir auch anstreben und schließlich verwirklichen. Greifbare Beispiele für das Leben, das ich leben wollte, waren also immens wichtig für meinen Erfolg.

Ein weiteres prägendes Erlebnis war, dass der Besitzer des Golfclubs immer ein Bündel großer Geldscheine dabeihatte und mir ohne zu zögern 50 € Trinkgeld gab, egal wofür. Dies und die Tatsache, dass eine Jahresmitgliedschaft im Club mehrere Tausend Euro kostete, ließen mich über den enormen finanziellen Unterschied zwischen meiner Welt und der Welt der Reichen staunen. Diese Erlebnisse motivierten mich ungemein, meine finanzielle Situation zu verändern und Ziele zu setzen, die weit über das hinausgingen, was ich bis dahin für möglich gehalten hatte.

Dabei muss es kein Golfplatz sein. Alternativ kannst Du auch einfach mal einen Kaffee im Clubrestaurant trinken, um Dich mit diesen Leuten zu umgeben oder eine Cola Zero in einer tollen Hotelbar. Es gibt unzählige Orte, an denen sich die richtigen

Menschen aufhalten – diejenigen, mit denen Du in Kontakt kommen willst.

Diese Strategie, Dich physisch in die Umgebungen zu begeben, in denen sich erfolgreiche Menschen aufhalten, ist eine wichtige Erfahrung. Sie ermöglicht es Dir, von ihnen zu lernen, ihre Gewohnheiten, ihre Art zu denken und zu handeln zu beobachten und schließlich diese Aspekte in Dein eigenes Leben zu integrieren. Bring Dich in diese neuen Kreise ein und erweitere allmählich Dein Netzwerk so, dass es Deine Ambitionen widerspiegelt.

Wenn Dein Ziel im Leben ist, Dich gesünder zu ernähren oder fitter zu sein, suche Orte, an denen sich fitte und gesunde Menschen aufhalten, die ähnlich denken und handeln. Wenn Du Musik machen willst, suche Dir Orte der Musik und umgib Dich mit Musikern. Am Ende ist das Finden des richtigen Umfelds kein Hexenwerk, auch nicht, wenn es um Erfolg geht. Suche Dir gezielt die Orte aus, die zu der möglichen Zielgruppe passen, und nimm Dein Schicksal selbst in die Hand. Um Dir zu zeigen, wie sehr das Umfeld einen Menschen prägen kann, hier einige interessante Forschungsergebnisse:

Wie uns der Wohnort prägt[21]

In der geografischen Psychologie untersuchen Forscher, wie unser Wohnort unsere Persönlichkeit prägt. Sie haben festgestellt, dass Menschen in bestimmten Regionen oft spezifische Persönlichkeitsmerkmale aufweisen. Persönlichkeitsmerkmale und Stimmungen können sich innerhalb von Gemeinschaften verbreiten, was zu einer Angleichung der Charakterzüge führt. Die genauen Ursachen dafür bleiben teilweise unklar.

[21] Spektrum der Wissenschaft (2023)

Das soziale Umfeld prägt noch immer die Karriere[22]

Das soziale Umfeld beeinflusst nach wie vor maßgeblich die akademischen und beruflichen Karrierewege von Menschen. Insbesondere Kinder aus nicht akademischen Familien stehen vor größeren Herausforderungen, wenn es um den Zugang zu und den Erfolg in der akademischen Welt geht. Diese Schwierigkeiten sind nicht nur finanzieller Natur, sondern auch soziale Startbedingungen spielen eine wesentliche Rolle. Viele dieser Kinder leiden unter dem sogenannten Hochstaplersyndrom, fühlen sich fehl am Platz und zweifeln an ihren Fähigkeiten, obwohl sie qualifiziert sind. Zudem fehlen ihnen oft die Netzwerke und Beziehungen, die in akademischen Kreisen hilfreich sind. Studien zeigen, dass nur ein geringer Anteil von Professoren aus der Arbeiterklasse stammt. Trotz dieser Hindernisse gibt es Beispiele von Personen, die diese Barrieren überwunden und erfolgreich akademische Karrieren verfolgt haben.

Die Umwelt prägt das Verhalten[23]

Eine umfassende Studie zeigt auf, dass Menschen, Säugetiere und Vögel, die denselben Lebensraum teilen, ähnliche Verhaltensweisen aufweisen. Die Untersuchung verdeutlicht, wie lokale Umweltbedingungen das Verhalten von verschiedenen Arten beeinflussen, einschließlich der Nahrungssuche, Fortpflanzung und Kinderbetreuung. Dabei zeigte sich, dass sowohl Menschen als auch nicht menschliche Arten in bestimmten Umgebungen ähnliche Verhaltensmuster entwickeln, was die Bedeutung der Umweltfaktoren für das Verhalten unterstreicht.

So wie eine Pflanze nur mit den richtigen Rahmenbedingungen gedeiht, so wirst auch Du nur zum Erfolg kommen, wenn Du Dir das richtige Umfeld suchst. Trau Dich, aus Deinem bisherigen Umfeld auszubrechen, insbesondere, wenn es Dich in Deinen Bestrebungen zurückhält. Mit dem richtigen Umfeld wird es Dir auch leichter fallen, für Deine eigenen Werte einzustehen.

[22] RedaktionNetwerkDeutschland (2021)

[23] Universität Bonn (2021)

WAS SIND DEINE 3 WICHTIGSTEN ERKENNTNISSE AUS DIESEM KAPITEL?

1

2

3

24. Mission Leben: für die eigenen Werte einstehen

„Wir leben alle unter dem gleichen Himmel, aber wir haben nicht alle den gleichen Horizont."

Konrad Adenauer

Auf meinem Lebensweg gab es einen entscheidenden Moment, der mir zeigte, wie stark die Meinungen anderer mein Denken und Handeln beeinflussten. Diese Erkenntnis erlangte ich besonders in Bezug auf gesellschaftliche Rollen und Erwartungen, die oft unbewusst übernommen werden. Ich hatte gelernt, dass jeder in der Gesellschaft eine bestimmte Rolle spielt und wenn man aus dieser Rolle fällt, kann das zu Widerstand führen. Dies war besonders offensichtlich, als ich begann, meine Immobilieninvestitionen zu tätigen und zu expandieren.

Ich erkannte, dass nicht jeder in meinem Umfeld die Berechtigung hatte, mir Ratschläge zu erteilen, besonders wenn es um Bereiche ging, in denen sie keine Erfahrung oder Erfolg hatten. Beispielsweise meine Mutter, die in vielen Aspekten meines Lebens eine sehr wertvolle Beraterin war, hatte keine Erfahrung mit Immobilieninvestitionen. Ihre Ratschläge hierzu waren sicherlich gut gemeint, aber eben nicht fundiert, was mich in meinen Entscheidungen hätte einschränken können.

Der genannte entscheidende Moment kam, als ich das Buch „Reicher als die Geissens" von Alexander Fischer in die Hand bekam. Es veränderte meine Perspektive grundlegend. Das Buch brachte mir bei, dass finanzielle Bildung der Schlüssel zu einem selbstbestimmten Leben ist. Fischer beschreibt seine eigene Reise zu finanziellem Erfolg durch Immobilieninvestitionen und Unternehmertum. Ich erkannte, dass ich meinen eigenen Weg finden und meinen Horizont erweitern musste, um erfolgreich zu sein.

Nach „Reicher als die Geissens“ las ich „Rich Dad Poor Dad“ von Robert Kiyosaki. Dieses Buch verstärkte meine neu gewonnene Perspektive und brachte mir bei, dass es entscheidend ist, anders zu denken als die Mehrheit. Kiyosaki beschreibt zwei Vaterfiguren: seinen eigenen Vater, der zwar einen hohen Bildungsgrad hatte, aber den traditionellen Weg des sicheren Jobs und des Sparens bevorzugte, und den Vater seines Freundes, der die Schule geschmissen hatte, dafür aber Unternehmer war und in Immobilien und Geschäftsmöglichkeiten investierte. Während der leibliche Vater ständig in Geldnot zu sein schien, baute sich der Vater des Freundes ein Vermögen auf. Diese beiden Bücher legten den Grundstein für mein weiteres Lernen und mein Wachstum.

Ein Schlüsselerlebnis in meinem Leben war dann der Kauf meiner ersten Immobilie. Es war nicht einfach, den Schritt zu wagen, denn mein Umfeld war skeptisch und riet mir davon ab. Doch ich hatte Vertrauen in meine Fähigkeiten und in das Wissen, das ich mir zwischenzeitlich angeeignet hatte. Ich erinnere mich noch genau an den Moment, als ich den Vertrag unterschrieb. Es war ein Gefühl der Freiheit und der Selbstbestimmung. Ich hatte eine Entscheidung getroffen, die allein auf meinen Werten und Überzeugungen basierte, und nicht auf den Erwartungen anderer, und diese Entscheidung dann auch durchgezogen.

Dieses Erlebnis hat mich gelehrt, dass man für seine eigenen Werte einstehen muss, auch wenn es Gegenwind gibt. Es ist wichtig, dass man sich selbst und seinen Zielen treu bleibt. Wer andere Ergebnisse haben will als alle anderen, der darf Dinge nicht genauso tun wie alle anderen. Das bedeutet, mutig zu sein, Risiken einzugehen und sich nicht von der Meinung der Masse beeinflussen zu lassen.

Die meisten Menschen geben ihre Träume auf und bleiben in ihrer Komfortzone. Selbst wenn sie Werte haben, leben sie sie nicht aus.

In meiner Geschichte wäre ich, wie die meisten, bei der Polizei geblieben und hätte nicht danach gestrebt, Millionär zu werden. Die Mehrheit der Menschen hat nicht den Erfolg, den sie gerne hätten, gehen aber auch keine Schritte, um ihn zu erreichen. Kaum jemand ist Millionär, obwohl das heute leichter erreicht werden kann als je zuvor.

Welche Ratschläge kann Dir also die Allgemeinheit geben? Natürlich sagen sie Dir, bleib da, wo Du bist, sei fleißig und finde einen normalen Job, das ist sicherer – denn sie wissen es nicht besser oder würden Dir den Erfolg, den sie selbst nicht erreichen konnten, missgönnen.

Was aber, wenn die Meinung der Allgemeinheit nicht Deinen Werten entspricht? Dann ist es Zeit, eigene Wege zu gehen. Erfolg kommt nicht von ungefähr. Auf dem Weg dorthin erwartet Dich harte Arbeit und Du brauchst Entschlossenheit und den Mut, auch bei Schwierigkeiten nicht direkt aufzugeben. Distanziere Dich von negativen Einflüssen und umgib Dich mit Menschen, die Dich unterstützen und inspirieren.

Meine Immobilieninvestitionen waren nur der Anfang. Sie haben mir gezeigt, dass ich in der Lage bin, meine Träume zu verwirklichen und dass es sich lohnt, für meine Werte einzustehen. Mit ein wenig Selbstbewusstsein und dem richtigen Umfeld lebst auch Du ein Leben, das Deinen Werten entspricht.

Wer andere Ergebnisse haben will als alle anderen, der darf auch die Dinge anders tun, als alle anderen!

WAS SIND DEINE 3 WICHTIGSTEN ERKENNTNISSE AUS DIESEM KAPITEL?

1

2

3

25. Selbstbewusstsein und Selbstsicherheit im Alltag

„Das Leben wirft uns ständig Bälle zu. Wir können ihnen ausweichen, sie fangen oder von ihnen getroffen werden."

Buddhistische Weisheit

Kleine Schritte zu machen, Erfolge zu feiern und das richtige Umfeld sind die besten Maßnahmen, mit denen Du Dein Selbstbewusstsein stärkst. Daneben gibt es aber noch weitere Tricks, die Du in Deinen Alltag einbauen kannst. Um meine Ziele ständig im Auge zu behalten und mich selbst zu motivieren, habe ich eine einfache, aber effektive Strategie entwickelt: Ich nutze A2-Blätter, auf denen ich meine Ziele und Wunschidentitäten visualisiere und sie in meiner ganzen Wohnung verteile. Diese Methode begann ich 2017, als ich in meiner Karriere und meinem persönlichen Leben neue Wege beschritt.

Jedes dieser Blätter repräsentierte einen Aspekt meines Lebens, den ich verbessern oder ein Ziel, das ich erreichen wollte. Beispielsweise hatte ich eines an meinem Kleiderschrank, das mein ideales Selbstbild darstellte – meine Vorstellung davon, wie eine herausragende Persönlichkeit mit grandiosem Stil und überragendem Selbstbewusstsein aussieht. Andere, die meine finanziellen Ziele zeigten – ich wollte schlichtweg Millionär werden –, platzierte ich an Orten, die ich täglich aufsuchte, wie an der Tür meines Badezimmers. So wurde ich jeden Tag, selbst bei alltäglichen Handlungen, an meine Ziele erinnert.

Diese konstante visuelle Darstellung Deiner Ziele hilft auch Dir, fokussiert zu bleiben und täglich auf Deine langfristigen Ambitionen hinzuarbeiten. Sie stärken Dein Selbstbewusstsein, denn mit jedem erreichten kleinen Ziel kannst Du einen Erfolg verbuchen und visuell darstellen. Dieses ständige Erinnern und die Sichtbarkeit Deiner Ziele sind entscheidend dafür, dass Du

Dich nicht von Deinem Weg abbringen lässt und kontinuierlich an Deiner Selbstverbesserung arbeitest.

Lenke Deinen Fokus auf das Positive, Deine Ziele, Dein Erreichtes, und ersetze folgende Sätze aus Deinem Wortschatz mit positiven Alternativen:

- ✔ Ich bin nichts.
  ➜ Ich bin großartig.
- ✔ Ich kann nichts.
  ➜ Ich kann alles, was ich will.
- ✔ Andere sind besser als ich.
  ➜ Ich bin einzigartig.
- ✔ Andere haben mehr Geld als ich.
  ➜ Ich lerne von den Erfolgreichen.
- ✔ Ich habe Angst vor dem Versagen.
  ➜ Durch jeden Rückschlag werde ich besser.
- ✔ Ich habe Angst, abgelehnt zu werden.
  ➜ Mein Umfeld macht mich stark.
- ✔ Ich muss doch mit dem zufrieden sein, was ich habe.
  ➜ Ich greife nach den Sternen!

Am Ende ist es die Summe verschiedener Dinge, die zu einem stärkeren Selbstbewusstsein führen – von Deinem Umfeld bis zu kleinen Tricks wie die Poster, die Du Dir überall in der Wohnung aufhängst. Wichtig ist, klein anzufangen, um Erfolg zu haben. Starte mit kleinen Zielen, gleiche sie mit Deinen Werten ab, visualisiere sie und baue auf ihnen auf.

Jeder kleine Erfolg gibt Dir das Vertrauen, größere Ziele anzugehen und stärkt Dein Selbstbewusstsein. Bei kleineren Zielen fallen die Hürden auch kleiner aus, was es Dir ermöglicht, schneller Fortschritte zu machen. Natürlich ist es dabei wichtig,

Dich nicht von Hürden entmutigen zu lassen, sondern Schritt für Schritt vorzugehen. Wo nötig konsultierst Du hierfür Dein neues, auf Deinen Erfolg abgestimmtes Umfeld.

WAS SIND DEINE 3 WICHTIGSTEN ERKENNTNISSE AUS DIESEM KAPITEL?

1.

2.

3.

TEIL 5
Einfach erfüllt von Lebensenergie

Wer erfolgreich sein will, muss seine Lebensenergie entfachen. Sie ist die Triebkraft für alle Deine Handlungen. Stell Dir vor, Du könntest jeden Tag mit mehr Kraft, Klarheit und Freude aufwachen. In diesem Abschnitt zeige ich Dir, wie das geht.

Erfahre, wie Bewegung nicht nur Deine Muskeln stärkt, sondern auch Deine Stimmung verbessert, wie eine optimierte Ernährung nicht nur Deinen Körper, sondern auch Deinen Geist schärft und Dich mit der nötigen Energie für alles versorgt, was Du Dir vorgenommen hast.

Doch was wäre all die körperliche Gesundheit ohne ein starkes mentales Fundament? Ich erkläre Dir deshalb außerdem, wie mentales Wohlbefinden und eine positive Einstellung das Rückgrat Deiner täglichen Motivation und Deines Erfolgs bilden. Dankbarkeit stellt dafür eine einfache, tägliche Übung dar, die Deine Weltsicht zum Positiven wenden kann, und ausreichend Schlaf ist so kritisch, dass er manchmal alles ist, was zwischen Dir und Deinem optimalen Ich steht.

Bist Du bereit, Deine Energie zu maximieren und voller Lebensfreude jeden Tag zu erleben?

26. Deine Gesundheit ist das Fundament Deines Erfolgs

„Gesundheit bekommt man nicht im Handel, sondern durch den Lebenswandel.“

Sebastian Kneipp

Nur, wenn Du gesund bist, hast Du Energie. Das ist eine einfache Wahrheit. **Deine Energie ist Dein wichtigstes Kapital** – sie ist der Treibstoff für alles, was Du im Leben erreichen möchtest. Ohne sie geht nichts. Stell Dir vor, Dein Körper wäre ein Formel-1-Wagen. Würdest Du ihn mit billigem Treibstoff füllen oder auf regelmäßige Wartungen verzichten? Wahrscheinlich nicht. Ähnlich sieht es mit Deinem Körper und Deinem Geist aus.

Deine Gesundheit bildet die Grundlage für Erfolg in allen Bereichen Deines Lebens. Pflege sie und Du wirst feststellen, dass Deine Leistungsfähigkeit steigt, Du mental schärfer wirst, emotional stabiler und energiegeladener. Diese Verbesserungen wirken sich positiv auf Deine beruflichen Leistungen, Deine Beziehungen und Dein allgemeines Wohlbefinden aus.

Überlege Dir, was Dir guttut. Dein Körper ist Dein ständiger Begleiter und verdient nur das Beste. Jede Bewegung, jedes gesunde Essen und jede erholsame Nacht tragen dazu bei, dass Du leistungsfähig bleibst. Deine geistigen Fähigkeiten benötigst Du für alle Deine Handlungen und Entscheidungen. Ohne sie ist selbst der gesündeste Körper nur eine leere Hülle. Konzentrationsfähigkeit, Aufmerksamkeit und Erinnerungsvermögen hängen alle mit Deiner mentalen Gesundheit zusammen.

Die verschiedenen Elemente, die einen Einfluss auf Deine Gesundheit haben und die ich Dir in den folgenden Kapiteln vorstelle, müssen dabei harmonisch zusammenwirken. Es geht nicht darum, ständig neue Diäten auszuprobieren oder nur gelegentlich ins Fitnessstudio zu traben und sich danach wieder gehen zu lassen. Integriere nachhaltige Veränderungen in Deinen Alltag, die sich über lange Zeit aufrechterhalten lassen.

Direkt an alles gleichzeitig zu denken und alle Aspekte Deiner Energie zu berücksichtigen, endet allerdings schnell in der Überforderung. Daher rate ich Dir: Fange klein an. Niemand erwartet von Dir, dass Du sofort einen Marathon läufst oder stundenlang meditierst. Ein täglicher Spaziergang, einige Yoga-Übungen am Morgen oder regelmäßige kurze Workouts machen bereits einen großen Unterschied.

Mach Bewegung zu einem festen Bestandteil Deines Tages. Genau wie ein Rennwagen regelmäßig gefahren werden muss, um in Topform zu bleiben, brauchen auch Dein Körper und Geist kontinuierliche Pflege und Aufmerksamkeit. Bewegung regt die Durchblutung an, fördert den Stoffwechsel und hilft, Stress abzubauen.

Der bewusste Umgang mit Stress ist ein wichtiger Aspekt der Gesundheit. Die ständige Erreichbarkeit und der Druck, immer verfügbar zu sein, führen zu Dauerstress, der nicht nur Deine körperliche Gesundheit, sondern auch Dein geistiges Wohlbefinden beeinträchtigt. Setze klare Grenzen und gönne Dir regelmäßige Pausen, um Deine Energie wieder aufzuladen und Dich zu erholen. Pausen sind nicht nur wichtig, um physisch zu regenerieren, sondern auch um mentale Klarheit zu gewinnen.

Ebenso bedeutend ist es, sich von negativen Einflüssen zu distanzieren. Meide bewusst Menschen und Situationen, die mehr Energie rauben, als geben. Diese Klarheit hilft Dir, fokussiert und ausgeglichen zu bleiben und Dich auf das Wesentliche zu konzentrieren. Ein positives Umfeld unterstützt Dich dabei, Deine Ziele zu erreichen und motiviert Dich, an Dir selbst zu arbeiten. Es schenkt Dir Energie, statt Energie von Dir zu fordern.

Mit einem stabilen Fundament aus körperlicher und geistiger Gesundheit und einem bewussten Lebensstil meisterst Du alle anderen Aspekte Deines Lebens erfolgreich. Denn dann hast Du die Energie, die Du brauchst, um echten Erfolg zu erreichen.

Erfolg kann jeder.

WAS SIND DEINE 3 WICHTIGSTEN ERKENNTNISSE AUS DIESEM KAPITEL?

1

2

3

27. Ernährung: Kraftstoff für Erfolg

„Der Körper ist wie ein Klavier und Glück ist wie Musik. Es ist wichtig, dass das Instrument in gutem Zustand ist."

Henry Ward Beecher

Der einfachste und direkteste Schritt zu einer verbesserten Gesundheit führt über Deine Ernährung. Du bist, was Du isst – an dieser Volksweisheit ist viel Wahres dran. Verantwortung bei Deiner Ernährung zu übernehmen bedeutet, den besten „Sprit" zu tanken, sprich, nährstoffreiche Lebensmittel, die Deinen Körper optimal unterstützen und nicht belasten. Wenn Du Deinem imaginären Formel-1-Wagen die Wahl des Benzins überlassen würdest, würde er dann jemals die Tankstelle mit dem billigsten, qualitativ minderwertigsten Treibstoff wählen? Sicher nicht. Mit miesem Benzin kannst Du eben auch keine 300 km/h fahren, vielleicht mal eben 120 km/h und dann ist Ende. Oder Du fährst 300, bleibst aber auf halber Strecke liegen, weil Dir die Energie ausgeht.

Dein Körper verdient das Gleiche: hohe Qualität. Manche Lebensmittel enthalten hoch konzentrierte, gute Energie, andere hingegen sind eher unnötiger Ballast und leere Kalorien. Meiner Meinung nach sind die allermeisten Lebensmittel im Supermarkt nicht dafür gedacht, uns gesund zu halten, sondern sollen den Konsum anheizen und uns in gewisse Abhängigkeiten bringen. Gesunde Menschen, die wenige, hochwertige Lebensmittel kaufen, die meist auch noch günstiger zu haben sind, sind schlichtweg schlecht für das Geschäft. Jemand, der hingegen viel Geld für Unnötiges wie Chips und Schokolade ausgibt und anschließend noch dafür sorgt, dass der Arzt an ihm verdient, ist paradoxerweise gut für die Wirtschaft.

Denke an die Ernährung unserer Vorfahren, die sich über Hunderttausende von Jahren natürlich ernährt haben. Sie konsumierten das, was die Natur ihnen bot, ohne stark verarbeitete

Zutaten und künstliche Zusatzstoffe. Seit der Industrialisierung hat sich das drastisch geändert. Mittlerweile dominieren verarbeitete Lebensmittel, die reich an Zucker, schlechten Fetten und chemischen Zusatzstoffen sind, unseren Speiseplan. Sie sind schnell zubereitet, halten sich lang, sehen konstant gleich aus und fühlen sich im Mund nach mehr an, als sie sind. Leider haben sie aber auch enorm negative Auswirkungen auf unsere Gesundheit und unser Wohlbefinden.

Verarbeitete Lebensmittel sind wie verbleites Benzin für den Rennwagen – sie verstopfen das System und verhindern, dass er Bestleistung erbringt.

Wenn Du Dich von stark verarbeiteten Lebensmitteln ernährst, die arm an essenziellen Nährstoffen sind, beeinträchtigt das die Effizienz Deines Verdauungssystems. Der Körper muss härter arbeiten, um diese Lebensmittel abzubauen. Dann verliert er Energie, anstatt sie zu gewinnen.

Der Verdauungstrakt ist das Zentrum, in dem Nahrung verarbeitet und in Energie umgewandelt wird. Dieses komplexe System sorgt dafür, dass aufgenommene Nährstoffe absorbiert und verwertet werden, um den Körper zu nähren und zu stärken. Setzt Du auf eine natürliche, nährstoffreiche Ernährung, unterstützt Du die Gesundheit Deines Verdauungssystems und optimierst dadurch auch Dein Energielevel. Natürliche Lebensmittel werden effizienter verarbeitet, was eine schnellere und bessere Freisetzung von Energie ermöglicht. Das führt zu einer gesteigerten Leistungsfähigkeit und Vitalität, die es Dir erlaubt, Deine täglichen Aktivitäten und Herausforderungen mit Elan und ohne Ermüdung zu meistern.

Du siehst also, es ist höchste Zeit, zu einer natürlicheren Ernährungsweise zurückzukehren, die Dich nicht belastet, sondern mit allem Wichtigen versorgt. Vitamine, Mineralstoffe und Spurenelemente sind vielleicht unsichtbar, aber ihre Wirkung auf die Gesundheit ist enorm. Sie unterstützen alles, von der Gehirnfunktion bis zur Energieproduktion und Immunabwehr. Ein

Mangel an diesen wichtigen Nährstoffen kann zu Müdigkeit, Schwäche und einem beeinträchtigten Immunsystem führen. Achte darauf, dass Du eine Vielfalt an gesunden Lebensmitteln zu Dir nimmst, um eine breite Palette dieser Mikronährstoffe zu erhalten.

Hinzukommen Proteine, Kohlenhydrate und Fette. Jeder dieser Makronährstoffe spielt eine spezielle Rolle in Deinem Körper. Proteine sind die Bausteine für Deine Muskeln, sie helfen bei der Reparatur und dem Wachstum. Kohlenhydrate sind Deine Hauptenergiequelle, sie halten Deinen Motor am Laufen. Fette sind unerlässlich für viele Körperfunktionen und dienen als eine weitere Energiequelle. Ein ausgewogenes Verhältnis dieser Makronährstoffe maximiert Deine Leistungsfähigkeit. Jede Mahlzeit sollte eine Kombination aus Proteinen, Kohlenhydraten und Fetten enthalten, um eine gleichmäßige Energieversorgung sicherzustellen.

Frisches Obst und Gemüse, Vollkornprodukte, mageres Fleisch, Fisch, pflanzliche Proteine und gesunde Fette sind Deine besten Freunde. Sie bieten Dir alle Mineralstoffe, Vitamine, Spurenelemente und mehr, die Du für Deinen Erfolg brauchst. Tankst Du dann zusätzlich noch regelmäßig Sonne, versorgst Du Dich mit allem Notwendigen. Unsere Vorfahren verbrachten viel Zeit im Freien, was zur natürlichen Synthese von Vitamin D beitrug, einem kritischen Nährstoff für Knochengesundheit, Immunfunktion und Stimmung. In unserer modernen Lebensweise, in der wir oft drinnen sind oder uns unter Sonnenschutz verstecken, kommt es hingegen häufig zu einem Mangel an diesem wichtigen Vitamin.

Deine Ernährung ist also mehr als nur das, was Du isst – sie ist der Kraftstoff, der Deinen Körper und Geist antreibt.

Dabei ist allerdings nicht nur wichtig, was Du isst, sondern auch wie viel und wie oft. Das Timing Deiner Mahlzeiten kann einen großen Unterschied in Deiner Leistungsfähigkeit machen. Regelmäßige Mahlzeiten helfen, Deinen Blutzuckerspiegel stabil zu halten und Energieeinbrüche zu vermeiden. Nimm idealerweise drei bis vier nährstoffreiche Mahlzeiten pro Tag zu Dir. Das hält Deinen Stoffwechsel aktiv und Deine Energie auf konstant hohem Niveau.

Trinke außerdem regelmäßig Wasser. Es ist das Schmiermittel in Deinem Körper, das alle Systeme am Laufen hält. Von der Verdauung über die Absorption von Nährstoffen bis hin zur Regulierung der Körpertemperatur – Wasser spielt eine Schlüsselrolle. Ein gut hydrierter Körper ist leistungsfähiger, konzentrierter und energiegeladener. Ziel ist es, täglich mindestens zwei bis drei Liter Wasser zu trinken, mehr bei intensiver körperlicher Aktivität oder hohen Temperaturen.

Je mehr Du diese Grundlagen beachtest, desto mehr wirst Du feststellen, wie sich Deine Energie verbessert. Deine Ernährung ist der Kraftstoff für Deinen Erfolg. Wähle bewusst, was Du isst und wie Du isst, maximiere so Deine Leistungsfähigkeit und stelle die Weichen für langfristigen Erfolg in jedem Bereich Deines Lebens.

Noch einmal in aller Kürze:

- Was Deine Urgroßeltern an Lebensmitteln nicht kannten, ist auch (meist) nicht gut für Dich.
- Iss so natürlich und unverarbeitet wie möglich.
- Iss mehrere kleine Mahlzeiten am Tag, statt weniger großer Mahlzeiten, um Dein Verdauungssystem nicht zu überlasten.
- Bisweilen darfst Du auch mal etwas über die Stränge schlagen und Dir eine Pizza oder Schokolade gönnen. Auch eine gelegentliche Cola wird Dich nicht umbringen. Aber je mehr „schlechten Sprit“ Du in Dein System kippst, desto weniger leistungsfähig wirst Du.

WAS SIND DEINE 3 WICHTIGSTEN ERKENNTNISSE AUS DIESEM KAPITEL?

1

2

3

28. Mentale Gesundheit: Dein geistiges Wohlbefinden

> *„Wer nicht jeden Tag etwas für seine Gesundheit aufbringt, muss eines Tages sehr viel Zeit für die Krankheit opfern."*
>
> Sebastian Kneipp

Neben der körperlichen Gesundheit gilt es genauso auf die mentale Gesundheit zu achten. Sie beeinflusst, wie Du denkst, fühlst und wie Du mit Stress umgehst. Dein geistiges Wohlbefinden muss also gepflegt werden, ähnlich der Pflege Deines Körpers. Mentale Stärke ist dabei kein Zustand, den man einfach erreicht und dann beibehält. Sie ist ein fortlaufender Prozess, der bewusste Anstrengung und Aufmerksamkeit erfordert.

Wie aber pflegt man die eigene Psyche? Dafür gibt es verschiedene Herangehensweisen:

Zum einen hat die physische Gesundheit einen signifikanten Einfluss auf die mentale Gesundheit. Regelmäßige Bewegung trägt nicht nur zur Verbesserung der körperlichen Fitness bei, sondern sie ist auch ein nützliches Werkzeug zur Stressbewältigung. Bewegung setzt Endorphine frei, Chemikalien in Deinem Gehirn, die als natürliche Schmerzmittel wirken und die Stimmung verbessern.

Zum anderen sind Menschen soziale Wesen und eine starke Verbindung zu anderen ist für unsere mentale Gesundheit besonders wichtig. Wähle positive Beziehungen, die Dir ein Gefühl der Zugehörigkeit und des Selbstwerts geben. Sie bieten Unterstützung in schwierigen Zeiten und erhöhen Deine Lebensfreude und Resilienz.

Nicht jede soziale Interaktion ist dabei gleich wertvoll. Manche raubt Dir sogar Energie, anstatt Dir welche zu geben. Deshalb ist es auch so wichtig, auf das oben angesprochene Umfeld zu achten. Menschen um Dich herum können entweder Quellen der Inspiration sein und Energie schenken oder sie entziehen Dir Energie – sogenannte Energieräuber.

Negative Beziehungen, die von Konflikten, Missverständnissen und Enttäuschungen geprägt sind, stellen eine erhebliche Belastung für Deine mentale Gesundheit dar. Hinterfrage Beziehungen, die Dir regelmäßig Energie rauben, kritisch. Manchmal bedeutet das, schwierige Entscheidungen zu treffen und sich von Menschen zu distanzieren, die Dein Wohlbefinden beeinträchtigen. Investiere stattdessen in Beziehungen, die Dich unterstützen, motivieren und aufbauen.

Alles, was Du tust, jede Interaktion und jede Gewohnheit, hat Einfluss darauf, wie viel Energie Dir zur Verfügung steht und wie es um Deine mentale Gesundheit bestellt ist.

In unserer heutigen Welt ist es leicht, sich von negativen Nachrichten und einer Flut an Informationen überwältigen zu lassen. Fernsehen und insbesondere Nachrichtensendungen sind eine Quelle ständiger Negativität, die Deine Energie und Deinen mentalen Fokus erheblich beeinträchtigen können. Sie leben vom Verkaufswert von Katastrophen und Leid.

Steuere Deinen Konsum von Nachrichten und Fernsehen bewusst und vermeide dadurch, dass Deine Energie durch ständige Sorgen und zehrende Ängste untergraben wird. Es geht nicht darum, völlig uninformiert zu sein. Finde vielmehr heraus, was wichtig für Dich ist und welcher Input Dein Wohlbefinden schützt.

Durch das bewusste Management Deiner Energiequellen, Bewegung an der frischen Luft und das Ausmerzen von Energieräubern stärkst Du Deine mentale Gesundheit und schaffst eine Basis für anhaltenden Erfolg und Zufriedenheit in Deinem Leben.

WAS SIND DEINE 3 WICHTIGSTEN ERKENNTNISSE AUS DIESEM KAPITEL?

1

2

3

29. Dankbarkeit: die höchste Frequenz des Wohlbefindens

„Dankbarkeit ist nicht nur die größte Tugend, sondern auch die Mutter aller anderen."

Cicero

Wenn Du Deine mentale Gesundheit stärkst, dann kommst Du um ein Thema nicht herum: Dankbarkeit. Sie ist ein mächtiges Werkzeug, das hilft, die Perspektive auf das eigene Leben zu verändern. Es ist ungemein wichtig, Dankbarkeit für die alltäglichen Dinge zu empfinden, die oft als selbstverständlich angesehen werden. Wir können enorm dankbar sein, in einem Land wie Deutschland zu leben, wo wir nie Hunger leiden müssen und unsere grundlegendsten Bedürfnisse erfüllt sind. Die Anerkennung dessen, was wir haben, ist die Grundlage für ein zufriedenes und erfülltes Leben.

Praktiziere Dankbarkeit täglich, indem Du Dir bewusst machst, was alles in Deinem Leben positiv ist. Jeden Tag gibt es unzählige Dinge, für die Du dankbar sein kannst. Du musst nur genau hinschauen. Ob es die Familie ist, die Freunde oder einfach nur die Tatsache, dass Du gesund bist. Durch diese tägliche Praxis wird Dankbarkeit zu einer Gewohnheit, die hilft, auch in schwierigen Zeiten positiv zu bleiben. Besonders in harten Zeiten zeigt sich die wahre Kraft der Dankbarkeit. Das Erkennen der guten Dinge, selbst wenn alles um Dich herum zusammenzubrechen scheint, hilft, die Herausforderungen des Lebens besser zu meistern und stärkt die psychische Resilienz. Selbst in den dunkelsten Momenten gibt es Lichtblicke, für die Du dankbar sein kannst. Oder wie Oscar Wilde sagte:

„Am Ende wird alles gut und wenn es nicht gut ist, ist es noch nicht das Ende."

Dankbarkeit spielt auch eine entscheidende Rolle in zwischenmenschlichen Beziehungen. Drücke Deine Dankbarkeit gegenüber anderen Menschen aus, stärke dadurch Deine Beziehungen und fördere ein positives Umfeld. Wenn Du anderen zeigst, dass Du ihre Taten schätzt, stärkt das die Bindung und fördert gegenseitigen Respekt und Unterstützung. Dankbarkeit ist nicht nur eine emotionale Reaktion, sondern eine aktive Wahl. Sie ist eine Haltung – Kultiviere und übe sie täglich, um ihre vollen Vorteile zu genießen. Beginne jeden Tag damit, Dir bewusst zu machen, wofür Du dankbar bist.

Konzentriere Dich auf das Positive und lass das Negative außen vor.

Diese einfache Handlung wird Dein gesamtes Leben verändern, indem sie Dir hilft, Positives zu erkennen und zu vermehren, selbst unter den schwierigsten Umständen.

WAS SIND DEINE 3 WICHTIGSTEN ERKENNTNISSE AUS DIESEM KAPITEL?

1

2

3

30. Schlaf: die unterschätzte Säule des Erfolgs

„Der Schlaf verhält sich nicht wie ein Hund, der kommt, wenn man ihn ruft. Er verhält sich eher wie eine Katze, die kommt, wann immer sie will.“

Friedrich Nietzsche

Guter Schlaf ist wie der Boxenstopp Deines Rennwagens: Er ist die Zeit, in der Reparaturen vorgenommen werden, der Motor abkühlen darf und der Wagen für die nächste Runde vorbereitet wird. Ohne ausreichenden Schlaf ist Dein Körper wie ein Auto, das Rennen auf Rennen fährt, ohne jemals gewartet zu werden. Trotzdem ist Schlaf eine der am meisten unterschätzten Säulen des Erfolgs. Ich kann nicht genug betonen, wie wichtig es ist, genügend Schlaf zu bekommen. Schlaf dient nicht nur dazu, sich auszuruhen, sondern er hat eine tiefere, regenerative Funktion, die Deinen Geist und Körper heilt und stärkt. **Während Du schläfst, passieren so viele wichtige Prozesse: Dein Gehirn sortiert und speichert Informationen, Deine Zellen reparieren sich und Dein Immunsystem stärkt sich.**

In meiner eigenen Erfahrung habe ich festgestellt, dass ein Mangel an Schlaf meine Leistungsfähigkeit erheblich beeinträchtigt. Wenn ich nicht genug schlafe, fühle ich mich nicht nur körperlich erschöpft, sondern meine Fähigkeit, klar zu denken, Entscheidungen zu treffen und emotional ausgeglichen zu bleiben, leidet ebenfalls. Daher ist es für mich von entscheidender Bedeutung, eine Routine zu entwickeln, die es mir ermöglicht, jede Nacht ausreichend Schlaf zu bekommen.

Sorge auch Du für regelmäßige, erholsame Schlafzeiten und vermeide Stimulanzien wie Koffein spät am Tag. Achte darauf, dass Dein Schlafzimmer eine Ruheoase ist. Das bedeutet, keine störenden Lichtquellen, eine angenehme Temperatur und eine Umgebung, die Ruhe fördert. Halte auch eine bestimmte Schlafenszeit ein, da Dein Körper und Dein Geist davon profitieren, in einen regelmäßigen Rhythmus zu kommen.

Ich habe zum Beispiel eine ganz klare Schlafroutine: In meinem Schlafzimmer gibt es keine elektronischen Geräte mit Strahlung. Zudem trage ich nachts eine Schlafmaske, Ohrstöpsel, ein Nasentape und ein Mundtape. Und nein, ich mache damit keine SM-Spielchen. Für den einen oder anderen mag das übertrieben wirken, aber ich schwöre darauf und empfehle auch Dir, alle Maßnahmen zu ergreifen, die Du für eine möglichst erholsame Nacht brauchst. Kapsele Dich einfach nachts von allen Störungen ab, atme besser und schlafe dadurch erholter.

Lieber zwei Stunden mehr schlafen und anschließend effektiv arbeiten, als zwei Stunden zu wenig und nur mittelmäßige Ergebnisse erzielen.

Denke in diesem Zusammenhang an den Vergleich mit dem Handy, das Du jeden Abend auflädst, um am nächsten Tag eine Batterie mit 100 % zu haben. Genauso musst Du Deinen Körper und Geist jede Nacht „aufladen“, um optimal funktionieren zu können. In der Realität jedoch sind wir zumeist schon mit 60 oder 70 % zufrieden. Eine solche Routine ist schädlich für den Erfolg!

Natürlich kann es mal passieren, dass eine Nacht zu kurz ausfällt, aber dann gilt es gegenzusteuern, und zwar mit einem Trick: dem Powernap. Ein kurzes Nickerchen am Nachmittag kann Wunder wirken, vor allem wenn Du spürst, dass Deine Energie nachlässt. Diese kurzen Schlafphasen sind wie ein schnelles Aufladen des Akkus. Wenn das Handy nur noch 20 % Akku hat, steckst Du es für ein schnelles Aufladen an, damit es wieder funktionstüchtig ist. Geh genauso mit Deinem Körper um: Ein kurzer Powernap gibt Dir die nötige Energie zurück – von 30 % auf 70 % –, um den Rest des Tages produktiv und effektiv zu arbeiten.

Das Konzept des schnellen Aufladens durch einen Powernap ist für die tägliche Leistungsfähigkeit perfekt, wenn Du in der Nacht zuvor nicht ausreichend Schlaf bekommen hast. Dabei ist es wichtig, das Nickerchen nicht zu lang zu machen, um nicht in tiefere Schlafphasen zu geraten, die Dich eher müde statt erholt zurücklassen. Etwa 20 Minuten sind ideal, um den Geist zu erfrischen und den Körper kurz zu regenerieren.

***RAND* Studie:[24] Die Auswirkungen von Schlaflosigkeit auf Wirtschaft und Gesellschaft**

Eine internationale Studie untersuchte die gesellschaftlichen und wirtschaftlichen Belastungen durch Schlaflosigkeit bei Erwachsenen in Ländern mit hohem Einkommen. Schlaflosigkeit beeinträchtigt die geistige sowie körperliche Gesundheit und führt zu erheblichen Einbußen in Lebensqualität und Produktivität der Betroffenen. Die Studie ergab, dass 50 % der Erwachsenen an Schlaflosigkeitssymptomen leiden. Schlaflosigkeit ist mit niedrigerer Lebensqualität und -zufriedenheit verbunden. Menschen mit Schlaflosigkeit sind deutlich unzufriedener, unabhängig von der Schlafdauer.

Studien zeigten, dass Schlaflosigkeit mehr qualitätsbereinigte Lebensjahre kostet als viele andere chronische Erkrankungen wie Arthritis oder Depression. Betroffene Arbeitnehmer fehlen häufiger und sind weniger produktiv. Schlaflosigkeitssymptome sind mit dem Verlust von 23 produktiven Tagen pro Jahr verbunden. Die wirtschaftlichen Kosten durch Schlaflosigkeit sind enorm. Die indirekten Kosten, die durch Produktivitätsverluste entstehen, belaufen sich pro Jahr auf etwa 1,8 Milliarden US-Dollar in Portugal und bis zu 207,5 Milliarden US-Dollar in den USA. Diese Verluste spiegeln die Auswirkungen auf die gesamte Wirtschaft wider, einschließlich des Rückgangs der Produktivität und der erhöhten Gesundheitskosten. Zusätzlich führt Schlaflosigkeit zu immateriellen Kosten, die schwer zu quantifizieren sind, aber zum Verlust des Wohlbefindens beitragen.

[24] *RAND Europe* (2023)

WAS SIND DEINE 3 WICHTIGSTEN ERKENNTNISSE AUS DIESEM KAPITEL?

1

2

3

31. Fitness: Bewegung und Muskelkraft sind Dein Motor

Dein Körper ist ein Bewegungsapparat und kein Sitzapparat!

Der Körper ist für Bewegung gemacht. Unsere Vorfahren haben noch so gelebt. Sie mussten oft, nur um Wasser zu holen, mehrmals am Tag weite Strecken zurücklegen. Daher brauchten unsere Vorfahren kein Fitness-Training – das Leben war Training genug. Heute ist das anders, aber es gilt immer noch der Ausspruch:

> *„Mens sana in corpore sano."*
> *– „Ein gesunder Geist in einem gesunden Körper."*
>
> Juvenal

Fitness ist viel mehr als nur ein Hobby oder eine Methode zur Gewichtsreduktion; sie ist der Schlüssel zur Aufrechterhaltung von Kraft, Ausdauer und allgemeinem Wohlbefinden. Sieh Bewegung und Muskelkraft als den Motor, der Dich durch das Leben trägt. Regelmäßige körperliche Betätigung ist deshalb absolut unerlässlich. Sie hält nicht nur Deinen Körper in Form, sondern beeinflusst auch Deinen mentalen Zustand positiv.

Bewegung fördert die Freisetzung von Endorphinen, den sogenannten Glückshormonen, die helfen, Stress abzubauen und Depressionen vorzubeugen. In den Zeiten, in denen Du Dich regelmäßig bewegst, wirst Du bemerken, wie viel energiegeladener und optimistischer Du Dich fühlst.

Ich integriere Fitness-Training in meinen Alltag, indem ich vielfältige und angenehme Aktivitäten wähle, die zu meinem Lebensstil passen. Es muss nicht immer das Fitnessstudio sein; auch Spaziergänge im Freien, Radfahren, Schwimmen oder sogar Tanzen bieten Möglichkeiten, um aktiv zu bleiben. Wähle

Aktivitäten, die Dir Freude bereiten, denn nur dann bleibst Du auch langfristig dabei.

Die Stärkung der Muskeln ist auch ein wichtiger Teil der Fitness-Arbeit. Krafttraining hilft nicht nur, Muskeln aufzubauen, sondern auch, den Grundumsatz zu erhöhen, was bedeutet, dass Du selbst in Ruhephasen mehr Kalorien verbrennst. Zudem verbessert ein starker Muskelapparat die Haltung, unterstützt die Gelenke und verringert das Risiko von Verletzungen im Alltag und beim Sport.

Betrachte Fitness als eine Investition in Deine Gesundheit, Dein allgemeines Wohlbefinden und Deinen Erfolg. Ein starker, gesunder Körper ist die Grundlage, um alle Herausforderungen des Lebens aktiv und mit Selbstvertrauen anzugehen.

Fitness ist dabei nicht nur eine Frage der Ästhetik, sondern beeinflusst auch das Auftreten anderen gegenüber. Stell Dir vor, Du begegnest einem wichtigen potenziellen Geschäftspartner im Treppenhaus auf dem Weg nach oben. Das ist Deine Chance, ein paar Ideen an den Mann zu bringen!

Wenn Du Dich aber dann schwitzend und schnaufend zum nächsten Stockwerk hochkämpfst und Deine Worte im Ringen nach Luft untergehen, hast Du diese Chance vertan. Stattdessen könntest Du locker und voller Elan voranschreiten, die Höhenmeter würden Dich nicht kümmern und Du könntest Deine volle Aufmerksamkeit dem Pitch Deiner Ideen widmen – vorausgesetzt, Du bist fit genug.

Bewegung und Muskelkraft sind nicht nur Teil eines erfolgreichen Alltags, sondern sie definieren, wie effektiv Du arbeitest, wie Du Dich fühlst und wie erfolgreich Du in allen Lebenslagen bist. Jede Koordinationsübung, Kniebeuge, gehobene Gewichtseinheit ist ein Schritt zu einem gesünderen, erfüllteren und erfolgreicheren Leben.

Erfolg kann jeder.

WAS SIND DEINE 3 WICHTIGSTEN ERKENNTNISSE AUS DIESEM KAPITEL?

1

2

3

TEIL 6
Bombastische Beziehungen mit Leichtigkeit

„Wo man Liebe aussät, da wächst Freude empor.“

William Shakespeare

Seien wir ehrlich: Ohne starke, gesunde und inspirierende Beziehungen, wären wir nur halb so erfolgreich. Hier geht es nicht nur darum, wie Du durch Beziehungen Erfolg erzielen kannst, sprich aus einem Netzwerk Nutzen ziehst, sondern vor allem darum, wie Beziehungen selbst eine Quelle der Freude und Erfüllung sein können.

Ich werde Dir zeigen, wie Du mit Deiner Familie, Deinen Freunden, Deinem Partner und sogar Deinen Mitarbeitern Beziehungen aufbaust, die nicht nur langfristig bestehen, sondern wirklich blühen und sich gut anfühlen. Wir sprechen darüber, wie Liebe in einer Partnerschaft die Triebkraft für Deinen Erfolg sein kann und wie eine solide Basis mit Deiner Familie und Deinen Freunden Dir den Rückhalt gibt, den Du im Leben brauchst. Wir werden auch die Dynamik am Arbeitsplatz nicht außer Acht lassen. Ich erkläre, wie Du ein Umfeld schaffst, in dem sich jeder Mitarbeiter mächtig und wertgeschätzt fühlt – denn das ist der Schlüssel zu einer leistungsstarken Teamdynamik.

Und nicht zu vergessen, die Kommunikation: Sie ist das A und O in allen Beziehungen. Verstehen und verstanden werden – darauf kommt es an. Ich werde Dir Techniken an die Hand geben, mit denen Du lernst, bestmöglich zu kommunizieren und gleichzeitig die Bedürfnisse und Erwartungen anderer zu berücksichtigen.

32. Beziehungsgrundlagen

„Licht zieht Licht an. Aber manchmal zieht Dein Licht auch Motten an und Deine Wärme Parasiten. Schütze Deinen Raum und Deine Energie."

Warsan Shire

Welche grundlegenden Aspekte gilt es bei zwischenmenschlichen Beziehungen zu beachten, wenn Du nach Erfolg strebst? Ein Thema, das in Beziehungen oft unterschätzt wird, aber für den Erfolg ungeheuer wichtig ist, ist der eigene Raum und die Schnittmengen mit dem Raum anderer. Es ist von großer Bedeutung, dass Du in Deinen Beziehungen sowohl persönlichen Freiraum als auch gemeinsame Interessen und Ziele hast.

Persönlicher Raum in Beziehungen, egal ob in der Familie, mit dem Partner oder sogar am Arbeitsplatz, ist kein Nice-to-have, sondern ein Must-have. Jeder von uns braucht mal einen Moment für sich, um eigenen Interessen nachzugehen oder einfach zu chillen. Diesen Freiraum brauchen wir einfach, damit wir unsere eigene Persönlichkeit bewahren und zu uns selbst zurückkehren können. Jeder Mensch hat seinen eigenen Kern und diesen müssen wir respektieren und sollten nicht versuchen, in diesen Kern einzudringen oder ihn zu verändern. Gleichzeitig musst auch Du Dir Deinen Kern wahren.

Du hast nicht das Recht, Dich über andere zu stellen, und darfst auch nicht zulassen, dass andere dies mit Dir tun.

Gleichzeitig sind die Überlappungen, also das, was Menschen gemeinsam haben, der Kleber, der Beziehungen zusammenhält. Diese gemeinsamen Punkte schaffen ein Gefühl von Zusammenhalt und geben eine gemeinsame Richtung, was für jede Beziehung fundamental ist. Sie ermöglichen es, zusammenzuwachsen, zu lernen und gemeinsam Siege zu feiern.

Stell Dir zwei Situationen vor: Du bist in einer Beziehung mit jemandem, der komplett andere Lebenspläne hat, zum Beispiel keine Kinder will, während das für Dich ein Herzenswunsch ist. Oder Du bist Unternehmer und hast einen Mitarbeiter, der klasse Arbeit leistet, aber ungern telefoniert, jedoch in einer Position ist, wo er ständig telefonieren muss. In beiden Fällen könntest Du versucht sein, den anderen zu ändern: bei der Partnerin zu argumentieren und zu hoffen, dass sie ihre Meinung überdenkt, und beim Mitarbeiter vielleicht durch Trainings oder Motivationsgespräche doch noch die Lust zum Telefonat zu wecken. Aber hier ist der Punkt: Es funktioniert nicht und ist nicht fair. Warum? Jeder von uns ist einzigartig, mit eigenen Träumen, Wünschen, Stärken und Grenzen. **Es bringt nichts, gegen die natürliche Strömung zu schwimmen.**

Frag Dich in Beziehungen, ob Du wirklich bereit bist, diesen fundamentalen Unterschied zu akzeptieren, oder ob es nicht besser wäre, Dir jemanden zu suchen, der dieselben Kernwerte teilt. Überlege im Berufsleben, ob Du den Mitarbeiter nicht besser anders einsetzen kannst, an einer Stelle, die seinen Stärken und Vorlieben entspricht.

Das Leben ist zu kurz, um ständig gegen Widerstände zu kämpfen. Viel besser ist es, die Menschen so zu akzeptieren, wie sie sind, und Positionen oder Beziehungen zu finden, die bereits gut passen und keiner Veränderung bedürfen. So erschaffst Du ein Umfeld, in dem jeder gedeihen kann, ohne sich verstellen zu müssen. Das ist echte Harmonie!

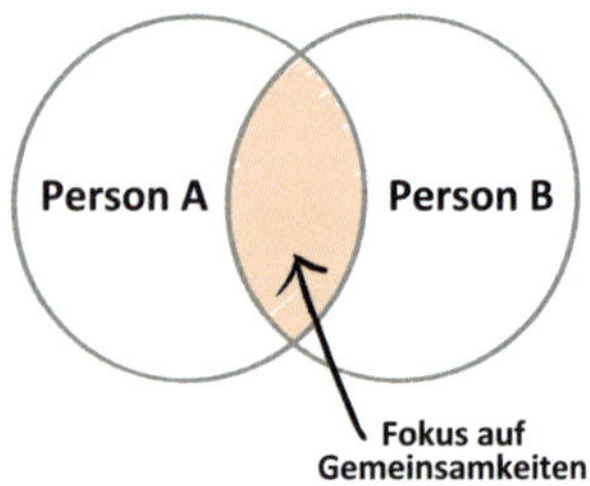

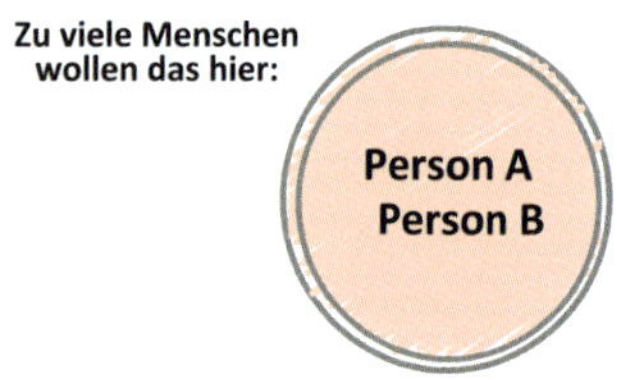

Indem Du ein ausgewogenes Verhältnis zwischen Deinem eigenen Raum und den Schnittmengen findest, kreierst Du eine dynamische und unterstützende Beziehungsstruktur, die nicht nur hält, sondern auch blüht. In meinen eigenen Beziehungen habe ich gelernt, wie bereichernd es ist, beides zu fördern:

Wenn ich den Menschen in meinem Leben ihren eigenen Raum gebe, während wir zusammen an unseren Zielen arbeiten, entstehen starke, widerstandsfähige Bindungen, die durch Herausforderungen gestärkt und nicht geschwächt werden. So erreicht jeder seinen Erfolg.

Personal Space und seine Bedeutung

Ein Artikel auf *National Geographic*[25] über „Personal Space" erklärt die Bedeutung der persönlichen Distanzzone für das menschliche Wohlbefinden:

Der Neurowissenschaftler Michael Graziano beschreibt, wie das Gehirn eine Pufferzone um den Körper berechnet, die Menschen vor potenziellen Bedrohungen schützt. Diese Distanzzone variiert je nach kulturellem Hintergrund und individuellen Präferenzen. Studien zeigen, dass das Eindringen in diese Zone Stress und Unwohlsein auslösen kann. In öffentlichen Verkehrsmitteln oder bei Menschenansammlungen wird diese Zone oft unfreiwillig verletzt, was zu erhöhtem Stress führt.

Die persönliche Distanz ist wichtig für das Gefühl der Sicherheit und des Komforts im sozialen Miteinander. Die Erkenntnisse unterstreichen, dass das Verständnis und die Wahrung der persönlichen Distanz in sozialen Interaktionen essenziell sind, um psychischen und physischen Stress zu minimieren und das allgemeine Wohlbefinden zu fördern.

[25] *National Geographic* (2018)

WAS SIND DEINE 3 WICHTIGSTEN ERKENNTNISSE AUS DIESEM KAPITEL?

1

2

3

33. Familie: Dein Rückhalt und Deine Inspiration

„Zuhause ist da, wo man Dich wieder aufnimmt, auch wenn Du mal etwas falsch gemacht hast."

Christian Morgenstern

Um es gleich am Anfang vorwegzuschicken: Für mich ist Familie das Allerwichtigste, das es gibt. Gleichzeitig vertrete ich aber auch die Meinung, dass ich der wichtigste Teil der Familie bin – zumindest aus meiner eigenen Sichtweise heraus. Was meine ich damit?

Eine gewisse Selbstbezogenheit halte ich für etwas Positives. Jedes Familienmitglied hat sein eigenes Glas Wasser und dieses Glas symbolisiert die individuellen Energien und Kapazitäten. Fülle Dein eigenes Glas zuerst, bevor Du die Gläser der anderen aus Deinem Glas heraus füllst. Im Flugzeug wird deshalb davon gesprochen, die eigene Sauerstoffmaske zuerst anzuziehen und dann anderen zu helfen. Das ist nicht egoistisch, sondern notwendig. Denn wenn Du Dich nicht um Dich selbst kümmerst, bist Du auch nicht in der Lage, Deinen Liebsten zu helfen.

Stell Dir vor, Du bist das Glas ganz oben an der Spitze einer Sektpyramide. Wenn Deine Kapazität gefüllt ist und Du überläufst, füllen sich auch die Gläser unter Dir. Dieses Bild zeigt, wie Du durch Deinen eigenen Erfolg und Deine Erfüllung auch Deine Familie und Dein Umfeld unterstützt. Wenn Du selbst in Fülle lebst, kannst Du diese Fülle an andere weitergeben, ohne Dich selbst zu opfern oder auszulaugen.

Ich betrachte es als meine Pflicht, mich selbst zu lieben und zu ehren, um wirklich für meine Familie da sein zu können. Ich kann sie in Reichtum leben lassen, nicht nur finanziell, sondern auch emotional und spirituell, wenn ich selbst finanziell, emotional und spirituell reich bin. Das erfordert, dass ich mich selbst an die erste Stelle setze, was wiederum bedeutet, dass ich meine eigenen Grenzen achte und respektiere, auch innerhalb der familiären Strukturen.

Für mich gibt es zwei Arten von Familie: die angeborene und die, die ich mir selbst erschaffe. Das sind zwei völlig verschiedene Umfelder. Du kannst nichts dafür, in welche Familie Du hineingeboren wirst, aber Du hast immer die Wahl, Dir eine eigene Familie zu schaffen, die Deine Werte und Überzeugungen teilt. Kappe dabei aber niemals die Verbindung zu Deiner angeborenen Familie. Wenngleich Du Dich entscheidest, weniger Zeit mit ihnen zu verbringen, weil eure Sichtweisen nicht übereinstimmen, bleiben die Liebe und der Respekt bestehen.

Die Ablehnung eines Elternteils würde bedeuten, einen Teil von Dir selbst abzulehnen, wodurch Du Dich niemals vollständig erfüllt fühlen würdest. Bewahre Dir die Verbindung zu Deinen biologischen Eltern. Auch wenn Du vielleicht unterschiedlicher Meinung bist als sie oder ihre Lebensweise nicht teilst, sind sie ein unverzichtbarer Teil von Dir. **Deine Eltern sind die Grundlage Deiner Existenz, die ersten Kapitel Deiner Lebensgeschichte.**

Ich glaube daran, dass das Verbannen der eigenen Eltern, ungeachtet der Umstände, letztlich bedeutet, einen Teil von Dir selbst zu verbannen. Dieser Schritt kann tiefgreifende emotionale Lücken hinterlassen, die schwer zu überbrücken sind. Indem Du Deine biologischen Eltern und ihre Einflüsse akzeptierst, akzeptierst Du auch Dich selbst vollständig.

Es ist ein Akt der Selbstliebe und des Selbstrespekts, die Beziehung zu den biologischen Eltern zu pflegen. Erkenne, dass Du ohne sie nicht der wärst, der Du heute bist, egal, wie ihr Einfluss aussah. Dieses Bewusstsein ermöglicht es Dir, ein ganzheitliches und erfülltes Leben zu führen. Es erlaubt Dir, Frieden mit Deiner Vergangenheit zu schließen und mit Zuversicht und Klarheit in die Zukunft zu blicken.

Familie spielt in meinem Leben eine große Rolle, auch wenn ich nicht ständig physisch Zeit mit ihr verbringe. Ich bin fest davon überzeugt, dass ich meine Familie lieben kann, auch ohne mit ihnen ständig in Kontakt zu sein. Liebe und Verbundenheit sind nicht an gemeinsame Zeit gebunden. Ich liebe meine Familie bedingungslos, auch wenn wir nicht immer einer Meinung sind.

Ich muss nicht alle Entscheidungen und Meinungen gutheißen – an meiner Liebe ändert das nichts.

Wenn ich über das Ende meines Lebens nachdenke, denke ich oft an das Bild meines Grabes und der Beerdigung. Das ist ein Bild, das viele von uns meiden, doch es bringt eine wichtige Wahrheit ans Licht: Wer sind die Personen, die am Grab stehen und trauern? Das sind die Verbindungen, die zählen. Diese Beziehungen, die wir im Laufe unseres Lebens aufbauen, reflektieren die Tiefe und die Bedeutung, die wir anderen in unserem Leben geben.

Kümmere Dich um Deine eigenen Bedürfnisse, um wirklich in der Lage zu sein, für Deine Familie und Dein Umfeld da zu sein. Und nur wenn Du bedingungslos für sie da bist, bringst Du positive Veränderungen in ihr Leben und verdienst Dir Respekt und Wertschätzung. Das gilt auch für eine Partnerschaft: **Wenn Du Dich selbst nicht an erste Stelle setzt, wie könntest Du dann authentisch Liebe und Unterstützung bieten?**

WAS SIND DEINE 3 WICHTIGSTEN ERKENNTNISSE AUS DIESEM KAPITEL?

1

2

3

34. Partnerschaft: Liebe als Treibkraft für Erfolg

> *„Die Erfahrung lehrt uns, dass die Liebe nicht darin besteht, dass man einander ansieht, sondern dass man in die gleiche Richtung blickt."*
>
> Antoine de Saint-Exupéry

Ich bin fest davon überzeugt, dass es für jeden Topf da draußen den passenden Deckel gibt. Erfolg kann jeder und Beziehungsglück finden ebenso. Liebe ist für mich eine fundamentale Kraft, die nicht nur unser persönliches Glück, sondern auch unseren Erfolg antreibt. Dabei geht es darum, die richtige Person zu finden, mit der man echte Harmonie erleben kann.

Alex und Sarah:

„Du spürst sofort, wenn Du das passende Puzzlestück gefunden hast."

Das Geheimnis liegt darin, zuerst sich selbst vollständig zu verstehen und zu akzeptieren. **Nur wenn Du weißt, wer Du bist und was Du wirklich willst, kannst Du jemanden anziehen, der wirklich zu Dir passt.** Um den passenden Partner zu finden, komm zuerst mit Dir selbst ins Reine. Wenn Du Dich selbst gefunden hast, ziehst Du automatisch die richtigen Personen an, weil Du klar ausstrahlst, was Du suchst und brauchst, wofür Du stehst und was Dir wichtig ist und was nicht.

Viele Beziehungen scheitern, weil die Partner versuchen, sich gegenseitig zu verändern, um den anderen an sich selbst anzupassen. Das führt zwangsweise zu Frustration und Enttäuschung auf beiden Seiten, weil eine solche Anpassung selten nachhaltig ist. Es ist, wie zuvor erwähnt, wichtig, dass in einer Partnerschaft jedem genug Freiraum gelassen wird und niemand versucht, in den persönlichen Raum des anderen einzugreifen. Lebe und feiere Gemeinsamkeiten, während Du den Partner auch in seinen individuellen Vorlieben und Interessen akzeptierst, ohne zu versuchen, ihn zu verändern. **Denn wahre Liebe ist es, wenn man den Partner bedingungslos liebt, egal was passiert.**

Eine passende Partnerschaft hält sich nicht nur in den guten und ruhigen Zeiten, sondern auch, wenn das Leben in Turbulenzen gerät und man offen miteinander die gemeinsame Zukunft besprechen muss.

Gleichzeitig kannst Du natürlich für Dich entscheiden, dass Du Dir Deinen Traumpartner anders vorstellst und Dich auch gegen einen Partner entscheiden, wenn er nicht passt. Suche das passende Puzzlestück für Dich, aber verändere nicht ein Puzzlestück, das nicht passt. Das wird nie funktionieren.

In meinen Gedanken zur Partnerschaft und bedingungslosen Liebe teile ich oft ein Beispiel, das zeigt, wie tief diese Liebe gehen kann. Ich sage dann: „Ich liebe Dich dafür, dass Du Dein Business aufbaust, auch wenn das bedeutet, dass wir weniger Zeit miteinander verbringen."

Das zeigt, wie wahre, bedingungslose Liebe in einer Partnerschaft funktionieren kann. Versuche nicht, den anderen zu besitzen oder ihn so zu formen, dass er ausschließlich in Dein eigenes Lebensbild passt. Unterstütze den anderen stattdessen in seiner ganzen Individualität und respektiere ihn. Wer jemanden liebt, ist auch am persönlichen Erfolg des anderen interessiert.

Die persönliche und berufliche Entwicklung Deines Partners stärkt Deine eigene Entwicklung.

Liebe in dieser Form ist frei von Bedingungen und Einschränkungen; sie fördert das Wachstum und die Freiheit des anderen, auch wenn dies manchmal eine Herausforderung darstellt. **Diese Art von Liebe ist kraftvoll, denn sie basiert auf einer tiefen Akzeptanz und dem Wunsch, den anderen glücklich zu sehen, ganz gleich, unter welchen Umständen.**

WAS SIND DEINE 3 WICHTIGSTEN ERKENNTNISSE AUS DIESEM KAPITEL?

1

2

3

35. Freundschaften: ein sicherer Raum

„Blumen können nicht blühen ohne die Wärme der Sonne. Menschen können nicht Mensch werden ohne die Wärme der Freundschaft."

Phil Bosmans

Wenn ich über die Rolle von Freundschaften in meinem Leben nachdenke, erkenne ich, wie grundlegend wichtig sie für mein persönliches und berufliches Wachstum waren und noch immer sind. Freunde sind mehr als nur Begleiter; sie sind der sichere Raum, in dem Du Dich frei entfalten, Fehler machen und aus ihnen lernen kannst, ohne Angst vor Verurteilung haben zu müssen.

Ich mache keine klassische Unterscheidung zwischen Freunden und Feinden. **Ich unterscheide vielmehr zwischen Menschen, die mir Energie geben und solchen, die mir Energie stehlen.**

Menschen, die Dir Energie wegnehmen, können niemals echte Freunde sein.

Eines der wichtigsten Merkmale echter Freundschaft, das ich immer wieder betone, ist das Gefühl der Erneuerung und Inspiration, das Du nach einem Treffen mit einem Freund verspürst. Es geht nicht nur darum, gemeinsame Zeit zu verbringen; es geht darum, wie diese gemeinsamen Momente Dich beeinflussen und bereichern und wie Du Dich im Anschluss fühlst.

In einem Interview habe ich einmal erwähnt, dass man nach einem Treffen mit einem wahren Freund nicht erschöpft sein sollte, sondern im Gegenteil, voller neuer Energie und Ideen. Diese Dynamik ist entscheidend, denn sie spiegelt die tiefe positive Wirkung wider, die echte Freunde auf das Leben haben.

Wahre Freunde sollten Inspirationsquellen sein, die Dich motivieren, Dein Bestes zu geben und Dich selbst zu übertreffen.

Ein Beispiel dafür ist einer meiner ältesten Freunde Timo: Wir kennen uns bereits seit Schulzeiten und uns verbindet eine gemeinsame Leidenschaft für das Kartenspielen. Wir treffen uns alle paar Monate und spielen Runde um Runde. Für tiefgreifende Gespräche haben sich unsere Leben zu sehr in unterschiedliche Richtungen entwickelt. Uns verbindet neben dem Kartenspielen vor allem unsere gemeinsame Vergangenheit und die Wertschätzung füreinander. Das aber gibt uns beiden Freude und Energie.

Im Grunde ist es also irrelevant, worauf eine Freundschaft basiert, solange sie sich gut anfühlt und Kraft spendet. **Freunde sind Menschen, die einander Positives tun und füreinander da sind. Sie müssen nicht zwingend alle Interessen teilen.**

An der Energie erkennst Du auch, dass Freundschaften, genau wie jede andere Beziehung, ihre Höhen und Tiefen haben. Es gibt Zeiten, in denen die Dynamik nachlässt, und diese Phasen können herausfordernd sein. Achte auf Veränderungen in der Energie, die Du nach einem Treffen mit Freunden spürst. Wenn Du feststellst, dass Du Dich nach Treffen regelmäßig erschöpft oder entmutigt fühlst, statt erfüllt und inspiriert zu sein, dann ist das ein klares Zeichen dafür, dass etwas nicht stimmt. Diese Veränderung der Dynamik ist oft ein Indikator dafür, dass sich die Lebenswege auseinanderentwickelt haben oder dass ein klärendes Gespräch nötig ist, um Hindernisse aus dem Weg zu räumen.

Die Konfrontation mit solch einer Veränderung erfordert Mut und Ehrlichkeit, sowohl gegenüber sich selbst als auch gegenüber dem Freund. Sprich die eigenen Gefühle an und erkundet gemeinsam, was sich verändert hat und warum die Interaktionen nicht mehr so bereichernd sind wie früher. Das kann bedeuten, dass ihr euch entscheidet, eine Pause einzulegen oder sogar getrennte Wege zu gehen, wenn die Freundschaft nicht mehr das bietet, was sie einst tat. Diese Momente sind oft mit Traurigkeit verbunden, bieten aber auch die Gelegenheit für persönliches Wachstum und Selbstreflexion.

Natürlich muss das Nachlassen der Dynamik nicht notwendigerweise das Ende einer Freundschaft bedeuten, sondern kann eine Chance sein, die Beziehung neu zu bewerten und anzupassen. **Der Wert echter Freundschaft liegt nicht nur in den guten Zeiten, sondern auch darin, wie man gemeinsam Herausforderungen bewältigt und ehrlich miteinander umgeht, wenn die Umstände sich ändern.**

Wenn Dir eine Person hingegen zu viel Energie raubt und Du einen Schlussstrich ziehen willst, lösche diese Person dann auch aus Deinem Handy, anstatt unnötig an ihr festzuhalten. Dieser Schritt ist mehr als nur eine symbolische Geste; er markiert einen entscheidenden energetischen Schnitt im Leben.

Dadurch schaffst Du Raum – nicht nur in Deinem Handyspeicher, sondern auch in Deinem Leben. Raum für Menschen, die Deine Werte teilen und Deine Energie auf positive Weise ergänzen. Das fühlt sich an, als würdest Du Dich von alten Mustern und negativen Energien befreien, die sich aus der Beziehung angesammelt haben.

Lass das Alte zurück, um bereit für das Neue zu sein.

Das Entfernen der Nummer symbolisiert für mich das Loslassen von etwas, das nicht mehr zu meinem Leben passt und meine Entwicklung möglicherweise behindert. Es ist ein Schritt der Selbstfürsorge und der persönlichen Grenzsetzung, der mir erlaubt, meine Aufmerksamkeit und Energie auf das zu richten, was wirklich wichtig ist und mein Wohlbefinden fördert.

Indem ich diese energetischen Schnitte vornehme, öffne ich mich für neue Möglichkeiten. Ich schaffe die Voraussetzungen für ein gesünderes und zufriedeneres Leben. Das ist ein bewusster Prozess, mein soziales Umfeld aktiv zu gestalten, um sicherzustellen, dass ich jederzeit von Menschen umgeben bin, die mich unterstützen und inspirieren.

Auf der anderen Seite blocke ich Personen nur sehr selten. Somit kann man mich weiterhin erreichen und auch alte Freundschaften können gegebenenfalls wieder aufleben.

Am Ende ist es Deine Entscheidung, wen Du in Deinem Leben haben möchtest und wen nicht.

Entscheidungen dieser Art sind nicht einfach, aber ich verspreche Dir, dass sie für Dein Leben enorm wertvoll sind. Denn mit jeder Entscheidung gewinnst Du Klarheit darüber, welche Kräfte Du in Deinem Leben zulässt und welche nicht, welches Umfeld Du Dir baust und dadurch auch, welche Werte Dir wichtig genug sind, um bedingungslos zu ihnen zu stehen.

Ich vertrete zum Beispiel die allgemeine Auffassung, dass man mit Freunden keine Geschäfte machen sollte, sich jedoch mit Geschäftspartnern anfreunden kann. Bei Freunden passiert es nämlich schnell, dass durch ein vermiestes Geschäft auch die Freundschaft kaputtgeht, weil die anfängliche Basis eine andere war. Natürlich gibt es immer Ausnahmen, aus meiner Erfahrung aber nur dann, wenn der Freund auch die exakt gleichen Werte mit Dir teilt und eine sehr offene Kommunikation untereinander stattfindet. Zudem sollte der Freund auch alle Punkte erfüllen, die Du von einem externen Geschäftspartner erwarten würdest. Geschäftspartner, die bereits bewiesenermaßen ähnliche Werte teilen, bereichern hingegen in vielen Fällen neben dem beruflichen Alltag auch das Privatleben.

So ist es auch mit meinem besten Bro, Dennis Ühlein:

Dennis und mich verbindet eine tiefe Freundschaft, die etwas ganz Besonderes ist. Daher tragen wir auch beide das gleiche Tattoo auf der Haut „No words needed", da wir uns häufig blind verstehen und genau wissen, was der andere denkt. Dennis ist mein Marketing-Genie und kümmert sich um mein komplettes Branding und Performance-Marketing. Sein bester Rat:

„Umsetzen schlägt Nachdenken."

Zur Bedeutung von Freundschaften:

Eine Studie[26] in „*Social Indicators Research*" untersucht, wie persönliche Beziehungen das Wohlbefinden beeinflussen. Sie zeigt, dass Freundschaften und soziale Unterstützung entscheidend für das persönliche Glück sind. Menschen, die enge und positive Freundschaften pflegen, berichten von höherer Lebenszufriedenheit und geringeren Stressleveln.

Diese Beziehungen bieten emotionalen Rückhalt und einen sicheren Raum für persönliche Entfaltung. Die Ergebnisse der Studie unterstreichen, wie wichtig es ist, Freundschaften zu pflegen, um ein erfülltes und ausgeglichenes Leben zu führen.

[26] van der Horst, M., Coffé, H. (2012)

WAS SIND DEINE 3 WICHTIGSTEN ERKENNTNISSE AUS DIESEM KAPITEL?

1

2

3

36. Mitarbeiter: nur Menschen mit Power

> *„Die ganze Kunst der so schwierigen Menschenführung besteht darin, seine Untergebenen so zu behandeln, wie man selbst von seinem Vorgesetzten behandelt werden möchte."*
>
> Richard Nixon

Als Unternehmer habe ich immer die Bedeutung von Menschen erkannt, die nicht nur fachlich geeignet sind, sondern auch eine besondere Energie ins Unternehmen bringen. Ein klares Beispiel hierfür war meine Erfahrung mit einer Assistentin, die anfangs in demselben Büro wie ich arbeitete. Diese räumliche Nähe sollte die Kommunikation erleichtern, doch es stellte sich heraus, dass sie mehr Energie kostete, als sie brachte.

Sie kam häufig zu mir, um über verschiedenste Probleme zu sprechen, die während des Tages auftraten. Das unterbrach ständig meine Arbeit und entzog mir Energie. Die Situation erforderte eine Lösung, da solche Unterbrechungen dem Wachstum meines Unternehmens nicht zuträglich waren. Nach einiger Zeit entschied ich mich daher, ein separates Büro für mich zu beanspruchen und klare Regeln für die Kommunikation aufzustellen: **Eintritt nur nach Klopfen und Erlaubnis.**

Diese Veränderung hatte einen wichtigen Effekt: Sie führte zu einer effizienteren Arbeitsweise sowohl für mich als auch für meine Assistentin, die nun gezwungen war, selbstständiger zu agieren und ihre Probleme eigenständig zu lösen. Durch diese räumliche und organisatorische Trennung lernte sie, ihre Herausforderungen besser zu managen, was wiederum ihre Fähigkeit zur Selbstregulation und Problemlösung stärkte.

Dieses Beispiel verdeutlicht, wie wichtig es ist, die Energie im Arbeitsumfeld zu managen und sicherzustellen, dass jeder

Mitarbeiter nicht nur über die nötigen Fähigkeiten verfügt, sondern auch positiv zum energetischen Gleichgewicht des Teams beiträgt. **Wahre Power in einem Team kommt nicht nur durch Fachkompetenz, sondern von der Fähigkeit jedes Einzelnen, zur gemeinsamen Vision beizutragen und diese mit persönlicher Energie und Engagement voranzubringen.**

Als ich meine eigene Firma gründete, war mir von Anfang an klar, dass die Menschen, die ich einstelle, nicht nur fachlich überzeugen müssen, sondern auch persönlich zu unserer Unternehmenskultur passen mussten. Bei der Auswahl neuer Mitarbeiter achte ich besonders darauf, dass sie energetisch und motiviert sind. Diesen Ansatz verfolge ich konsequent, da ich glaube, dass die Energie, die jemand ins Unternehmen bringt, genauso wichtig ist wie die fachliche Kompetenz.

Ich merke das bereits am Telefon. Das erste Gespräch ist entscheidend, weil es oft schon viel über die Einstellung und Motivation einer Person aussagt. Wenn jemand lethargisch oder desinteressiert wirkt, dann setze ich den Auswahlprozess gar nicht erst fort.

Wenn Kandidaten zu einem persönlichen Gespräch eingeladen werden, achte ich auch auf die Art, wie sie mir die Hand geben. Einmal hatte ich eine Bewerberin, deren Handschlag so zaghaft war, dass ich nicht sicher war, ob sie mir wirklich die Hand geben wollte. Solche Momente sind für mich ein Indikator dafür, dass jemand vielleicht nicht die nötige Dynamik und Kraft für die Position mitbringt, die in unserem schnellen Arbeitsumfeld erforderlich ist.

Tatsächlich kommen solche Fälle allerdings selten vor, denn indem ich dafür sorge, dass mein eigener hoher Energielevel und meine Anforderungen an Engagement und Initiative von vornherein klar sind, ziehe ich in der Regel Menschen an, die ebenfalls energiegeladen sind und sich von einem anspruchsvollen Umfeld nicht abschrecken lassen. Menschen, die beispielsweise sofort nach Feierabend fragen oder besonderen Wert auf viele Urlaubstage legen, passen oft nicht zu dem Engagement und der Dynamik, die ich in meinem Team sehen möchte.

Dieser Ansatz hat sich bewährt, denn er ermöglicht es mir, ein Team aufzubauen, das nicht nur fachlich exzellent ist, sondern auch mit einer gemeinsamen Vision und Energie voranschreitet. Es ist diese Kombination aus Fachwissen und persönlicher Dynamik, die uns hilft, gemeinsam Herausforderungen zu meistern und außergewöhnliche Ergebnisse zu erzielen.

WAS SIND DEINE 3 WICHTIGSTEN ERKENNTNISSE AUS DIESEM KAPITEL?

(1)

(2)

(3)

37. Kommunikation: verstehen und verstanden werden

„Zu viele Menschen machen sich nicht klar, dass wirkliche Kommunikation eine wechselseitige Sache ist.“

Lee Iacocca

In meinen vielen Jahren als Führungskraft habe ich eines gelernt: **Kommunikation ist das Herzstück aller zwischenmenschlichen Beziehungen, sei es im privaten oder beruflichen Kontext.** Ein wichtiges Prinzip ist dabei die Wertschätzung. Verwende niemals Vorwürfe oder Beleidigungen, sondern wahre stets Respekt und Achtung gegenüber anderen, unabhängig davon, was passiert ist.

Ich habe es mir zur Regel gemacht, niemals einen Mitarbeiter oder Freund anzuschreien. Du runzelst vielleicht die Stirn, aber Du wärst überrascht, wie viele Unternehmensbosse hier eine andere Ansicht vertreten. In den vergangenen zehn Jahren kann ich mich nicht erinnern, jemals die Beherrschung verloren zu haben.

Dieser Ansatz basiert auf der Überzeugung, dass man nur dann respektvoll und wertschätzend kommunizieren kann, wenn man auch mit sich selbst im Reinen ist. Du musst Deine eigenen Themen aufgelöst haben, um anderen Menschen gegenüber respektvoll auftreten zu können. **Oft genug ist es nicht der Fehler der anderen, dass wir genervt sind, sondern tatsächlich, weil uns etwas an uns selbst auf die Nerven geht.**

Ein weiterer entscheidender Aspekt der Kommunikation ist das Bewusstsein darüber, dass jedes ausgesprochene Wort wie ein abgeschossener Pfeil ist:

**Einmal losgelassen,
kann ein Wort nicht zurückgenommen werden.**

Früher bin ich oft ins Fettnäpfchen getreten, weil ich dachte, ich mache einen Scherz, und habe dabei unbeabsichtigt andere verletzt. Selbst wenn die Absicht harmlos war, kann die Wirkung von Worten verheerend sein. In der Hitze des Augenblicks gesprochene Worte haben oft genug tiefgreifende und dauerhafte Auswirkungen. Heute überlege ich zweimal, bevor ich spreche, und frage mich: „Könnte dieser Pfeil jemanden verletzen?“ Dadurch passieren mir sprachliche Kollateralschäden nur noch selten, da ich meine Worte deutlich sorgfältiger wähle und erst nach Abwägung ihres Effekts auf mein Gegenüber loslasse.

Zusätzlich habe ich gelernt, in der Kommunikation sogenannte Ich-Botschaften zu verwenden. Das bedeutet, dass man aus seiner eigenen Perspektive spricht, was einen weniger angreifbar macht. Zum Beispiel macht es einen Unterschied, ob Du sagst: „Ich fühlte mich verlassen, als Du ohne mich ausgegangen bist“, statt zu sagen: „Es war schlecht von Dir, dass Du ohne mich ausgegangen bist“. Der erste Satz teilt Deine Gefühle mit, ohne den anderen anzugreifen. Diese Formulierung nimmt den Vorwurf aus der Aussage und macht es einfacher, offen und ehrlich zu kommunizieren, ohne den anderen in die Defensive zu drängen.

Wahre also immer Klarheit in der Kommunikation. Viele Menschen scheuen sich, klar und deutlich ihre Bedürfnisse oder Meinungen zu äußern, aus Angst vor Zurückweisung. Doch nur klare und direkte Kommunikation kann Missverständnisse verhindern und echte Verständigung erreichen. Mein Mentor pflegte zu sagen:

***„Sage, was Du willst,
damit Du bekommst,
was Du willst.“***

Das ist ein Leitsatz, der mir geholfen hat, sowohl im Berufs- als auch im Privatleben erfolgreicher und zufriedener zu sein. Die klare und bewusste Kommunikation, die ich anstrebe, beruht auf der Prämisse, dass jedes Wort zählt und jeder Pfeil sein Ziel erreicht. Diese Art der Kommunikation erfordert Übung und Selbstreflexion. Einmal etabliert, fördert sie jedoch tiefere und respektvollere Beziehungen zu anderen. Sie ermöglicht es mir, klarzumachen, was ich brauche und erwarte, und anderen die gleiche Klarheit und Höflichkeit zu bieten. Indem ich meine Pfeile weise wähle, sorge ich für eine Kommunikation, die aufbaut, statt abzureißen.

Direkte und klare Kommunikation ist der Schlüssel zu harmonischen Beziehungen und erfolgreichem Management. Das Herumreden um den heißen Brei führt lediglich zu Missverständnissen, Frustrationen und ineffizienten Prozessen. Leg deshalb großen Wert darauf, stets klare und deutliche Aussagen zu treffen.

Unklare oder schwammige Kommunikation ist eine häufige Falle, in die viele tappen, sei es aus Angst vor Konflikten oder aus dem fehlgeleiteten Wunsch heraus, höflich zu sein. Sie führt zu Mehrdeutigkeiten, die wiederum Missverständnisse oder sogar Fehlinterpretationen zur Folge haben. Früher habe ich manchmal versucht, sanfte Formulierungen zu verwenden, um niemanden zu verletzen oder um kritischen Punkten auszuweichen. Doch mit der Zeit habe ich erkannt, dass dies nur selten die gewünschten Ergebnisse liefert. Am Ende des Tages muss man dann doch klare Aussagen treffen und hat lediglich Zeit und Ressourcen verschwendet.

Strebe in Meetings, bei Mitarbeitergesprächen und sogar in E-Mails danach, präzise und unmissverständlich zu sein. Anstatt zu sagen: „Vielleicht könnten wir versuchen, die Deadline einzuhalten?“, bevorzuge klare Formulierungen wie: „Bis zum Ende des Tages ist die Aufgabe erledigt.“ Das eliminiert jegliche Unsicherheit bezüglich Deiner Erwartungen und motiviert Dein Team, klare Ziele mit Entschlossenheit zu verfolgen.

Zudem hilft Dir die Praxis der klaren Kommunikation dabei, eine Kultur der Offenheit und des Vertrauens aufzubauen. Wenn

Teammitglieder sehen, dass Du offen und direkt kommunizierst, werden sie ermutigt, dies ebenfalls zu tun. Das fördert eine transparente Atmosphäre, in der Ideen und Bedenken frei geäußert werden können, ohne dass jemand befürchten muss, missverstanden zu werden.

Mach es zu Deinem Ziel, in jeder Kommunikation so präzise und klar wie möglich zu sein. Das trägt dazu bei, die Effizienz zu steigern, die Zusammenarbeit zu verbessern und sicherzustellen, dass alle Beteiligten genau verstehen, was von ihnen erwartet wird.

Klare Kommunikation ist nicht nur eine Frage der Effizienz, sondern auch eine Form der Respektbekundung gegenüber anderen, indem man ihnen klare und verständliche Informationen gibt.

Die positiven Auswirkungen klarer Kommunikation sind vielfältig und reichen bis hin zu Deiner Ausstrahlung. Dein Charisma basiert zum Beispiel wesentlich auf der Fähigkeit, klar und überzeugend zu kommunizieren. Dadurch ist Deine Kommunikationsweise eine Eigenschaft, die Menschen anzieht und beeindruckt. Eine Person, die klare Aussagen trifft, wirkt charismatischer, weil sie Selbstsicherheit und Entschlossenheit ausstrahlt.

Klare Kommunikation vermittelt nicht nur Selbstvertrauen, sondern auch die Fähigkeit, Visionen und Ideen präzise zu vermitteln. Menschen fühlen sich von solchen Persönlichkeiten angezogen, weil sie Klarheit und Sicherheit bieten. Das wird besonders in Führungsrollen deutlich, wo charismatische Leader durch ihre unmissverständliche Ausdrucksweise Vertrauen schaffen und ihre Teams motivieren. Denk nur an Trainer in der Umkleide vor dem großen Spiel oder Generäle gegenüber der Armee vor der Schlacht – die besten Führer lassen keinen Raum für Interpretation. Kommunikation ist bei ihnen keine Auslegungssache.

Die klare Artikulation von Gedanken und Absichten hat einen direkten Einfluss darauf, wie andere Deine Glaubwürdigkeit und Autorität einschätzen. **Konzentriere Dich auf das Wesentliche und kommuniziere es ohne Umschweife. So baust Du eine starke und charismatische Präsenz auf, durch die auch andere an Deinem Erfolg interessiert sind.**

Erfolg kann jeder.

WAS SIND DEINE 3 WICHTIGSTEN ERKENNTNISSE AUS DIESEM KAPITEL?

1

2

3

38. Bedürfnisse und Erwartungen: die Kunst der Balance

„Fordere viel von Dir selbst und erwarte wenig von anderen. So wird Dir Ärger erspart bleiben."

Konfuzius

Mit der richtigen Kommunikation bringst Du alle Deine Bedürfnisse unmissverständlich an den Mann und die Frau. Bevor Du das tust, gibt es allerdings noch einiges mehr zu beachten.

In meiner Erfahrung, sowohl im Beruflichen als auch im Privaten, habe ich gelernt, dass der Umgang mit den eigenen Bedürfnissen und den Erwartungen anderer eine Kunst für sich ist. Ein Schlüsselkonzept, das mir dabei hilft, ist der Unterschied zwischen „Erwartung" und „Anspruch".

Ich vermeide es, Erwartungen zu haben. Das Wort „Erwartung" impliziert bereits ein „Warten" auf etwas von anderen, was oft zu Enttäuschungen führt. Stattdessen bevorzuge ich den Begriff „Anspruch". Ein Anspruch ist aktiv und gibt mir die Kontrolle zurück. Anstatt zu warten, dass etwas passiert, formuliere ich, was ich möchte, und ergreife Maßnahmen, um es zu erreichen.

Erwartungen sind das Warten auf die Aktionen anderer. Anspruch ist die eigene Aktion, anzusprechen, welche Maßnahmen erfolgen müssen.

Erwarte zum Beispiel nicht, dass ein Geschäftspartner Dich regelmäßig anruft; habe stattdessen den Anspruch, dass ihr regelmäßig kommuniziert. Dieser Anspruch motiviert Dich, selbst zum Hörer zu greifen und die Initiative zu ergreifen, anstatt passiv zu warten, möglicherweise enttäuscht zu werden und zusätzlich eine gute Geschäftsbeziehung zu vernachlässigen.

Dieses Konzept erweitert sich auf alle Bereiche der Kommunikation: Wenn Du klare, positive und aktive Worte verwendest, verhinderst Du Missverständnisse und stärkst Deine Beziehungen. Übernimm Verantwortung für Deine eigenen Bedürfnisse und warte nicht darauf, dass andere sie erkennen und erfüllen.

Durch diese Herangehensweise helfen Dir die klare Kommunikation und das Setzen von Ansprüchen statt Erwartungen dabei, sowohl im beruflichen Umfeld als auch in persönlichen Beziehungen zufriedener zu sein. Es ermöglicht Dir, Enttäuschungen zu vermeiden und sicherzustellen, dass Deine Bedürfnisse und die Deiner Mitmenschen respektiert und erfüllt werden.

Enttäuschung bedeutet „Ende der Täuschung" – wenn ich also von Dir erwarte, dass Du Dich bei mir meldest und Du es aber nicht tust, dann habe ich mich eben getäuscht. Habe ich jedoch den Anspruch an Dich, dass Du Dich meldest, kann ich nicht enttäuscht sein, wenn Du es nicht tust, da es eben mein eigener Anspruch an Dich ist. Ich kann dann aktiv auf Dich zugehen und sagen, dass ich gerne hätte, dass Du Dich meldest, und wenn Du es nicht tust, werde ich selbst aktiv. Das sind zwei vollkommen unterschiedliche Herangehens- und Sichtweisen.

Es mag sich für Dich wie eine Spitzfindigkeit oder Kleinigkeit anhören. Wenn Du jedoch einmal genauer darüber nachdenkst, wirst Du den Unterschied erkennen. Hör auf, an andere Erwartungen zu haben. Wenn Du das jedoch trotzdem tust, ist es unerlässlich, es offen und direkt zu kommunizieren. Wenn Du von Deinem Partner mehr Kuscheleinheiten haben willst, dann sag das und schaue nicht mit verträumtem Blick in seine Richtung und hoffe, dass er es aus Deiner Geste ablesen kann.

Das gilt auch, wenn Du Hilfe benötigst, in der Beziehung oder in anderen Situationen. Dein Leid zu klagen und zu hoffen, dass Dein Gegenüber einlenkt, ist der falsche Weg. Sag stattdessen klar und deutlich, dass Du Hilfe brauchst. Wir machen das nur meistens nicht, da wir Angst vor Ablehnung haben oder uns keine Blöße geben wollen. Immerhin könnte der Andere „Nein" sagen und deshalb reden wir um den heißen Brei herum.

Nur um das klarzumachen: Wenn Dein Gegenüber eine solche Anfrage nach Hilfe negativ beantwortet, dann lehnt er nicht Dich als Person ab. Er lehnt schlichtweg diese Aufgabe in diesem Moment ab, weil er vielleicht aktuell nicht dazu in der Lage ist, zu helfen. Dann solltest Du ihm zugutehalten, klar kommuniziert zu haben. Die Alternative wäre, dass er sagt, er helfe Dir aus, es aber dann doch nicht tut, weil er nicht die Kapazitäten dafür hat. Fördere deshalb auch die klare Kommunikation Deines Gegenübers, denn sie hilft Dir dabei, Deine eigenen Ansprüche realistisch zu setzen.

Am Ende laufen alle guten und erfolgreichen Beziehung auf Offenheit und Verständnis hinaus. Wenn Du das Bedürfnis verspürst, jemanden zu verurteilen, frag Dich zuerst, ob Du vielleicht von der falschen Basis ausgegangen bist: Ist Dein eigenes Glas gefüllt? Hast Du die richtigen Grenzen gesetzt und Räume gewahrt? Wie sieht die Energie aus? Und hast Du unmissverständlich kommuniziert, um was es geht? Beachtest Du alle diese Schritte, kommst Du in den Genuss bombastischer Beziehungen, die Dich auf Deinem Weg zum Erfolg uneingeschränkt unterstützen.

WAS SIND DEINE 3 WICHTIGSTEN ERKENNTNISSE AUS DIESEM KAPITEL?

1

2

3

TEIL 7
Finanzieller Erfolg ohne Umwege oder Kopfschmerzen

Nachdem wir uns bisher intensiv mit Themen wie persönlicher Entwicklung, Beziehungen und Gesundheit beschäftigt haben, widmen wir uns nun einem Aspekt, der oft im Mittelpunkt unserer Träume und Ziele steht: finanzieller Erfolg.

Geld, ob wir es wollen oder nicht, spielt eine enorm wichtige Rolle in unserem Alltag. Es bietet nicht nur Sicherheit, sondern auch die Freiheit, das Leben nach unseren eigenen Vorstellungen zu gestalten. Allerdings können die wenigsten von sich behaupten, so viel Geld zu haben, wie sie gerne hätten. Im Gegenteil: Der Weg zu finanziellem Erfolg, geschweige denn finanzieller Freiheit, erscheint ihnen beschwerlich, langwierig oder schlichtweg unmöglich. Die guten Nachrichten: Es gibt Methoden, diesen Prozess zu vereinfachen und zu beschleunigen.

In diesem Teil des Buches wirst Du entdecken, dass finanzieller Erfolg kein Privileg weniger Auserwählter ist, sondern ein erreichbares Ziel für jeden. Allerdings musst Du, um Dein Einkommen zu steigern und schließlich ein nachhaltiges Vermögen aufzubauen, Deine Einstellung zu Geld verändern. Ich zeige Dir, wie Du das ohne unnötige Kopfschmerzen schaffst. Alles beginnt mit der Erkenntnis, dass Geld eine Form von Energie darstellt, die durch unsere Fähigkeiten, unseren Einsatz und unsere Kreativität gelenkt wird. Es geht darum, die richtigen Strategien zu kennen und anzuwenden, um diese Energie in Fülle in Dein Leben zu bringen. Dabei spielen einerseits konkrete Maßnahmen eine Rolle und andererseits auch Dein Mindset und Deine Einstellung gegenüber finanziellen Herausforderungen.

39. Die Bedeutung von Geld: die Energie des Lebens

> *„Geld ist nur ein Werkzeug. Es wird Dich hinbringen, wohin Du willst, aber es wird Dich nicht als Fahrer ersetzen."*
>
> Ayn Rand

Geld ist mehr als nur ein Tauschmittel für Waren und Dienstleistungen. Es ist ein Werkzeug, das Du verwenden kannst, um Deine Träume zu verwirklichen, Deine Bedürfnisse zu erfüllen und Dein Leben nach Deinen eigenen Vorstellungen zu gestalten. Die Art und Weise, wie Du über Geld denkst und wie Du es nutzt, bestimmt seine Rolle in Deinem Leben.

Geld ist eine Form von Energie, die das Leben auf vielfältige Weise beeinflusst und die weder gut noch schlecht ist. Seine Energie schafft Möglichkeiten, schenkt Freiheit und bietet Sicherheit. Das, was Du tagtäglich an Leistung in Deine Arbeit steckst, kommt in Form von Geld wieder zu Dir zurück. Geld ist sozusagen gespeicherte Arbeit.

Mach Dir deshalb als Erstes klar, dass man immer nur das bekommt, was man auch verdient. Dein Einkommen spiegelt den Wert wider, den Du in Deine Arbeit investierst. Wenn Du nur das Nötigste tust, kannst Du nicht erwarten, dafür fürstlich entlohnt zu werden. Umgekehrt werden Du und Dein Angebot immer mehr wert, je mehr Leistung Du in Deine Arbeit steckst. Frag Dich also stets: **„Wie kann ich den Mehrwert für andere erhöhen (mit dem geringsten Aufwand), sodass diese am Ende bereit sind, mir für meine Arbeit mehr Geld zu bezahlen?"**

Stell Dir Geld als einen Fluss vor, der durch Dein Leben fließt. Dieser Fluss kann wachsen, stagnieren oder versiegen, abhängig davon, wie Du mit ihm umgehst. Wenn Du lernst, diesen Fluss zu lenken und zu pflegen, kannst Du die Energie des

Geldes nutzen, um Dein Leben zu bereichern und Deine Ziele zu erreichen. Erkenne und hinterfrage dafür Glaubenssätze, die Dich möglicherweise daran hindern, finanziellen Erfolg zu erreichen und den Geldfluss zu nähren. Diese Glaubenssätze könnten aus Deiner Kindheit stammen oder durch gesellschaftliche Einflüsse geprägt sein.

Deine Einstellung zu Geld spielt eine ganz entscheidende Rolle dabei, wie Du es wahrnimmst und verwendest. Ein positives Mindset kann den Unterschied zwischen Mangel und Überfluss ausmachen. Bei Leuten, die kein Geld haben, dreht sich alles immer nur ums Geld. Menschen, die Geld haben, streben hingegen nach den wirklich wichtigen Dingen im Leben wie Selbsterfüllung oder das Ausleben kreativer Einfälle.

Erfolgreiche Menschen sehen Geld nicht als Selbstzweck, sondern als Mittel zum Zweck. Sie wissen, dass Geld ihnen die Freiheit gibt, ihre Träume zu verfolgen und einen positiven Einfluss auf ihre Umgebung auszuüben. Transformiere Dein Mindset in Bezug auf Geld und sieh es als das, was es wirklich ist: eine Energie, die Du kontrollieren und lenken kannst. Es geht also nicht um die Zahl auf Deinem Konto, sondern darum, Dir Zeit mit der Familie, bessere medizinische Versorgung oder einfach die Freiheit leisten zu können, das zu tun, was Du liebst.

Meine Kinder werden reich geboren.

Geld bietet Dir diese Freiheit. Mit ausreichend Vermögen kannst Du Entscheidungen treffen, Risiken eingehen und das Leben führen, das Du Dir wünschst. Diese Freiheit bedeutet nicht nur, dass Du Dir materielle Dinge leisten kannst, sondern auch, dass Du Zeit und Energie für die Dinge hast, die Dir wirklich wichtig sind. Mit genug finanziellen Mitteln befreist Du Dich von den Zwängen des Alltags und kannst Dich auf Deine Leidenschaften und Ziele konzentrieren. Du kannst in Deine Gesundheit, Bildung und persönliche Entwicklung investieren, Reisen unternehmen, die Welt erkunden und neue Erfahrungen sammeln.

Geld ist nichts Negatives – es kommt immer darauf an, wie und wozu es genutzt wird.

Geld bietet aber nicht nur Freiheit, sondern auch Sicherheit. Finanzielle Sicherheit bedeutet, dass Du in der Lage bist, unerwartete Ausgaben zu decken, für Deine Zukunft vorzusorgen und Dich vor finanziellen Engpässen zu schützen. Ein solides finanzielles Fundament gibt Dir das Vertrauen, das Du brauchst, um neue Chancen zu ergreifen.

Wohlstand bedeutet nicht, dass Du Millionen auf der Bank hast. Es bedeutet, dass Du genug hast, um Dich sicher und geborgen zu fühlen, und dass Du die Mittel hast, um das Leben zu führen, das Du Dir wünschst, abhängig von Deinem Lebensstil. **Wohlstand ist ein Zustand des Überflusses, in dem Du Dir keine Sorgen um das tägliche Überleben machen musst und in dem Du die Freiheit hast, Dein volles Potenzial auszuschöpfen.**

Anstatt also vom Geld als Dreh- und Angelpunkt auszugehen, überlege Dir lieber, was der Sinn und Zweck des Geldes ist und wie Du Dein Leben leben willst. Darauf aufbauend suchst Du Dir dann auch Deine Karriere aus.

Stell Dir vor, jemand hat Spaß am Singen und singt aus purer Freude. Anfangs mag diese Person nicht besonders gut darin sein und fühlt sich vielleicht oft entmutigt. Doch sie hört nicht auf, sondern singt bei jeder Gelegenheit, übt täglich und tritt vor Freunden und Familie auf. Mit der Zeit wird sie immer besser, das Singen gibt ihr ein Gefühl der Erfüllung und sie beginnt, Menschen zu begeistern. Solange diese Person ihrer Leidenschaft folgt, wird sich das auch finanziell für sie auszahlen. Sie bringt ihre gesamte Energie auf und ist mit Freude bei der Sache – diese Energie wird dann auch zu ihr zurückkehren, meist in Form von Geld und Unterstützung.

Dieser Gedanke lässt sich auch auf andere Bereiche übertragen. Wenn Du etwas mit Leidenschaft machst und darin aufblühst, wirst Du andere Menschen begeistern. Genau das geschieht auch beim Verkaufen. Wenn Du an das glaubst, was Du tust, und mit Herzblut dabei bist, wirst Du überzeugender und erfolgreicher. Finde Deine Leidenschaft und integriere sie in Deine beruflichen Aktivitäten. Geld ist dabei nicht die Basis Deines Handelns, sondern ein natürliches Resultat.

Allerdings gibt es natürlich auch Grenzen, sozusagen Bereiche, in denen nur begrenzt Wasser vorhanden ist und dadurch nicht alle Flüsse speisen kann. Wenn jemand Spaß am Singen hat, dann kann er singen und Menschen damit begeistern. Doch wenn es sehr viele Sänger gibt, ist es schwer, sich in dem umkämpften Markt zu behaupten. Deshalb muss man sich überlegen, was Spaß macht, worin man gut ist und wie ein erfolgreiches Geschäftsmodell aussehen soll.

Bringe Deine Fähigkeiten und Leidenschaften in Einklang mit dem Markt.

Beispielsweise könnte der Sänger nicht nur live auftreten, sondern auch Gesangsunterricht geben, Musik-Workshops veranstalten oder digitale Produkte wie Online-Kurse und Tutorials verkaufen. Indem er sein Geschäftsmodell diversifiziert und auf verschiedene Einkommensquellen setzt, kann er seine Leidenschaft monetarisieren und finanzielle Freiheit erreichen.

Ein wesentlicher Schritt dabei ist es, den Markt zu analysieren und zu verstehen, wo Nachfrage besteht und welche Fähigkeiten wo am besten platziert sind. Vielleicht gibt es eine besondere Nische im Musikbereich, die bisher nicht vollständig ausgeschöpft ist, oder eine innovative Art, ein musikalisches Talent zu vermarkten. Der Schlüssel liegt darin, kreativ zu sein und Möglichkeiten zu finden, die eigene Begeisterung in nachhaltige Einnahmen umzuwandeln.

Dieses Prinzip gilt für alle beruflichen und geschäftlichen Bereiche. Wenn Du etwa eine Leidenschaft für Fitness hast, überlege Dir, wie Du diese Leidenschaft in ein profitables Geschäftsmodell verwandelst. Du könntest als Personal Trainer arbeiten, Fitnesskurse online anbieten oder ein eigenes Fitnessstudio eröffnen. Achte dabei stets darauf, was der Markt braucht und wie Du Deine einzigartigen Fähigkeiten und Leidenschaften am besten einbringst.

Letztlich geht es darum, Deinen eigenen Wert zu erkennen und zu verstehen, wie Du diesen Wert erfolgreich verkaufst. Durch kontinuierliches Lernen, praktische Erfahrungen und die Bereitschaft, neue Wege zu gehen, verbesserst Du Deine Fähigkeiten und erreichst Deine beruflichen und finanziellen Ziele.

Finanzieller Erfolg und persönliche Erfüllung sind möglich, wenn Du Deine Leidenschaften verfolgst und auf ihnen geschickt Deine Karriere und Dein Geschäftsmodell aufbaust.

Am Ende des Tages ist Geld ein Mittel zur Selbstverwirklichung. Es erlaubt Dir, Deine Träume zu verfolgen, Deinen Leidenschaften nachzugehen und einen positiven Einfluss auf die Welt um Dich herum auszuüben. Es gibt Dir die Möglichkeit, Deine Werte zu leben und Deine Visionen zu verwirklichen.

Um die Energie des Geldes voll auszuschöpfen, musst Du lernen, es als das zu sehen, was es wirklich ist: eine kraftvolle Ressource, die Dir helfen kann, ein erfülltes und bedeutungsvolles Leben zu führen. Indem Du Deine Einstellung zu Geld transformierst und lernst, es weise zu nutzen, übernimmst Du die Kontrolle über Dein finanzielles Schicksal und genießt die Energie des Lebens in ihrer vollen Pracht.

WAS SIND DEINE 3 WICHTIGSTEN ERKENNTNISSE AUS DIESEM KAPITEL?

1

2

3

40. Geld verdienen: Ein leerer Beutel kann nicht aufrecht stehen

„Nur wer etwas leistet, kann sich etwas leisten."

Michail Gorbatschow

Heute sind Millionäre praktisch die neue Mittelschicht und nichts Besonderes mehr. Wenn Du ein Haus in einem Vorort von Frankfurt besitzt und es verkaufst, bist Du vielleicht ein Millionär auf dem Papier, aber der Verkauf ist nur ein einmaliger Gewinn, keine nachhaltige finanzielle Freiheit. Ein Einfamilienhaus in einem Vorort kann schnell eine Million Euro wert sein, aber das allein reicht nicht aus, um das Leben zu führen, das viele mit dem Begriff „Millionär" assoziieren. Heutzutage musst Du tatsächlich ein Einkommensmillionär sein, um diesen Lifestyle zu genießen.

Du weißt bereits, dass Geld Dir grundlegende Dinge im Leben ermöglicht, wie Sicherheit, Freiheit und Wohlstand. Ein geregeltes Einkommen, egal wie hoch es ausfällt, ist die Basis, auf der Du Dein finanzielles Fundament aufbaust. Komplett ohne finanzielle Mittel kann es schwierig sein, ein erfülltes Leben zu führen. Geld muss immer fließen und in Dich und Dein Unternehmen reinvestiert werden. Ein gesundes Einkommen ist wie ein stabiles Fundament für ein Haus. Es deckt die Grundbedürfnisse und gibt die notwendige Stabilität, um höhere Ziele zu verfolgen. Ein leerer Beutel kann nicht aufrecht stehen – das bedeutet, dass ohne ein solides Einkommen alle anderen finanziellen Bemühungen schnell ins Wanken geraten.

Wie aber sieht der Schritt vom normalen Einkommen hin zum Einkommensmillionär aus? Ein wichtiger Aspekt für finanziellen Erfolg dieser Art ist das Verständnis und die Nutzung von exponentiellem Wachstum. Anstatt sich auf lineare Geschäftsmodelle zu konzentrieren, die nur begrenztes Wachstum ermöglichen, suche Dir Bereiche, die hohe Wachstumsraten haben. Das schließt insbesondere das Internet, digitale Medien und die IT-Branche ein.

Exponentielles Wachstum bedeutet, dass die Erträge und der Erfolg nicht nur linear steigen, sondern sich potenzieren.

Immobilien und Aktien sind klassische Beispiele für Bereiche mit exponentiellem Wachstum. Auch digitale Produkte, Social Media und alles, was mit IT zu tun hat, bieten enorme Skalierbarkeit. Man sollte niemandem raten, einen Kiosk zu eröffnen, da solche Geschäfte linear sind. Um den Umsatz zu verdoppeln, müsste man doppelt so viele Kunden anziehen und meist doppelt so viel Aufwand betreiben. Diese Geschäftsmodelle bringen oft wenig Margen und erfordern viel Aufwand, um überhaupt Gewinne zu erzielen.

Konzentriere Dich stattdessen auf Geschäftsmodelle, die von Natur aus skalierbar sind und höhere Margen bieten. Ein Verkäufer, der Sonnenbrillen verkauft und nur zehn Prozent Provision erhält, wird viel Zeit und Energie aufwenden müssen, um bedeutende Gewinne zu erzielen. Wenn derselbe Verkäufer jedoch Immobilien verkauft, kann er mit der gleichen Anstrengung viel höhere Erträge erzielen. Zum Beispiel bringt eine Provision von sechs Prozent bei einem Hausverkauf im Wert von 500.000 € viel mehr ein als dieselbe Prozentzahl bei einem Produkt im Wert von 300 €.

Wähle außerdem ein Geschäftsmodell, das nicht nur finanziell attraktiv ist, sondern auch Deinen persönlichen Interessen und Leidenschaften entspricht. Mach im Idealfall Dein Hobby zum Beruf. Ein gutes Beispiel wäre jemand, der gerne surft. Diese Person könnte einen Online-Kurs für andere Surfer erstellen und dabei an einem Strand leben, wo sie täglich surfen kann. So kombiniert sie ihre Leidenschaft mit einem lukrativen Geschäftsmodell und lebt gleichzeitig einen Lifestyle, den sie sonst teuer erkaufen müsste. Das zeigt, dass Du durch die geschickte Wahl des Geschäftsmodells nicht nur finanzielle Freiheit, sondern auch persönliche Erfüllung erreichst.

Produkte wie Online-Kurse müssen nur einmal erstellt werden und können dann wieder und wieder verkauft werden, ohne neuen Zeitaufwand. Der Aufwand ist der gleiche, egal ob fünf Personen den Kurs kaufen oder 5.000. Die Digitalisierung bietet unzählige solcher Möglichkeiten, von denen Du profitieren kannst, um exponentielles Wachstum zu erzielen und damit finanzielle Freiheit und einen erfüllenden Lebensstil zu erreichen.

Identifiziere also Geschäftsmodelle, die hohes Wachstumspotenzial haben, und gib Dich nicht mit linearen, wenig skalierbaren Modellen zufrieden. Es gibt viele Wege, Vermögen zu generieren. Jeder dieser Wege hat seine eigenen Vor- und Nachteile und kann je nach individuellen Fähigkeiten und Zielen unterschiedlich attraktiv sein. Solange Du aber Deinen Werten und Deiner Leidenschaft folgst und ein solides Geschäftsmodell in einem skalierfähigen Bereich aufbaust, steht den Millionen jedes Jahr nichts mehr im Weg.

Erfolg kann jeder.

Weitere Tipps, um Dein Einkommen zu steigern

Berufliche Weiterentwicklung

- Investiere in Deine Weiterbildung und berufliche Qualifikationen. Zusätzliche Abschlüsse, Zertifikate oder spezielle Fähigkeiten erhöhen Deinen Marktwert und führen zu besseren Jobchancen und Gehältern.
- Setze Dir klare berufliche Ziele und erstelle einen Plan, um diese zu erreichen. Suche nach Möglichkeiten, um in Deiner aktuellen Position aufzusteigen oder wechsle zu einem besser bezahlten Job.

Nebenjobs und Freelancing

- Überlege, wie Du Deine Fähigkeiten und Talente nutzen kannst, um zusätzliches Einkommen zu generieren. Nebenjobs, Freelancing oder projektbasierte Arbeiten sind eine gute Möglichkeit, Dein Einkommen zu steigern.
- Achte darauf, dass zusätzliche Tätigkeiten nicht zu einer Überlastung führen. Effizientes Zeitmanagement ist der Schlüssel, um die Balance zu halten und Burnout zu vermeiden.

Unternehmertum und Selbstständigkeit

- Wenn Du eine innovative Idee oder ein besonderes Talent hast, könnte die Gründung eines eigenen Unternehmens eine Option sein. Unternehmertum erfordert Mut, Planung und Hingabe, kann aber auch enorme finanzielle Belohnungen bringen.
- Baue ein starkes berufliches Netzwerk auf. Kontakte zu anderen Unternehmern, Investoren und Fachleuten helfen Dir, Dein Geschäft zu erweitern und neue Möglichkeiten zu entdecken.

Investitionen

- Durch Investitionen in Aktien, Immobilien oder andere Anlageformen generierst Du passives Einkommen. Das erfordert jedoch eine fundierte Kenntnis der Finanzmärkte und eine sorgfältige Planung.
- Diversifiziere Deine Investitionen, um Risiken zu minimieren und Deine finanzielle Stabilität zu gewährleisten.

Effektives Management Deines Einkommens

Geld zu verdienen, ist nur der erste Schritt. Ebenso wichtig ist es, Dein Einkommen ordentlich zu verwalten und zu maximieren. Hier sind einige Tipps, um sicherzustellen, dass Dein hart verdientes Geld gut genutzt wird:

1. Erstelle ein detailliertes Budget, um Deine Einnahmen und Ausgaben im Blick zu behalten. Ein gutes Budget hilft Dir, finanzielle Ziele zu setzen und unnötige Ausgaben zu vermeiden.

2. Lege regelmäßig einen Teil Deines Einkommens zur Seite. Ein Notfallfonds bietet Dir in unerwarteten Situationen finanzielle Sicherheit.
3. Reduziere und vermeide unnötige Schulden, die Dir kein Einkommen ermöglichen. Ein Kredit für ein Haus, das Du anschließend vermietest, ist nützlich, ein Kredit für eine Heimkinoanlage nicht.
4. Nutze einen Teil Deines Einkommens, um in Deine Zukunft zu investieren, am besten in Immobilien oder andere sichere Anlageformen.

Investiere an erster Stelle in Dich, an zweiter Stelle in Dein Unternehmen und erst an dritter Stelle in Kapitalanlagen.

Deine Einstellung zum Geldverdienen hat einen großen Einfluss auf Deinen finanziellen Erfolg. Sieh das Geldverdienen nicht als lästige Pflicht, sondern als eine Möglichkeit, Dein Leben zu verbessern und Deine Träume zu verwirklichen. Ein positives Mindset hilft Dir, motiviert und zielstrebig zu bleiben. Betrachte Herausforderungen und Rückschläge als Lernmöglichkeiten. Jeder Rückschlag bringt wertvolle Lektionen mit sich, die Dir helfen, in Zukunft bessere Entscheidungen zu treffen.

Sei geduldig und beharrlich – finanzieller Erfolg kommt nicht über Nacht.

Erinnere Dich daran, dass der Weg zu finanziellem Erfolg eine Reise ist, die kontinuierliche Anstrengung und Anpassung erfordert. Mit der richtigen Einstellung, Planung und Entschlossenheit kannst aber auch Du Deine finanzielle Zukunft in die Hand nehmen und die Früchte Deiner Arbeit genießen.

WAS SIND DEINE 3 WICHTIGSTEN ERKENNTNISSE AUS DIESEM KAPITEL?

1

2

3

41. Business und Marketing: der einfachste Weg zu finanziellem Erfolg

> *„Deine Arbeit wird einen großen Teil Deines Lebens ausfüllen und die einzige Möglichkeit, wirklich zufrieden zu sein, besteht darin, das zu tun, was Du für großartige Arbeit hältst."*
>
> Steve Jobs

Falls Du immer noch unsicher darüber bist, wo Du Deinen Beutel überhaupt hinstellen willst, weil Du denkst, dass alle Nischen bereits besetzt sind, kann ich Dich beruhigen: Mit dem richtigen Business und Marketing behauptest Du Dich in Deinem Feld und findest etwas, das für Dich und Deine Ideen funktioniert.

Business und Marketing sind entscheidende Bausteine für Deinen finanziellen Erfolg. Sie sind die Werkzeuge, um ein Unternehmen aufzubauen, Produkte oder Dienstleistungen zu verkaufen und damit auch langfristig erfolgreich zu sein.

Ein eigenes Business zu haben, ist oft der schnellste und einfachste Weg zu finanziellem Erfolg. Im Gegensatz zu einem Angestelltenverhältnis gibt es keinen Deckel, also keine Obergrenze für das Einkommen. Du hast die Möglichkeit, Deine eigenen Preise zu gestalten und durch Deine Verkaufsfähigkeiten Deinen Verdienst direkt zu beeinflussen. Je besser Du verkaufen kannst, desto mehr verdienst Du. In einem Angestelltenjob hingegen bist Du oft durch das System und festgelegte Gehälter, vor allem aber durch die Tätigkeiten anderer limitiert.

Wenn ich heute noch einmal starten würde, würde ich entweder mit Coaching oder mit Immobilien beginnen. Beide Bereiche haben hohe Gewinnmargen und erlauben, schnell durchzustarten. Es ist wichtig, in eine Branche einzusteigen, die viel Geld bietet und in der man hohe Margen erzielen kann.

Ich würde jedoch immer eine Aufgabe suchen, die nicht nur finanziell attraktiv ist, sondern mir auch Freude bereitet, wie in meinem Fall das Coaching oder die Beratung.

Viele Menschen denken, sie müssten mit einer neuen, innovativen Idee starten, um erfolgreich zu sein. Tatsächlich ist das Risiko bei neuen Ideen oft höher. Es ist einfacher, in einen bestehenden Markt einzutreten und sich dort leicht anders zu positionieren als die Konkurrenz.

Ein Vorbild für exponentielles Wachstum in einem bestehenden Markt ist *Facebook*. Mark Zuckerberg hat nicht das Konzept des sozialen Netzwerks erfunden, sondern ein bestehendes Bedürfnis erkannt und eine Plattform geschaffen, die Menschen auf neue und innovative Weise verbindet. Durch das Verstehen und Nutzen bestehender Marktbedürfnisse konnte *Facebook* schnell wachsen und eine enorme Nutzerbasis aufbauen.

Ein ähnliches Beispiel ist *Uber*. *Uber* hat nicht das Taxiunternehmen erfunden, sondern die Art und Weise revolutioniert, wie Menschen Taxis rufen und bezahlen. Indem es Technologie nutzt, um Angebot und Nachfrage effizienter zu verbinden, konnte *Uber* exponentiell wachsen und weltweit expandieren.

Diese Unternehmen zeigen, wie wichtig es ist, in Bereichen zu arbeiten, die hohe Wachstumsraten ermöglichen, und bestehende Bedürfnisse auf innovative Weise zu erfüllen.

Ein weiteres Beispiel dafür, dass auch ein bestehender Markt Chancen bietet und man das Rad nicht zwingend neu erfinden muss, sind *McDonald's* und *Burger King*. Bevor *McDonald's* groß wurde, gab es bereits zahlreiche Burgerläden. *McDonald's* revolutionierte jedoch den Markt, indem es ein Franchise-System einführte und standardisierte Prozesse schuf. Das ermöglichte es ihnen, schnell zu expandieren und eine Marke aufzubauen, die weltweit für konsistente Qualität und schnelles Essen bekannt ist.

Burger King trat dann ebenfalls in den bereits bestehenden (und durch *McDonald's* fast komplett besetzten) Markt ein, kopierte aber nicht einfach nur *McDonald's* Modell. Stattdessen setzten sie auf eine Differenzierungsstrategie, indem sie die Verwendung von frisch gegrilltem Fleisch betonten und sich so als Alternative zu *McDonald's* positionierten. Durch diese unterschiedliche Positionierung konnten sie sich erfolgreich neben dem Branchenführer etablieren.

Beide Unternehmen zeigen, dass es oft sicherer und effektiver ist, in einen bestehenden Markt einzutreten und eine bessere oder differenzierte Version des bestehenden Angebots zu schaffen, anstatt etwas völlig Neues zu erfinden. Es ist weniger wichtig, etwas noch nie Dagewesenes zu kreieren, und wichtiger, sich in den Köpfen der Menschen festzusetzen. Wenn Deine Zielgruppe eine Lösung für ein Problem sucht, dann musst Du der Erste sein, an den sie denken.

Auch Eugen Block, Gründer der Restaurantkette *Block House*, ist ein hervorragendes Beispiel dafür, dass man etwas Bekanntes weiterentwickeln kann, um erfolgreich zu sein. Block brachte die Idee des amerikanischen Steakhouse-Konzepts nach Deutschland, nachdem er auf Reisen von deren Erfolg inspiriert wurde. Anstatt eine komplett neue Gastronomie-Idee zu entwickeln, adaptierte er das bewährte Konzept und passte es an den deutschen Markt an. Das zeigt, wie man durch die erfolgreiche Adaption bestehender Modelle großen unternehmerischen Erfolg erzielen kann, solange man auf ein solides Geschäftsmodell – Business – achtet und sich richtig verkauft – Marketing.

Matthias Aumann, Gründer der *aumann:grün AG* und der *Mission Mittelstand GmbH*, Autor mehrerer Business-Bestseller und Familienvater, führt die Mission Mittelstand an und teilt sein Wissen aus über zehn Jahren erfolgreicher Unternehmensführung. Gemeinsam mit 200 Mitarbeitern hilft er mittelständischen Unternehmen im DACH-Raum beim Wachstum des eigenen Geschäfts.

„*Lieber müde als pleite – Das ist meine Einstellung. I Will. I Can. Das macht einen erfolgreichen Unternehmer aus.*" (Matthias Aumann)

WAS SIND DEINE 3 WICHTIGSTEN ERKENNTNISSE AUS DIESEM KAPITEL?

1

2

3

42. Sales: die Kunst des Verkaufens, die jeder beherrschen muss

„Ich betrachte Verkaufsgeschick als die Fähigkeit, eine oder mehrere Personen elegant zu einer Win-win-Situation zu überzeugen, nicht sie dahin zu manipulieren."

Bo Bennett

Verkaufen ist eine der wichtigsten Fähigkeiten, die Du entwickeln kannst, um finanziell erfolgreich zu sein. Egal, ob Du ein eigenes Unternehmen führst, in einem Vertriebsteam arbeitest oder Deine Ideen innerhalb eines Unternehmens vorantreiben möchtest: **Die Fähigkeit, andere zu überzeugen und zum Handeln zu bewegen, ist ungeheuer wichtig.**

In Deutschland herrscht die Meinung vor, dass Verkaufen etwas Schlechtes sei. Viele glauben, Verkaufen sei das Aufschwatzen von schlechter Ware an dumme Kunden. Daher gibt es in Deutschland auch so viele Leute, die ungern im Verkauf arbeiten. In anderen Ländern, wie den USA, wird das Verkaufen ganz anders gesehen und wertgeschätzt. Dort ist Verkaufen oft mit positiver Energie verbunden und wird als eine Kunst betrachtet, bei der man anderen hilft und sie unterstützt. Meine persönliche Überzeugung geht in eine ähnliche Richtung. Ich sage:

Verkaufen = Helfen.

Wenn jemand einen Bedarf hat, ist es meine Pflicht, ihm zu helfen und diesen Bedarf zu decken.

Wenn jemand zu mir kommt, weil er ein Problem hat, und ich habe die Lösung dafür, dann ist es meine Verantwortung, diese Lösung anzubieten und zu verkaufen. Mein Mentor sagte damals sogar zu mir: Wenn ich das nicht tue, mache ich mich strafbar nach § 323 StGB (Strafgesetzbuch): unterlassene Hilfeleistung. Der Wahrheitsgehalt hinter der Aussage, auch wenn Du Dich durch einen unterlassenen Verkauf natürlich nicht strafbar machst, ist weitreichend. Es ist sträflich anderen Menschen nicht zu helfen, denen Du helfen könntest.

Das bedeutet auch, Einwände zu behandeln und den Kunden davon zu überzeugen, dass Deine Lösung die beste für sein Problem ist. Das eigentliche Ziel ist es, dem Kunden zu helfen, sein Problem zu lösen, und nicht einfach nur, ihm etwas des Gewinns wegen zu verkaufen. Das bedeutet nicht, jemandem etwas aufzudrängen, sondern ihm wirklich zu helfen. So wird das Verkaufen tatsächlich zum Dienst am Kunden.

Nur wenn wir unsere Einstellung ändern, können wir die negativen Assoziationen, die viele Deutsche dem Verkaufen gegenüber haben, überwinden. **Verkaufen ist nichts Negatives; es ist eine Möglichkeit, anderen zu helfen und gleichzeitig einen fairen Gegenwert für seine Arbeit zu erhalten.** Würden wir keinen Gegenwert erhalten, kämen wir bald in die Situation, anderen nicht mehr helfen zu können, weil wir pleite sind. Die Gegenleistung stellt also lediglich sicher, dass wir auch in Zukunft mehr Menschen helfen können. Wenn Du das verstehst, dann wird Verkaufen zu einer positiven und erfüllenden Tätigkeit.

Verkaufen beginnt mit dem Verstehen der Bedürfnisse und Wünsche Deiner Kunden. Stelle eine Verbindung her und baue Vertrauen auf. Menschen kaufen von Menschen, denen sie vertrauen und mit denen sie sich verbunden fühlen. Konzentriere Dich daher auf den Aufbau von Beziehungen, anstatt nur Produkte oder Dienstleistungen anzubieten.

Der erste Schritt im Verkaufsprozess ist deshalb das Zuhören. Höre Deinen potenziellen Kunden aufmerksam zu und verstehe, was sie wirklich wollen. Welche Probleme versuchen sie zu lösen? Welche Ziele möchten sie erreichen? Indem Du diese Fragen beantwortest, kannst Du eine maßgeschneiderte Lösung anbieten, die ihre Bedürfnisse direkt anspricht. Empathie spielt dabei eine entscheidende Rolle. Wenn Kunden das Gefühl haben, dass Du ihre Situation verstehst und wirklich daran interessiert bist, ihnen zu helfen, sind sie eher geneigt, Dir zu vertrauen und von Dir zu kaufen.

Ein weiterer wichtiger Aspekt des Verkaufens ist das Präsentieren von Lösungen. Nachdem Du die Bedürfnisse und Wünsche Deiner Kunden verstanden hast, präsentiere Deine Produkte oder Dienstleistungen als die beste Lösung für ihre Probleme.

Stelle die Vorteile verständlich dar und zeige, wie Dein Angebot ihnen konkret hilft. Geh dabei nicht nur auf die Funktionen Deines Produkts oder Deiner Dienstleistung ein, sondern auch auf die emotionalen Vorteile. Menschen treffen Kaufentscheidungen oft auf der Grundlage von Emotionen und rechtfertigen sie später rational. Zeige ihnen, wie Dein Angebot ihr Leben verbessert oder ihre Sorgen lindert.

Preisgestaltung und Verhandlungen sind ebenfalls wesentliche Bestandteile des Verkaufens. Kommuniziere den Wert Deines Angebots klar und zeige auf, warum es den geforderten Preis wert ist. Sei bereit, über den Preis zu sprechen und mögliche Einwände zu adressieren. Erfolgreiche Verkäufer wissen, wie sie ihre Position verteidigen, ohne aggressiv zu wirken. Sie finden eine Balance zwischen dem Schutz ihrer Gewinnmargen und dem Entgegenkommen gegenüber den Bedürfnissen des Kunden.

Einwände sind ein natürlicher Teil des Verkaufsprozesses. Anstatt sie als Hindernisse zu sehen, betrachte sie als Gelegenheiten, um mehr über die Bedenken Deiner Kunden zu erfahren und sie besser zu überzeugen. Bereite Dich auf häufige Einwände vor und entwickle Strategien, um sie effektiv zu überwinden.

Zeige Deinen Kunden, dass Du ihre Bedenken ernst nimmst und biete überzeugende Antworten. Der Abschluss eines Verkaufs ist ein bedeutender Moment, aber er sollte nicht als isolierter Akt betrachtet werden. Ein guter Verkäufer sorgt dafür, dass der Kunde sich während des gesamten Prozesses wohl und verstanden fühlt.

Wenn Du aufmerksam zugehört, die richtigen Fragen gestellt und eine maßgeschneiderte Lösung präsentiert hast, erfolgt der Abschluss ganz natürlich. Dennoch ist es meist wichtig, den Abschluss aktiv herbeizuführen und den Kunden zu einer Entscheidung zu bewegen. Führe ihn durch den Entscheidungsprozess und hilf ihm, letzte Zweifel zu überwinden.

Nach dem Verkauf endet der Prozess noch lange nicht. Die Nachbetreuung ist ein ganz entscheidender Faktor für langfristigen Erfolg. Stelle sicher, dass der Kunde mit seinem Kauf zufrieden ist, und biete Unterstützung bei Fragen oder Problemen an.

Ein zufriedener Kunde wird nicht nur wieder bei Dir kaufen, sondern Dich auch weiterempfehlen. Kundenbindung und Empfehlungen sind wertvolle Ressourcen, die Dein Geschäft kontinuierlich wachsen lassen können.

Investiere Zeit in die Pflege Deiner Kundenbeziehungen und zeige Deinen Kunden, dass Du auch nach dem Kauf für sie da bist.

Verkaufsfähigkeiten zu entwickeln, erfordert Zeit und Übung. Sei bereit, aus Deinen Erfahrungen zu lernen und Dich kontinuierlich zu verbessern. Analysiere Deine Gespräche, identifiziere, was zuverlässig funktioniert hat und was nicht, und passe Deine Strategien entsprechend an. Der Verkauf ist eine dynamische Fähigkeit, die sich ständig weiterentwickelt, und je mehr Du Dich engagierst, desto erfolgreicher wirst Du sein.

Ein guter Verkäufer ist wie ein Handwerker, der immer das richtige Werkzeug zur Hand hat und weiß, wie er es einsetzt. Ich habe mir diesen „Werkzeugkasten" durch kontinuierliches Lernen und Üben angeeignet. Verkaufscoachings und die Arbeit an meinem Verkäufermindset waren dabei die wichtigsten Tools. Ich musste lernen, dass Verkaufen nichts Negatives, sondern etwas Positives ist. Dazu gehörte, die verschiedenen Phasen des Verkaufsprozesses zu verstehen: von der Analysephase über die Einwandbehandlung bis hin zur Lösung von Blockaden, die Kunden daran hindern, einen Kauf abzuschließen.

Außerdem stürzte ich mich in die ständige Praxis. In der Theorie kannst Du viel auswendig lernen und viele Übungen machen, aber die Praxis ist unabdingbar.

Je öfter Du in der Realität verkaufst, desto besser wirst Du.

Last but not least: All die Dinge, die ich zum Thema Verkaufen gesagt habe, gelten bei Weitem nicht nur für Unternehmer oder Selbstständige. Sie gelten gleichermaßen für Angestellte. Hast Du Dir zum Beispiel mal bewusst gemacht, dass eine Gehaltsverhandlung nichts anderes als ein Verkaufsgespräch ist, bei dem es um eine hochexklusive Ware (Dich) und einen möglichst hohen Preis (Gehalt) geht?

Das ganze Leben heißt Verkaufen. Ein anschauliches Beispiel dafür ist das Verhalten eines Kindes, das Schokolade möchte. Stell Dir vor, Dein Kind liegt auf dem Boden eines Supermarkts und schreit, weil es Schokolade will. In dieser Situation gibt es zwei Möglichkeiten: Entweder Dein Kind verkauft Dir die Idee, ihm Schokolade zu kaufen, oder Du verkaufst dem Kind die Idee, dass es ohne Schokolade aufstehen und aufhören soll zu weinen.

Wir verkaufen uns selbst, unsere Ideen und Ansichten in allen Lebensbereichen. Verkaufen ist nicht nur auf geschäftliche Transaktionen beschränkt, sondern ist ein grundlegender Bestandteil menschlicher Interaktion. Wenn es darum geht, zu entscheiden, wohin man in den Urlaub fährt, gewinnt derjenige, der sein favorisiertes Ziel am besten verkauft. Überzeugung ist in fast allen zwischenmenschlichen Beziehungen involviert:

- ★ Du verkaufst Deinem Chef, Dir mehr Verantwortung zu übertragen.
- ★ Du verkaufst Deinen Freunden, gemeinsam in den Urlaub zu fahren.
- ★ Du verkaufst Deinem Nachbarn, an einer gemeinsamen Gartenarbeit teilzunehmen.
- ★ Du verkaufst Deinen Eltern, auf Deine Kinder aufzupassen.
- ★ Du verkaufst Deinem Professor, Deine Forschungsidee zu unterstützen.
- ★ Du verkaufst Deinen Mitbewohnern, einen Putzplan einzuführen.
- ★ Du verkaufst Deinem Hund, nicht an der Leine zu ziehen.
- ★ Du verkaufst Deinem Kind, Gemüse zu essen.

Deshalb sind Verkaufsskills und ein Verständnis von Verkaufspsychologie so unglaublich wichtig für den Erfolg. Wir müssen uns damit auseinandersetzen, wie Menschen ticken, warum sie kaufen und was ihre Kaufmotivationen sind – um dann uns selbst oder unsere Ideen bestmöglich zu verkaufen.

WAS SIND DEINE 3 WICHTIGSTEN ERKENNTNISSE AUS DIESEM KAPITEL?

1

2

3

43. Angestellter: finanzieller Erfolg im Job

„Du musst bereit sein, die Dinge zu tun, die andere niemals tun werden, um die Dinge zu haben, die andere niemals haben werden."

Les Brown

Finanzieller Erfolg ist nicht nur Unternehmern vorbehalten. Auch als Angestellter kannst Du erhebliche finanzielle Fortschritte machen und Wohlstand aufbauen. Oft ist das sogar der notwendige erste Schritt, um Dich auf den Sprung in die Selbstständigkeit vorzubereiten und ein finanzielles Polster aufzubauen, das Dich im Unternehmertum abfedert.

Der Schlüssel zum Erfolg als Angestellter liegt darin, Deinen Mehrwert für das Unternehmen zu maximieren und strategisch vorzugehen. Frag Dich, welchen Mehrwert Du Deinem Chef oder Vorgesetzten bietest und wie Du diesen maximal steigern kannst. Wenn Du in ein Gehaltsgespräch gehst und lediglich auf äußere Faktoren wie Inflation hinweist, ist das kein überzeugendes Argument. Liefere stattdessen konkrete Beispiele, wie Deine Arbeit dem Unternehmen zugutekommt. Finde heraus, was Deinem Chef wichtig ist und stelle genau diese Dinge besonders heraus.

Zeige auf, welche Projekte Du erfolgreich abgeschlossen hast, welche Erträge daraus resultierten und wie Dein Beitrag über Deinen aktuellen Verdienst hinausgeht. Dein Ziel ist es, klar darzustellen, dass Dein Wert für das Unternehmen höher ist als Dein derzeitiges Gehalt. Angenommen, Dein aktuelles Gehalt ist 40.000 € und der von Dir erzielte Umsatz beträgt 400.000 €, dann hast Du ein hervorragendes Argument für eine Gehaltserhöhung.

Anstatt also einfach mehr Gehalt zu fordern, zeig Deinem Chef, welchen konkreten Mehrwert Du dem Unternehmen durch

Deine Arbeit bringst und warum Du zum Beispiel mehr Verantwortung verdienst. Zeig auf, wie Du das Unternehmen voranbringst. Dieses proaktive Verhalten führt nicht nur zu einer Gehaltserhöhung, sondern bildet auch die notwendigen Stufen auf Deiner Karriereleiter.

Ein weiterer Aspekt ist das Thema Leidenschaft: Wenn Du in Deinem Job Deine Leidenschaften ausleben kannst, fällt es Dir leichter, die Probleme Deines Arbeitgebers zu lösen. **Wenn Du Spaß an Deiner Arbeit hast, bist Du eher bereit, die Extrameile zu gehen und außergewöhnliche Leistungen zu erbringen.** Das führt nicht nur zu besseren Ergebnissen, sondern wird auch von Deinen Vorgesetzten bemerkt und geschätzt.

Ein Spruch, der mich zu diesem Thema besonders inspiriert hat, lautet: „Du musst bereit sein, Dinge zu tun, die andere niemals tun werden, um Dinge zu haben, die andere niemals haben werden." Dieser Gedanke motiviert mich dazu, immer mehr zu geben als zu fordern. Wenn Du zum Beispiel darüber nachdenkst, wie ein Top-Fußballer nach dem Training noch extra Freistöße übt, verstehst Du, dass Erfolg auf kontinuierlicher Anstrengung und Verbesserung basiert.

Gib zuerst, bevor Du etwas zurückforderst. Dieses Mindset – zuerst die Extrameile zu gehen und mehr zu leisten, als erwartet – schafft Vertrauen und erhöht die Wahrscheinlichkeit, befördert zu werden und Gehaltserhöhungen zu erhalten.

Das richtige Mindset ist also auch für den Erfolg im Angestelltenverhältnis eine wichtige Voraussetzung. Anstatt mit dem Ziel zur Arbeit zu gehen, möglichst wenig zu tun und dennoch viel zu verdienen, beginne jeden Tag mit der Einstellung, 110 % zu geben. Zeige Einsatz und Herzblut, um das Maximum zu erreichen. Dein Engagement wird bemerkt und belohnt, sei es durch Gehaltserhöhungen, Beförderungen oder andere Anerkennungen.

Auch außerhalb Deines Hauptjobs kannst Du investieren und Dir zusätzliche Einkommensquellen erschließen. Ein Beispiel wäre, nebenbei in Immobilien zu investieren. Geh dafür weiterhin Deiner regulären Arbeit nach und investiere parallel dazu Zeit, um Immobilien zu suchen, Finanzierungen zu organisieren und ein Portfolio aufzubauen. Diese Nebentätigkeiten führen langfristig zu erheblichen finanziellen Gewinnen und bieten Dir zusätzliche Sicherheit neben Deinem Job.

Ein weiteres wichtiges Prinzip ist, Deine Zeit und Energie effektiv zu nutzen. Überlege, welche Aufgaben Du delegieren oder outsourcen kannst, um Dich auf wertschöpfende Aktivitäten zu konzentrieren. Wenn Du beispielsweise als Angestellter 30 € pro Stunde verdienst, lohnt es sich, eine Reinigungskraft für 15 € pro Stunde zu engagieren, damit Du Deine Zeit für produktivere oder persönlich erfüllendere Tätigkeiten nutzen kannst. Diese Investition in Dienstleistungen, die Dir Zeit, Energie und vor allem Nerven sparen, steigern langfristig Deinen beruflichen und finanziellen Erfolg.

WAS SIND DEINE 3 WICHTIGSTEN ERKENNTNISSE AUS DIESEM KAPITEL?

(1)

(2)

(3)

44. Deinen Wert erkennen und verkaufen

„Verkaufe Dich selbst nie unter Wert. Niemand anderes wird den Preis erhöhen."

Unbekannt

Deinen eigenen Wert zu erkennen und effektiv zu verkaufen ist eine der entscheidenden Fähigkeiten, um finanziellen Erfolg zu erzielen, egal ob als Angestellter, Selbstständiger oder Unternehmer.

Der erste Schritt besteht darin, Dir darüber klar zu werden, welchen Wert Du derzeit schaffst und wie Du diesen steigern kannst. Eine praktische Methode ist es, Dir Deinen aktuellen Stundenlohn auszurechnen und darüber nachzudenken, wie Du diesen Wert für andere erhöhen kannst.

Wenn Du beispielsweise als Angestellter arbeitest und Deinen Wert auf 20 € pro Stunde schätzt, überlege, wie Du diesen Wert für Dein Unternehmen erhöhst. Was braucht das Unternehmen, das Du zusätzlich leisten kannst? Welche Expertise würde Deinen Wert steigern? Kleine Schulungen und Weiterbildungsmaßnahmen sind dafür ein guter Anfang. Schaue Dir *YouTube*-Videos über Deine Branche an, lies Bücher und frag andere erfolgreiche Menschen, wie sie ihren Wert vergrößern.

Lass Dich von Leuten inspirieren, die in dem Bereich, den Du verbessern möchtest, bereits erfolgreich sind. Wenn Du Klavierspielen lernen willst, gehst Du zum Klavierlehrer. Genauso solltest Du beim Verkaufen lernen zu einem Verkaufstrainer gehen und auf dem Weg zum Erfolg zu jemandem, der bereits erfolgreich ist.

Nach dem Lernen kommt der größte Fortschritt aber durch die Praxis. Du wirst nur gut in dem, was Du tust, wenn Du es immer wieder tust. Du wirst zum guten Verkäufer, indem Du viel verkaufst. **Finanzieller Erfolg stellt sich ein, wenn Du Deine neu**

gewonnene finanzielle Intelligenz in Taten umsetzt. Ein Handwerker muss zwar auch sein Handwerk kennen – dann muss er sein Werkzeug aber auch einsetzen. Im Fall des Verkaufens bedeutet das: Führe Verkaufsgespräche, behandle Einwände und schließe Deals ab.

Für mich war ein besonders prägendes Erlebnis meine erste größere Verkaufsverhandlung: Ich hatte mich gründlich vorbereitet, die Bedürfnisse des Kunden analysiert und eine maßgeschneiderte Lösung präsentiert. Dennoch kam es zu Einwänden. Es war frustrierend, aber ich erkannte schnell, dass das Teil des Prozesses ist. Mit jedem Einwand, den ich erfolgreich behandelte, wurde ich sicherer und besser. Solche Erfahrungen sind unbezahlbar, denn sie bauen die Kompetenzen auf, die Du nicht einfach durch theoretisches Wissen erwerben kannst. Je mehr Du übst und je besser Du dadurch wirst, desto höher steigt Dein Wert. Übernimm Dich dabei allerdings nicht oder werde überheblich. Ruhe Dich nie auf Deinen bisherigen Erfolgen aus, sondern arbeite stets weiter daran, Deinen Wert zu verbessern.

Kultiviere Dir ein Schüler-Mindset: Sei immer offen für neues Wissen und neue Fähigkeiten.

Je mehr Du lernst und das Gelernte in die Tat umsetzt, desto besser steigerst Du kontinuierlich Deinen Wert. Suche Dir dafür die besten Mentoren, investiere in Deine Weiterbildung und nutze jede Gelegenheit, um Deine Fähigkeiten in der Praxis zu testen und zu verbessern. Hör niemals auf zu lernen, egal wie alt oder erfolgreich Du bist! So wirst Du nicht nur Deinen eigenen Wert steigern, sondern auch lernen, diesen effektiv zu verkaufen und damit nachhaltigen finanziellen Erfolg zu erzielen.

Erfolg kann jeder.

WAS SIND DEINE 3 WICHTIGSTEN ERKENNTNISSE AUS DIESEM KAPITEL?

1.

2.

3.

TEIL 8

Persönlichkeitsentwicklung für Menschen, die keinen Bock auf Stress haben

> *„Wenn alles gegen Dich zu laufen scheint, erinnere Dich daran, dass das Flugzeug gegen den Wind abhebt, nicht mit ihm."*
>
> Henry Ford

In unserer schnelllebigen Welt mit ständig steigenden Anforderungen wirkt persönliches Wachstum oft wie eine zusätzliche Last. Es ist schon schwierig genug, den Status quo aufrechtzuerhalten, wie soll man sich da auch noch kontinuierlich verbessern? Dabei kann Persönlichkeitsentwicklung auch entspannt und stressfrei sein, wenn man die richtigen Methoden anwendet.

In diesem Teil geht es darum, Wege zu finden, wie man sich selbst verbessert, ohne sich zusätzlich unter Druck zu setzen. Es geht darum, Techniken und Strategien zu entdecken, die es ermöglichen, die eigene Persönlichkeit auf natürliche und angenehme Weise weiterzuentwickeln. Dabei spielen Selbstakzeptanz, das Finden von innerer Ruhe und das Setzen realistischer Ziele eine entscheidende Rolle.

Wir werden erforschen, wie Du durch kleine, aber wirkungsvolle Veränderungen im Alltag große Fortschritte erzielst. Von der Bedeutung von Achtsamkeit und Selbstfürsorge bis zu handfesten Methoden, um stressfrei neue Fähigkeiten zu erlernen – dieser Teil bietet also praktische Unterstützung für alle, die sich einfach und wirkungsvoll weiterentwickeln möchten.

45. Mindset: denken wie die Besten

„If you can dream it, you can do it."

Walt Disney

Das richtige Mindset ist die Basis für alles! Dein Denken bestimmt, wie Du die Welt siehst, wie Du auf Herausforderungen reagierst und letztlich, wie erfolgreich und zufrieden Du bist. Ein starkes, positives Mindset kann den Unterschied machen zwischen ständiger Überforderung und einem Leben voller Gelassenheit und Erfolg.

Alles, was es gibt, hat irgendwann einmal jemand erdacht – und dann auch umgesetzt. Die Besten in ihrem Bereich, sei es im Sport, in der Wirtschaft oder in der Kunst, haben eines gemeinsam: ein positives Mindset. Sie glauben an ihre Fähigkeiten und lassen sich nicht von Rückschlägen entmutigen. Eigne Dir die Gedanken und Meinungen derer an, die es geschafft haben, und nimm sie für Dich an. Dann trimmst auch Du Dich auf Erfolg.

Erlerne und kultiviere Dir ein positives Mindset. In Deutschland wird das richtige Mindset meistens leider nicht wirklich vorgelebt. Traditionell werden hier Werte wie Sicherheit und Stabilität hochgehalten, während die Bereitschaft, Risiken einzugehen und groß zu denken, eher selten gefördert wird. Viele Menschen wachsen in einem Umfeld auf, das vorsichtig und konservativ ist, und werden ermutigt, sich an bewährte Wege zu halten, anstatt neue, mutige Pfade zu beschreiten. Diese Mentalität wirkt einschränkend und erschwert es, das eigene Denken über festgefahrene Strukturen hinaus zu erheben.

Mit der gleichen Denkweise wie bisher kannst Du auch keine neuen Ergebnisse erwarten.

Glücklicherweise gibt es Techniken, die Dir helfen, das richtige Mindset zu entwickeln und die Herangehensweisen der erfolgreichsten Menschen zu übernehmen.

Es beginnt damit, Dich selbst und Deine Fähigkeiten zu akzeptieren. **Selbstakzeptanz** ist der Grundstein für jedes Wachstum. Erkenne an, dass Du so, wie Du bist, wertvoll und fähig bist, Großes zu erreichen.

Zeige **Dankbarkeit** Dir und Deinen bereits vorhandenen Fähigkeiten und Chancen gegenüber. Mach Dir täglich bewusst, wofür Du dankbar bist, fördere ein positives Lebensgefühl und stärke dadurch auch ein positives Mindset. Dankbarkeit lenkt den Fokus auf das Positive und hilft, eine optimistische Grundhaltung zu erlangen.

Das bedeutet auch, Dir gegenüber und allen Aspekten Deines Lebens **Achtsamkeit** zu schenken. Nimm Dir regelmäßig Zeit, um innezuhalten und den Moment bewusst zu erleben. Achtsamkeit hilft, Stress abzubauen und den Kopf klar zu halten. Durch einfache Übungen wie Meditation oder tiefes Atmen kannst Du Deine Gedanken beruhigen und Dich besser auf Deine Ziele konzentrieren.

Hast Du erst einmal Deinen Fokus für Deine aktuelle Situation geschärft und erkannt, wofür Du dankbar sein kannst, setzt Du anschließend **realistische und erreichbare Ziele** der Dinge, die Du noch erreichen willst. Anstatt Dich von zu hohen Erwartungen unter Druck setzen zu lassen, teile Deine Ziele in kleinere, machbare Schritte auf. Jeder kleine Erfolg bringt Dir ein Stück mehr Selbstvertrauen und Motivation und bestätigt Dir Dein Mindset. Das schrittweise Vorgehen reduziert außerdem Stress und macht den Prozess der Persönlichkeitsentwicklung angenehmer und nachhaltiger.

Visualisierung ist eine weitere Technik, die von den Besten angewandt wird. Stell Dir regelmäßig vor, wie Du Deine Ziele erreichst. Wie fühlst Du Dich dann? Wie sieht diese Szene aus? Wer ist zugegen? Was genau tust Du? Diese positive mentale Übung hilft Dir, fokussiert und motiviert zu bleiben. Dein Gehirn kann nicht zwischen Realität und Vorstellung unterscheiden und durch die ständige Visualisierung von Erfolgen wird Dein Denken dazu angeregt, diese auch in der Realität zu erreichen. Unterstütze die Visualisierungen mit positiven Bestätigungen, die Deine neuen, erweiterten Glaubenssätze stärken. Durch die ständige Wiederholung dieser positiven Bilder und Aussagen programmierst Du Dein Unterbewusstsein auf Erfolg.

Ferner ist es wichtig, Dich mit **positiven und inspirierenden Menschen** zu umgeben. Du weißt bereits, dass Dein Umfeld einen großen Einfluss auf Dein Denken und Handeln hat, da überrascht es nicht, dass auch Dein Mindset von ihm beeinflusst wird. In aller Regel ist Dein Umfeld genau da, wo Du auch bist. Um aber auf andere Gedanken zu kommen, brauchst Du auch Menschen um Dich her, die anders denken.

Suche den Kontakt zu Menschen, die Dich unterstützen, inspirieren und an Deinen Erfolg glauben. Diese positiven Einflüsse helfen Dir dabei, in schwierigen Zeiten optimistisch zu bleiben und Deine Ziele nicht aus den Augen zu verlieren. Du kannst aber auch zunächst einmal mit Büchern und Podcasts von solchen Menschen starten und erste Vorgehensweisen in Dich aufsaugen, bevor Du tatsächlich mit ihnen in Kontakt trittst.

Während meiner Zeit bei der Polizei habe ich, anstatt mich in endlosen, sinnlosen Gesprächen mit Kollegen zu verlieren, meine Zeit für die **persönliche Weiterbildung** genutzt. Ich hatte auf einem Ohr den Polizeifunk und auf dem anderen Ohr Podcasts, in denen erfolgreiche Menschen ihre Geschichten und Strategien teilten.

Diese Podcasts wurden zu meinem neuen Umfeld, zu meiner digitalen Inspirationsquelle. Dadurch konnte ich mein Denken verändern und mich auf die Ziele fokussieren, die ich erreichen wollte.

Ich begann, die Denkweisen und Verhaltensmuster dieser erfolgreichen Menschen zu übernehmen und sie in meinem eigenen Leben anzuwenden. Schritt für Schritt entwickelte ich so mein Mindset weiter und auch mich selbst.

Die Wahl der richtigen Podcasts und Bücher war für meine Entwicklung sehr bedeutend. Anfangs wusste ich nicht genau, wo ich suchen sollte. Ich begann damit, allgemeine Suchbegriffe einzugeben wie „Erfolg", „Persönlichkeitsentwicklung" oder „Immobilien". So stieß ich auf verschiedene Podcasts und Bücher, die diese Themen behandeln. Dabei hörte ich immer in mehrere hinein, um zu prüfen, ob mir die Stimme des Sprechers gefiel und ob der Inhalt für mich relevant war. Es gab viele Podcasts und Bücher, die ich begann, aber wieder abbrach, weil sie nicht zu mir passten oder weil ich merkte, dass ich das Thema bereits kannte.

Der wichtigste Schritt war, mich nicht entmutigen zu lassen, wenn ein Podcast oder Buch nicht meinen Erwartungen entsprach. Stattdessen suchte ich kontinuierlich weiter. Oft fand ich durch Empfehlungen von anderen Menschen, die bereits erfolgreich in dem Bereich waren, neue, wertvolle Ressourcen. Durch Gespräche und Bewertungen konnte ich meine Auswahl verfeinern und gezielt Inhalte konsumieren, die mich wirklich weiterbrachten.

Auf wenige Schlagwörter heruntergebrochen, richte Dein Mindset an diesen fünf goldenen Regeln für Erfolg aus:

1. **Keine Opferstory:**
   Hör auf zu jammern, sonst bist Du eine Zumutung für andere. Das brachte mir bereits mein damaliger Mentor bei.

2. **Keine Rechtfertigungen:**
   Rechtfertige Dich vor nichts und niemandem, außer vor Deinem kindlichen Ich, das Träume hatte, und Deinem Zukunfts-Ich, das weiß, welches Potenzial in Dir steckt.

3. **Kein Gelaber:**
   „Tun“ lautet die Devise. Stelle Handlung über Geschwätz. Zu viele Menschen reden nur, anstatt in Aktion zu treten. „An ihren Taten sollt ihr sie erkennen“, steht bereits in der Bibel geschrieben.

4. **Keine Ausreden:**
   Nur das Ergebnis zählt. Mach so lange weiter, bis Du Deine Ziele erreicht hast.

5. **Keine Diskussion:**
   Jeder hat aus seiner Sicht stets recht, daher ist Diskutieren lediglich verschwendete Energie und Zeit.

Änderst Du Dein Mindset, dann änderst Du Dein Leben. Erst, wenn Du wie die Besten denkst, gehörst Du auch zu ihnen.

Erfolg kann jeder.

Harvard Studie[27] zum Thema Mindset

Die Studie von Alia J. Crum und Ellen J. Langer untersucht, ob der Glaube an die gesundheitlichen Vorteile von Bewegung die tatsächliche Gesundheit beeinflussen kann. Sie arbeiteten mit 84 weiblichen Zimmermädchen in sieben Hotels.

Eine Gruppe wurde darüber informiert, dass ihre Arbeit (Reinigung von Hotelzimmern) als gute körperliche Aktivität gilt und den Empfehlungen des Surgeon General entspricht.

Nach vier Wochen zeigten diese Frauen verbesserte Gesundheitswerte, obwohl sich ihr Verhalten nicht änderte. Das zeigt, dass das Mindset einen signifikanten Einfluss auf die Gesundheit haben kann.

[27] Crum, Alia J. and Ellen J. Langer. (2007)

Gerald Hörhan:

„Erfolg heißt Standard of Excellence: hohe Ziele setzen und sie übertreffen. Erfolg bedeutet, dass Du Respekt und Neider bekommst, beides kannst Du Dir nicht kaufen. Erfolgreiche Leute haben Hunger und Drive, wer faul ist muss Dacia *fahren und den Staat um Almosen anflehen!"*

WAS SIND DEINE 3 WICHTIGSTEN ERKENNTNISSE AUS DIESEM KAPITEL?

1

2

3

46. Groß denken lernen und Deine bisherigen Grenzen sprengen

„Die größte Gefahr besteht nicht darin, dass wir uns zu hohe Ziele setzen und sie nicht erreichen, sondern darin, dass wir uns zu niedrige Ziele setzen und sie erreichen."

Michelangelo

Der nächste Schritt auf dem Weg zu stressfreier Persönlichkeitsentwicklung ist das Erlernen des großen Denkens und das Überwinden Deiner bisherigen Grenzen. Viele Menschen setzen sich unbewusst selbst Grenzen, weil sie sich nicht vorstellen können, dass mehr möglich ist. Doch um wirklich voranzukommen, musst Du lernen, über Deine bisherigen Vorstellungen hinauszuwachsen und Dir größere Ziele zu setzen. Ein Top-Unternehmer denkt vollkommen anders als ein Durchschnittsselbstständiger.

Groß denken beginnt mit einer Vision. Erlaube Dir, zu träumen und Dir vorzustellen, was Du wirklich im Leben erreichen möchtest, ohne dabei sofort an mögliche Hindernisse zu denken. Diese Vision sollte inspirierend und motivierend sein, etwas, das Dich jeden Tag antreibt. Sie muss nicht von Anfang an perfekt sein, aber sie sollte Dir eine Richtung geben und Dir zeigen, was Du noch erreichen kannst.

Wo Du Dir also für Dein positives Mindset realistische Ziele gesetzt hast, lade ich Dich nun dazu ein, sogenannte „Stretch Goals" zu setzen. Das sind Ziele, die weit über das hinausgehen, was Du normalerweise erreichen würdest. Sie sollen Dich herausfordern und dazu anregen, neue Wege zu finden und innovative Lösungen zu entwickeln. Selbst wenn Du diese Ziele nicht vollständig erreichst, wirst Du durch den Versuch allein schon deutlich weiter kommen, als wenn Du nur auf das Vertraute und Sicherere setzt.

Schau Dir dafür auch die Menschen an, die bereits das erreicht haben, wovon Du träumst und die um Längen weiter sind, als Du bislang. Modelliere Vorbilder. Analysiere ihre Strategien, Denkweisen und Verhaltensweisen. Lerne von ihren Erfolgen und Fehlern. Solche Vorbilder können Dir zeigen, dass es möglich ist, Großes zu erreichen, und Dir dabei helfen, Deine eigenen Grenzen zu erweitern.

Ich möchte Dir das Konzept meines Zukunfts-Ichs vorstellen: Um dieses Zukunfts-Ich zu gestalten, mach Dir ein klares Bild davon, wer Du in Zukunft sein willst und wie Du leben möchtest. Mein Zukunfts-Ich ist erfolgreicher Einkommensmillionär oder sogar -milliardär, angesehen, respektiert, ehrlich und standhaft. Dieses Ich weist alle Eigenschaften auf, die ich in meinem Leben erreichen will.

Stell Dir vor, wie Dein zukünftiges Ich denkt, handelt und Entscheidungen trifft. Diese Vision hilft Dir, Deine aktuellen Handlungen und Entscheidungen zu reflektieren und entsprechend anzupassen.

Wann immer Du vor einer wichtigen Entscheidung stehst, frag Dich: „Wie würde mein Zukunfts-Ich in dieser Situation handeln?" Diese Perspektive hilft Dir, die richtige Entscheidung zu treffen und den Mut zu fassen, neue Herausforderungen anzunehmen. **Ruf Dir Dein Zukunfts-Ich regelmäßig ins Gedächtnis. Auf diese Weise kannst Du Dich selbst coachen und Dein Verhalten an die Denkweise dieses zukünftigen Erfolgs-Ichs anpassen.**

Ein Beispiel dafür, wie ich mein Zukunfts-Ich nutzte, um bessere Entscheidungen zu treffen, ist folgendes: Eines Abends stand ich vor der Entscheidung, ob ich mir eine Pizza gönnen sollte. Mein aktuelles Ich hatte große Lust darauf, aber ich fragte mich: „Was würde mein Zukunfts-Ich, das zehn Kilogramm leichter ist, tun?" Mein zukünftiges Ich, das das Ziel bereits erreicht hat, das ich mir gesetzt hatte, würde natürlich keine

Pizza essen. Schließlich will es sich seinen Traum-Body bewahren. Also entschied ich mich gegen die kalorienreiche Leckerei und war zufrieden mit meiner Entscheidung.

Die Methode, Dir ein klares Bild von Deinem Zukunfts-Ich zu schaffen, dient nicht nur dazu, kurzfristige Entscheidungen wie die Wahl zwischen Pizza und einer gesünderen Alternative zu treffen, sondern ist auch ein mächtiges Werkzeug für langfristiges Selbstcoaching. Indem Du Dir regelmäßig Dein zukünftiges Ich vorstellst und seine Denkweise übernimmst, kannst Du Deine täglichen Handlungen gezielt auf Deine langfristigen Ziele ausrichten.

Um Dich selbst zu coachen, beginne damit, ein detailliertes Bild Deines Zukunfts-Ichs zu erstellen. Überlege Dir, wie Du in fünf, zehn oder zwanzig Jahren sein möchtest. Welche Ziele hast Du erreicht? Welche Gewohnheiten und Routinen hast Du entwickelt? Wie gehst Du mit Herausforderungen um? Schreibe diese Vision auf und halte sie Dir regelmäßig vor Augen. So wird Deine Vorstellung zum konkreten und motivierenden Leitbild.

Wenn Du Dich vor Entscheidungen fragst, wie Dein Zukunfts-Ich in dieser Situation handeln würde, reflektierst Du automatisch Dein Verhalten bewusster und vermeidest es, Deine eigene Zielerreichung durch kurzfristigen Lohn zu sabotieren. **Wenn Dein zukünftiges Ich beispielsweise regelmäßig Sport treibt, kannst Du Dich motivieren, auch heute aktiv zu sein, selbst wenn Dir gerade nicht danach zumute ist.** Dein Zukunfts-Ich wird zu einem Mentor, der Dich bei Deinen täglichen Entscheidungen leitet.

Ein weiterer Aspekt des Selbstcoachings durch Dein Zukunfts-Ich ist die Entwicklung von Resilienz und Durchhaltevermögen. Dein zukünftiges Ich hat wahrscheinlich viele Rückschläge überwunden und aus Fehlern gelernt. Nimm diese Perspektive ein, sieh Rückschläge in der Gegenwart als Lernmöglichkeiten und lass Dich nicht entmutigen. Du kannst Dir bereits vorstellen, wie Du in Zukunft auftrittst, deshalb weißt Du, dass jeder

Schritt, ob vorwärts oder rückwärts, Teil des größeren Prozesses des Wachstums und der Entwicklung ist.

Auch das Setzen und Verfolgen von Zielen wird durch Dein Zukunfts-Ich unterstützt. Rufe Dir regelmäßig Deine langfristigen Ziele ins Gedächtnis und visualisiere Dir die Erfolge Deines zukünftigen Ichs. So bleibst Du motiviert und fokussiert. Das hilft Dir, Deine täglichen Aufgaben und Prioritäten klarer zu sehen und konsequent an Deinen Zielen zu arbeiten.

Das Selbstcoaching durch Dein Zukunfts-Ich fördert außerdem eine positive Einstellung und stärkt Dein Selbstvertrauen. Wenn Du Dir vorstellst, wie erfolgreich und zufrieden Du in der Zukunft sein wirst, kannst Du diese positive Energie in die Gegenwart bringen. Das gibt Dir die Kraft und das Vertrauen, neue Herausforderungen anzunehmen und Deinen Weg entschlossen zu gehen.

Mit diesen Techniken erlaubst Du Dir aktiv, groß zu denken und Deine bisherigen Grenzen zu sprengen. Dein Zukunfts-Ich ist bereits deutlich über Dein jetziges Ich hinausgewachsen. Du weißt also, dass Dein Erfolg zum Greifen nahe ist. Natürlich stoßen diese Techniken des Selbstcoachings immer irgendwann an ihre Grenzen, und zwar an die Grenzen Deiner Vorstellungskraft. Daher ist gerade das Erarbeiten des Zukunfts-Ichs eine Technik, die Du nicht alleine tun solltest, sondern gemeinsam mit einem Coach.

„Es ist nie zu spät so zu sein, wie man gerne gewesen wäre."

George Eliot

Selbst *South Park*[28] kennt das Konzept des Zukunfts-Ichs

In der *South Park*-Folge „*My Future Self n' Me*" (Staffel 6, Episode 16) erscheint ein 32-jähriger Mann, der behauptet, der zukünftige Stan zu sein. Dieser Besuch zwingt den jungen Stan dazu, sich mit der Möglichkeit auseinanderzusetzen, dass er in der Zukunft ein Versager werden könnte. Die Episode thematisiert auf humorvolle Weise die Ängste und Unsicherheiten, die man hinsichtlich seiner Zukunft haben kann und wie bereits Kinder durch das Verhalten ihrer Eltern und die Erwartungen der Gesellschaft beeinflusst werden.

WAS SIND DEINE 3 WICHTIGSTEN ERKENNTNISSE AUS DIESEM KAPITEL?

1

2

3

[28] *South Park* (2002)

47. Risiken sind unvermeidbar

Am Anfang dieses Buches hast Du gelernt, dass uns Ängste zurückhalten und Erfolg verhindern, weil sie uns Grenzen auferlegen. Dieses Wissen ist auch für Deine weitere Persönlichkeitsentwicklung relevant, und zwar weil Du bereit sein musst, Risiken einzugehen.

Wachstum findet außerhalb der Komfortzone statt. Das bedeutet, dass Du nur wächst, wenn Du neue Wege gehst und Dich Unbekanntem stellst. Natürlich bedeutet das auch, dass Fehler passieren können, aber die sind bekanntlich keine Rückschläge, sondern Lernmöglichkeiten. Jede Herausforderung, die Du meisterst, stärkt Dein Vertrauen in Deine Fähigkeiten und zeigt Dir, dass Du mehr erreichen kannst, als Du vielleicht gedacht hast.

In jedem Unterfangen, das für Dich neu ist und nach hochgesteckten Zielen strebt, sind gewisse Risiken unvermeidbar. Lass Dich von der Angst vor solchen Risiken aber nicht vom eigentlichen Unterfangen und Deinem Streben nach Erfolg abhalten. Hast Du Bedenken darüber, ob Dich Risiken komplett aus der Bahn werfen könnten, dann suche Dir einen Mentor, der Dir weiterhelfen kann.

Durch die Unterstützung durch andere stärkst Du nicht nur Dein Selbstvertrauen und minderst Deine Angst, sondern begegnest auch aktiv jeglichen Risiken, die Deinen Erfolg beeinträchtigen könnten. Suche Dir einen Mentor oder Coach, der Dir hilft, Deine Vision zu schärfen und Deine Fortschritte zu verfolgen. Jemanden, der im Bereich der Glaubenssätze besonders stark ist, schon ein paar Schritte weiter ist als Du und Dich auf dem Weg begleitet. Ein Mentor, der bereits auf dem Baum ist, auf den Du klettern möchtest und Dir hilft, die besten Lianen zu finden, um so schnell wie möglich auch auf diesen Baum zu gelangen. Im Idealfall kann Dir dieser Mentor auch eine Sicherheitsleine bieten, damit Du nicht abstürzt.

So habe ich meinen ersten Coach gefunden ...

Während meiner Zeit bei der Polizei fand ich meinen ersten Coach auf direktere Art und Weise, als man vielleicht denken würde. Es war kein Podcast-Autor und kein YouTuber, sondern ein Kollege, der sich zu dem Zeitpunkt bereits mit Immobilien und anderen Investments beschäftigte. Bei einem Polizeieinsatz in Freiburg drückte er mir mein erstes Buch zum Thema Persönlichkeitsentwicklung in die Hand. Es war das bereits erwähnte „Reich wie die Geissens“ und öffnete mir die Augen für neue Möglichkeiten.

Der ehemalige Kollege machte sich nach einiger Zeit in der Coaching-Branche selbstständig und hielt regelmäßig Seminare ab. Allerdings hatte ich normalerweise keine Gelegenheit, teilzunehmen, da ich bei der Polizei pro Jahr nur vier freie Wochenenden ohne Bereitschaftsdienst hatte. Also legte er eines seiner Seminare genau auf eines dieser Wochenenden, was mir die Teilnahme ermöglichte. Direkt darauf entschied ich mich, mit ihm zusammenzuarbeiten.

Diese Erfahrung zeigte mir, dass der richtige Coach zur richtigen Zeit in Dein Leben tritt, vorausgesetzt, Du bist offen dafür und begibst Dich in Umgebungen, wo solche Begegnungen möglich sind.

… und so wirst Du Deinen Coach finden

Um Deinen eigenen Coach zu finden, solltest Du also die Zeichen deuten können und Dich verfügbar machen. Suche aktiv nach Möglichkeiten und zeig Dich offen für neue Begegnungen.

Besuche Veranstaltungen und Seminare, die Dein Interesse wecken und Dir ermöglichen, mit Menschen in Kontakt zu treten, die ähnliche Ziele wie Du haben. Dann aber such Dir Personen, die bereits weiter auf ihrem Weg sind und die bereit sind, ihre Erfahrungen zu teilen. Auf diese Weise habe ich weitere meiner Mentoren auf Immobilienstammtischen kennengelernt. Diese Teilnehmer hatten bereits mehrere Wohnungen und konnten mir mit ihrem Wissen und ihren Erfahrungen weiterhelfen.

Eine weitere Möglichkeit, den richtigen Coach zu finden, ist die Nutzung von Online-Ressourcen. *Facebook*-Gruppen, Online-Communitys und virtuelle Stammtische bieten zahlreiche Gelegenheiten, sich mit Gleichgesinnten zu vernetzen und wertvolle Kontakte zu knüpfen. Auch Online-Kurse und Webinare können eine gute Einstiegshilfe bieten, um erste Einblicke zu gewinnen und potenzielle Mentoren kennenzulernen.

Du musst ganz einfach proaktiv auf Menschen zugehen und sie fragen, ob sie bereit sind, Dir zu helfen. Viele erfolgreiche Menschen sind offen dafür, ihr Wissen weiterzugeben, solange sie sehen, dass Du ernsthaft interessiert und bereit bist, an Dir zu arbeiten. Suche Dir daher Personen, die das erreicht haben, was Du anstrebst, und trau Dich, sie anzusprechen.

Lass Dich auf den weiteren Prozess ein. Ein guter Coach wird Dir helfen, Deine blinden Flecken zu erkennen und Dich dabei unterstützen, Deine Ziele zu erreichen. Indem Du Dich mit erfahrenen Mentoren umgibst, kannst Du von deren Wissen und Erfahrungen profitieren, Deinen eigenen Weg deutlich schneller gehen und jegliche Risiken vermeiden.

Was zeichnet nun einen guten Coach aus?

1. Ein Coach ohne einen Coach ist aus meiner Sicht kein richtiger Coach.
2. Positives Kundenfeedback.
3. Sichtbarkeit auf Social Media.
4. Prüfe das Angebot des Coaches und fühle in Dich hinein, um zu sehen, ob es sich für Dich richtig anfühlt und zu Dir passt.

Natürlich kannst Du auch auf das Netzwerk bereits bekannter Coaches zurückgreifen, um durch sie Deinen perfekt passenden Coach zu finden. Melde Dich für tiefere Einsichten in Deine Lern- und Entwicklungsmöglichkeiten!

Melde Dich an:

WAS SIND DEINE 3 WICHTIGSTEN ERKENNTNISSE AUS DIESEM KAPITEL?

(1)

(2)

(3)

48. Loslassen können: Freiheit beginnt im Kopf

„Erfolg hat drei Buchstaben: TUN."

Johann Wolfgang von Goethe

Etwas, das gute Mentoren in uns anstoßen, ist die Fähigkeit, über das bisher Gelernte hinauszuwachsen und alte Strukturen loszulassen. Loslassen ist eine der wichtigsten Fähigkeiten, um ein stressfreies und erfülltes Leben zu führen.

Oft halten wir an Dingen fest, die uns belasten, sei es aus Gewohnheit, Angst vor Veränderung oder weil wir glauben, dass wir ohne sie nicht auskommen.

Doch Freiheit beginnt im Kopf – und Loslassen ist der Schlüssel dazu.

Ein wichtiger Aspekt des Loslassens ist die Fähigkeit, negative Gedanken und Emotionen ziehen zu lassen. Wir alle haben Erlebnisse, die uns belasten und im Kopf kreisen. Diese Gedanken loszulassen bedeutet, sich von Ballast zu befreien und Platz für Neues zu schaffen.

Mach Dir bewusst, dass Du nicht alles kontrollieren kannst und dass es okay ist, Dinge geschehen zu lassen, ohne sich daran festzuklammern. Das bedeutet nicht, dass Du gleichgültig wirst, sondern dass Du Dich nicht länger von Vergangenem beherrschen lässt.

Erfolg kann jeder.

Die Wahrheit über unsere Gedanken: neue Erkenntnisse aus der Hirnforschung[29]

Denken ist ein äußerst komplexer Prozess, bei dem jeder Gedanke sowohl elektrische als auch biochemische Reaktionen im Gehirn und Körper auslöst. Traditionell finden sich in der Literatur Angaben, dass der Mensch täglich etwa 60.000 bis 80.000 Gedanken hat. Dabei sollen 24 % dieser Gedanken negativ, 3 % positiv und der Rest neutral sein, was bedeuten würde, dass wir durchschnittlich achtmal mehr negative als positive Gedanken haben. Unter Stress könnte der Anteil negativer Gedanken sogar auf bis zu 70 % ansteigen.

Offenbar schwankt die Anzahl der täglichen Gedanken, denn andere Studien, wie eine aus dem Jahr 2020, die 184 Teilnehmer umfasste, legt nahe, dass wir eher rund 6.000 Gedanken pro Tag haben. Aber egal ob 6.000 oder 60.000 – es sind mehr als genug Gedanken und wenn Du es schaffst, nur einen kleinen Teil davon positiv zu beeinflussen, bist Du Deinem Erfolg bereits einen Riesenschritt nähergekommen.

Neben negativen Gedanken überdenke auch alte Gewohnheiten und Verhaltensweisen und lass diejenigen los, die nicht mehr zu Dir passen. **Das Loslassen alter Muster ist oft der erste Schritt zu persönlichem Wachstum.** Indem Du Dich von dem trennst, was Dir nicht mehr dient, öffnest Du Dich für neue Möglichkeiten und Entwicklungen. Dieser Prozess erfordert Mut und Selbstreflexion, aber er ist notwendig, um wirklich frei und erfüllt zu leben.

Schneiden und Wachsen.

Stell Dir eine Hecke oder eine Rasenfläche vor, die nicht regelmäßig getrimmt wird: Sie dünnt aus, verlottert und verliert nicht nur ihren visuellen Reiz, sondern nach und nach auch ihre Kraft. So paradox es auch erscheint: Manche Dinge wachsen

[29] Akademie für Neuromentaltraining (2020)

besser, wenn das Alte regelmäßig weggeschnitten wird, damit das Neue nachkommen kann. Das gilt für Pflanzen genauso wie für Dein Mindset und Dein Umfeld.

Sobald Du angefangen hast, alte Verhaltensmuster zu überdenken, wirst Du sicher auch auf viele materielle Dinge stoßen, die Du loslassen kannst, weil sie Dir nicht mehr dienlich sind. Viele Menschen halten an Gegenständen fest, weil sie ihnen Sicherheit oder Status verleihen. Doch in Wirklichkeit belasten uns diese Dinge oft mehr, als dass sie uns helfen. Ein bisschen Minimalismus kann hier ein befreiender Ansatz sein.

Auch wenn ich kein Verfechter von striktem Minimalismus bin, sondern die Meinung vertrete, dass wir alles haben können, was wir wollen, frag Dich doch bei einigen Dingen im Leben, ob Du sie wirklich brauchst und auch nutzt. Weniger besitzen bedeutet weniger Ballast und mehr Raum für das Wesentliche im Leben. Das hilft Dir dabei, Dich auf das zu konzentrieren, was wirklich zählt, und den Rest loszulassen.

Das betrifft auch zwischenmenschliche Beziehungen. Manchmal halten wir an Beziehungen fest, die uns nicht guttun, sei es aus Angst vor Einsamkeit oder Gewohnheit. Doch wahre Freiheit bedeutet, sich von solchen Beziehungen zu lösen und sich mit Menschen zu umgeben, die uns wirklich unterstützen und inspirieren, so wie ich es Dir weiter oben dargelegt habe. Das erfordert Mut, ist aber ein wichtiger Schritt zu einem erfüllteren und erfolgreichen Leben.

**Umgib Dich mit Deinen Fans
und Deinen Mentoren.**

Trau Dich, wage es, loszulassen. Du wirst schnell feststellen, wie ungemein befreiend es sich anfühlt, nicht mehr von unnützem Ballast umgeben zu sein. Schaffe stattdessen Raum für Deine persönliche Entwicklung, halte Deine Energie auf einem hohen Level und richte Dich nach Deinem Erfolg.

WAS SIND DEINE 3 WICHTIGSTEN ERKENNTNISSE AUS DIESEM KAPITEL?

1

2

3

49. Gedankenkarussell: den inneren Dialog meistern

„Beherrsche Deinen Geist oder dieser wird Dich beherrschen."

Horatius

Ein häufiges Hindernis auf dem Weg zu einem stressfreien und erfüllten Leben ist das Gedankenkarussell. Jeder kennt diese endlosen inneren Dialoge, die uns nachts wach halten oder tagsüber unsere Konzentration stören. Sie drehen sich wie ein Karussell im Kreis und laufen doch auf nichts Nützliches hinaus. Solche Gedanken können uns regelrecht überwältigen und lähmen und das Gefühl von Stress und Unruhe verursachen. Doch es gibt Techniken, um den inneren Dialog zu meistern und das Gedankenkarussell zu stoppen.

Erkenne zunächst, dass Gedanken nur Gedanken sind – sie haben keine eigene Macht über Dich, es sei denn, Du gibst sie ihnen. Ein effektiver Weg, dies zu tun, ist die Praxis der Achtsamkeit, und zwar insbesondere der Aspekt des Lebens im Moment. Mach Dir bewusst, was in diesem Moment gerade geschieht, wo Du bist, was Du siehst, riechst, hörst, schmeckst oder fühlst ohne darüber zu urteilen. Wenn ein Gedanke auftaucht, nimm ihn einfach zur Kenntnis und lass ihn dann wieder ziehen. Das erfordert Übung, bringt aber mit der Zeit eine tiefe innere Ruhe mit sich.

Ein weiterer Ansatz ist, den inneren Dialog aktiv zu steuern. Wir neigen dazu, uns auf negative Gedanken zu konzentrieren und diese zu wiederholen. Um dieses Muster zu durchbrechen, führe bewusst positive Gedanken und Affirmationen ein. Stelle Dir vor, Du würdest mit einem guten Freund sprechen – Wie würdest Du ihn ermutigen und unterstützen? Wende diese positive und unterstützende Sprache auch auf Dich selbst an.

Sprich zu Dir in aufmunternden Sätzen, die Mut machen und die Negativität durchbrechen.

Im Dezember 2020 hatte ich persönlich eine sehr herausfordernde Phase. Wir waren im Winterlockdown, ich stand unter dem Druck, meine Kunden erfolgreich zu machen, Druck, dass meine Mieter weiter ihre Miete zahlen können, Druck in meiner Partnerschaft, weil ich nur noch arbeitete, und dann kam noch hinzu, dass ein Missgönner *YouTube*-Videos über mich veröffentlichte, in denen ich von einer Seite dargestellt wurde, die hinten und vorne nicht stimmte. All das war eine große Last für mich, ich bekam Magenschmerzen, konnte nicht mehr regelmäßig essen und verlor innerhalb weniger Wochen zehn Kilogramm Körpergewicht. In dieser schwierigen Phase wandte ich mich an meinen damaligen Mentor. Ich weiß nicht, wie er es gemacht hat, aber durch ein 30-minütiges Gespräch mit ihm lösten wir einen Punkt nach dem anderen innerlich in mir auf und ich fühlte mich deutlich besser.

Daraufhin gab er mir noch eine Aufgabe für die Zukunft, welche mir sehr geholfen hat und welche ich Dir nicht vorenthalten will: Ich sollte meine Lieblingsmusik aufnehmen und dabei eine Affirmation laut einsprechen. Meine Affirmation lautete: „Ich bin ein Gewinner, ich gewinne immer, komme, was da wolle!“ Die Aufnahme ging sechs Minuten und ich sprach diesen Satz wieder und wieder ein. Diese Aufnahme speicherte ich auf meinem Handy und immer, wenn ich auch nur leichten Druck verspürte, katapultierte mich diese Aufnahme wieder in einen positiven Zustand. Diese Aufnahme wurde zum Anker meiner Positivität.

Es kann auch hilfreich sein, Deine Gedanken aufzuschreiben, so wie ich es Dir am Anfang dieses Buches im Rahmen des Umgangs mit Angst dargelegt habe. Sobald die Gedanken auf dem Papier stehen, fällt es oft leichter, Lösungen für sie zu finden oder zu erkennen, dass die meisten Sorgen völlig unbegründet sind. So gewinnst Du Klarheit und reduzierst die emotionale Last, die durch wiederholtes Grübeln entsteht.

Verstehe außerdem den Ursprung und die Muster Deiner Gedanken. Oft sind sie durch tief verwurzelte Glaubenssätze und frühere Erfahrungen geprägt. Erforsche diese Hintergründe und hinterfrage sie. So beginnst Du damit, die Kontrolle über Deinen inneren Dialog zurückzugewinnen. Beispielsweise kann der Glaube, dass man perfekt sein muss, um Erfolg zu haben, zu einem ständigen inneren Druck führen. Wenn Du diesen Glaubenssatz erkennst und hinterfragst, kannst Du eine realistischere und entspanntere Sichtweise entwickeln.

Ich hatte einen Kunden, der völlig am Ende war, weil sein Gehirn ihm ständig riesige Gefahren vorgaukelte und er sich in dieses Desasterszenario regelrecht hineinsteigerte. Seine Frau hatte ihn verlassen und er musste Unterhalt zahlen. Er war überzeugt, dass er dadurch pleitegehen würde. Wir haben uns daraufhin seine Situation einmal realistisch angeschaut.

Ich fragte ihn, was das Worst-Case-Szenario sei, das er zahlen müsse. Er sagte 3.000 €. Dann fragte ich, was er monatlich verdiene. Er antwortete, 10.000 €. Da sagte ich: „Willst Du mich veräppeln? Du hast immer noch 7.000 € übrig, das ist dreimal so viel, wie die meisten Leute verdienen."

Erst durch diese Analyse wurde ihm bewusst, dass es gar nicht existenziell schlimm ist, bei einem solchen Gehalt 3.000 € Unterhalt zu zahlen. Im Gegenteil, es ist sogar in Ordnung, weil seine Frau ihm die Kinder geschenkt hat, für die er nun jeden Monat zahlt. Vor dieser Erkenntnis hatte sein Gehirn sämtliche Horrorszenarien durchgespielt: „Sie wird Dich ausnehmen, Du wirst pleitegehen, Du kannst nichts mehr bezahlen." Doch diese Ängste waren völlig unbegründet.

Diesem Kunden half ein einfaches, aufweckendes Gespräch über seine tatsächliche Situation. **Der Blick von außen wirkt oft genug Wunder.** Daneben kann aber auch körperliche Aktivität dabei helfen, das Gedankenkarussell zu stoppen. Bewegung und Sport setzen Endorphine frei, die Stress abbauen und das allgemeine Wohlbefinden verbessern. Manchmal kann eine einfache Aktivität wie ein Spaziergang an der frischen Luft

Wunder wirken, um den Geist zu beruhigen und neue Perspektiven zu gewinnen.

Konzentriere Dich auf die positiven Dinge und lass negative Gedanken bewusst los. Begib Dich aktiv in positive Energie und verdeutliche Dir immer wieder Dein „Warum“. Wenn Du merkst, dass Du in ein Selbstsabotage-Programm verfällst, erinnere Dich daran, warum Du Deine Ziele erreichen möchtest und was Dich daran begeistert. So befreist Du Dich selbst aus negativen Gedankenspiralen, erhältst Deine Motivation aufrecht und kommst Deinem Erfolg ein gutes Stück näher.

WAS SIND DEINE 3 WICHTIGSTEN ERKENNTNISSE AUS DIESEM KAPITEL?

1

2

3

50. Umsetzungsgeschwindigkeit: Ideen schnell realisieren

„Der Langsamste, der sein Ziel nicht aus den Augen verliert, geht immer noch schneller als der, der ohne Ziel herumirrt."

Gotthold Ephraim Lessing

Ein entscheidender Faktor für den Erfolg und die stressfreie Persönlichkeitsentwicklung ist die Fähigkeit, Ideen schnell in die Tat umzusetzen. Mit Ideen verhält es sich ähnlich wie mit Erlerntem: Wissen muss es in die Praxis schaffen und Ideen müssen Realität werden.

Oftmals verbringen wir zu viel Zeit damit, zu planen und zu analysieren, anstatt eine Idee einfach auszuprobieren. Dabei ist es die Umsetzungsgeschwindigkeit, die den Unterschied macht, nicht die Perfektion der Planung.

Die besten Ideen nützen nichts, wenn sie nicht umgesetzt werden. **Eine der wichtigsten Fähigkeiten erfolgreicher Menschen ist daher ihre Umsetzungsstärke.** Sie wissen, dass der perfekte Moment nie kommt und dass es wichtiger ist, überhaupt zu starten, als alles bis ins kleinste Detail durchdenken zu wollen.

Ein schneller Start ermöglicht es, Erfahrungen zu sammeln und das Vorhaben kontinuierlich anhand von echten Ergebnissen zu verbessern.

Erfolgreiche Menschen treffen schnelle Entscheidungen.

Die folgenden Punkte machen erfolgreiche Menschen anders als andere Menschen:

- **Schnelle Umsetzung:** Bring Deine PS auf die Straße, statt sie in der Garage versauern zu lassen!
- **No-Limits-Gedanken:** Es gibt keine Obergrenze für Deinen persönlichen Erfolg!
- **Schriftlichkeit:** Was aufgeschrieben ist, musst Du nicht im Kopf behalten.
- **Durchhaltevermögen:** Es gewinnt der, der einmal öfter aufgestanden ist als sein Gegner.
- **Learning by earning:** Lerne durch praktische Arbeit.
- **Berater holen:** Selbst – oder insbesondere – die Besten haben Berater.
- **Kein Perfektionismus:** Lieber imperfekt tätig, als perfekt untätig.
- **Leben in der Lage:** Du kannst nicht immer alles kontrollieren, aber wenn Du vorbereitet bist, kannst Du optimal reagieren.
- **Belohnungen:** Wer etwas leistet, verdient etwas.
- **Extrameile gehen:** 100 % ist normal, 110 % ist der Anspruch.
- **Aufgeben ist keine Option:** Der sichere Weg, KEINEN Erfolg zu haben, ist, aufzugeben.
- **Zielstrebigkeit:** Wisse, wohin Du willst.
- **Regelmäßige Kontrolle:** Bist Du noch auf dem richtigen Weg?
- **Klares Warum:** Dein Antrieb, Deine Motivation, Dein Warum – sie bringen Dich zum Erfolg!

Was Deine Idee mit einem Säbelzahntiger zu tun hat

Während meiner Zeit bei der Polizei lernte ich die Bedeutung der Umsetzungsgeschwindigkeit kennen, insbesondere durch die 72-Stunden-Regel. Diese Regel besagt, dass die Wahrscheinlichkeit, eine Idee umzusetzen, auf unter 5 % sinkt, wenn man innerhalb von 72 Stunden nach der Ideenfindung keinen ersten Schritt in Richtung Umsetzung macht. Mein Mentor ging sogar noch weiter und sprach von der **Nullstunden-Regel: Man soll sofort handeln, wenn man eine Idee hat und überhaupt nicht damit warten.**

Das Konzept dahinter ist einfach: Je länger Du wartest, desto mehr Zweifel und Ängste schleichen sich ein, die den Handlungsimpuls ersticken können. Wenn Du sofort handelst, gibst Du diesen negativen Gedanken gar keine Chance, sich zu manifestieren.

Dieser erste Handlungsimpuls basiert auf der Intuition. Sie sagt Dir, wann sich etwas gut anfühlt und direkt ein erster Schritt gemacht werden sollte. Nach der Intuition setzt der Verstand ein, der deutlich kritischer ist und von vielen unnützen Zweifeln belastet wird. Kommst Du nicht schnell genug ins Handeln, übertönt Dein Verstand Deine Intuition. **Der unmittelbare Aktionsschritt hilft Dir stattdessen, die Idee in die Realität umzusetzen, bevor der Verstand die Gelegenheit hat, sie zu sabotieren.**

Unsere Intuition ist ein evolutionär bedingtes Werkzeug, das Menschen in Gefahrensituationen schnell handeln lässt. Ein Beispiel aus der Frühgeschichte ist die Begegnung mit einem Säbelzahntiger: Anstatt lange zu überlegen, in welche Richtung man rennen soll, sagt einem die Intuition sofort: „Links! Und dann rauf auf den Baum!". **Unsere Intuition weiß nämlich immer, was das Beste für uns ist, egal, ob wir uns das rational erschließen können oder nicht. Sie ist ein Überlebensmechanismus, der uns vor Gefahren schützt.** Wenn man zu lange zögert und über eine Entscheidung nachdenkt, kommen Zweifel auf und man verschwendet wertvolle Zeit. Im schlimmsten Fall rennt man nach links, dann doch nach rechts und endet als Katzenfutter. Deshalb ist es besser, schnell eine Entscheidung zu treffen und auf die Intuition zu hören, da diese grundsätzlich den richtigen Weg weist.

Wenn Du zu lange wartest und anfängst zu zweifeln, gibst Du der potenziellen Gefahr mehr Raum und vergrößerst sie dadurch. Das Gehirn neigt dazu, potenzielle Gefahren größer erscheinen zu lassen, je mehr Raum man ihnen gibt. Das Gehirn konstruiert dann immer mehr Gefahren, die oft unbegründet sind.

Je mehr Zeit Du Dir lässt, desto präsenter und dominanter werden die Gefahren in Deinen Gedanken. Das führt dazu, dass Du Dich von der Intuition entfernst und in eine Spirale aus Zweifeln und Angst gerätst. Frage Dich ehrlich, wie viele Entscheidungen, die Du in solchen Fällen getroffen hast, wirklich gut für Dich waren und wie viele nicht.

Jede Verzögerung erhöht also die Wahrscheinlichkeit, dass Du letztendlich gar nicht handelst. Das führt zu verpassten Gelegenheiten und einem Verlust an Selbstvertrauen. Schnelle Entscheidungen hingegen ermöglichen es Dir, in Aktion zu treten und voranzukommen, ohne Dich von hypothetischen Gefahren ablenken zu lassen.

Priorisierung und Deadlines

Hast Du dann einmal Fahrt aufgenommen und setzt Ideen um, anstatt sie im stillen Kämmerlein verkümmern zu lassen, dann priorisiere Deine Ideen und erhöhe Deine Umsetzungsgeschwindigkeit mit verschiedenen Techniken weiter.

Nutze für die Priorisierung zum Beispiel das zuvor angesprochene Pareto-Prinzip, laut dem 80 % der Ergebnisse mit 20 % des Aufwands erreicht werden. Fokussiere Dich auf die wichtigsten Aufgaben, die den größten Unterschied machen, und vermeide Perfektionismus bei den weniger wichtigen Details. Durch dieses Vorgehen kommst Du schneller voran und lieferst trotzdem hohe Qualität.

Aufgaben, die keine direkte Priorität haben, delegierst Du am besten. Niemand kann alles alleine machen und der Versuch, das zu tun, führt oft zu Verzögerungen und Stress. Lerne, Aufgaben zu delegieren und vertraue darauf, dass andere diese genauso gut oder sogar besser erledigen. Das gibt Dir mehr Zeit und Energie, um Dich auf die wirklich wichtigen Aspekte Deines Projekts zu konzentrieren.

Für alle anfallenden Aufgaben planst Du anschließend eine Deadline. Klare, kurzfristige Deadlines sind ein weiteres wirksames Mittel zur Steigerung der Umsetzungsgeschwindigkeit. Anstatt Dir vage Ziele für die ferne Zukunft auszumalen, lege konkrete Fristen für die einzelnen Schritte Deines Projekts fest. Kurze Deadlines erzeugen einen gesunden Druck, der Dich dazu bringt, zügig zu arbeiten und Entscheidungen zu treffen, anstatt Dinge aufzuschieben.

Konzentriere Dich beim Abarbeiten Deiner Aufgaben jeweils nur auf einen Aufgabenschwerpunkt. Multitasking ist ein häufiger Fehler, der die Umsetzungsgeschwindigkeit verlangsamt. Statt mehrere Aufgaben gleichzeitig zu bearbeiten, konzentriere Dich jeweils auf eine Aufgabe und schließe diese ab, bevor Du zur nächsten übergehst. Dieser Ansatz, bekannt als Single-Tasking, erhöht die Effizienz und führt zu besseren Ergebnissen in kürzerer Zeit.

Wann immer Du dann eine Idee umgesetzt hast, überprüfe das Ergebnis und pass die Umsetzung gegebenenfalls an. Reflektiere, was gut gelaufen ist und was verbessert werden muss. Schon bei der Polizei lernte ich das VAN-Modell kennen: Vorbereitung, Aktion, Nachbereitung. Jeder dieser drei Schritte ist essenziell, um bestmögliche Ergebnisse und Deinen Erfolg zu erreichen. Durch kontinuierliches Feedback optimierst Du Deine Prozesse und schaffst es, bei zukünftigen Projekten sogar noch schneller und effektiver vorzugehen.

WAS SIND DEINE 3 WICHTIGSTEN ERKENNTNISSE AUS DIESEM KAPITEL?

1

2

3

51. Umgang mit Rückschlägen: Resilienz entwickeln

> *„Es gibt mehr Leute, die kapitulieren, als solche, die scheitern."*
>
> Henry Ford

Du bist nun auf dem besten Weg, Deine Persönlichkeitsentwicklung voranzutreiben. Nun bleibt es nicht aus, dass Du mit Rückschlägen konfrontiert wirst. Kaum etwas im Leben läuft geradlinig und ständig wie geplant. Wir alle machen Fehler, geraten in Sackgassen, fallen hin und schürfen uns die Knie. Damit solche Rückschläge im Rahmen der Persönlichkeitsentwicklung nicht zu Stress ausarten, benötigst Du eine gewisse Widerstandskraft, sprich Resilienz. **Jeder erlebt Rückschläge, aber es kommt darauf an, wie man auf sie reagiert. Resilienz - die Fähigkeit, sich von schwierigen Situationen schnell zu erholen - ist der Schlüssel, um trotz Herausforderungen weiter voranzukommen und letztlich erfolgreich zu sein.**

Rückschläge sind unvermeidlich, aber sie müssen nicht das Ende Deines Fortschritts bedeuten. Statt Dich von ihnen entmutigen zu lassen, sieh sie als Lernmöglichkeiten. Jeder Rückschlag enthält wertvolle Lektionen darüber, was nicht funktioniert hat und wie Du es das nächste Mal besser machst. Diese Perspektive hilft Dir, aus jedem Misserfolg gestärkt hervorzugehen.

Der bedeutendste Glaubenssatz, den ich in meinem Leben zur Stärkung meiner Resilienz nutze, ist: **Alles im Leben ist FÜR mich.** Alles geschieht zu meinen Gunsten, egal ob es im ersten Moment danach aussieht. Wenn Du diesen Glaubenssatz verinnerlichst, dann sind Herausforderungen gewollt und Teil des Weges.

Ein guter Freund von mir hatte zum Beispiel immer den Traum, zum SEK zu gehen. Doch kurz bevor er diesen Traum verwirklichen konnte, bekam er eine Herzmuskelentzündung. Er musste sich erholen und als er wieder fit war, versuchte er es noch einmal. Doch erneut traf ihn eine weitere Herzmuskelentzündung. Der Arzt riet ihm, den Traum vom SEK aufzugeben und sich eine andere, weniger körperlich anstrengende Tätigkeit zu suchen.

In dieser schwierigen Phase seines Lebens begann er sich intensiv mit Investments und Aktien zu beschäftigen. Er dachte darüber nach, was er tun könnte, wenn er tatsächlich nie wieder als Polizist arbeiten könnte. Diese Beschäftigung mit Finanzthemen wurde zu seiner neuen Leidenschaft.

Heute arbeitet er als Coach für Selbstständige und ist in diesem Bereich sehr erfolgreich. Er weiß, dass er erst durch die Herzmuskelentzündungen und die scheinbare Niederlage auf diesen neuen Weg aufmerksam wurde. Die gesundheitlichen Rückschläge waren notwendig, um ihn auf den richtigen Pfad zu führen. Damals war es das Schlimmste für ihn, zu hören, dass er nicht zum SEK konnte, aber im Nachhinein erkannte er, dass diese Herausforderung ihm geholfen hat, sein wahres Potenzial zu entdecken und zu nutzen.

Nicht umsonst gibt es die sogenannte „Burnt Toast Theory" (Theorie des verbrannten Toastbrots): Wenn Du morgens Dein Toast im Toaster verbrennst und ein neues toasten musst, dann ist diese gefühlt verschwendete Zeit eigentlich Deine Rettung. Aufgrund dieser Minuten, die Du länger brauchst, gerätst Du zum Beispiel nicht in einen Autounfall oder triffst jemanden, der eine wichtige Person in Deinem Leben wird. Es gibt noch weitere ähnliche Theorien, doch sie alle besagen das Gleiche:

Was auch immer passiert, ist zu Deinem Besten – Du weißt es oft nur nicht.

Dieses Wissen und die Akzeptanz Deiner scheinbaren Rückschläge sind ein wesentlicher Schritt hin zur Entwicklung einer stärkeren Resilienz. Gestehe Dir ein, dass Rückschläge ein natürlicher Teil des Lebens sind, und begegne ihnen mit einem positiven Mindset. Sie zu leugnen oder sich gegen sie zu wehren, führt nur zu Stress. Akzeptiere, dass Fehler passieren, und nutze diese Gelegenheiten, um Dich weiterzuentwickeln. **Frage Dich nicht, warum Dir etwas passiert ist, sondern wofür es passiert und was gut daran ist.**

Der Normalo gibt beim ersten Widerstand auf – der Erfolgreiche macht weiter. Frage Dich immer, wenn Du zweifelst, warum Du damals gestartet bist. Was ist Dein Warum?

Du hast erst verloren,
wenn Du aufgegeben hast. Never ever give up!

Minimiere Ablenkungen und halte Deinen Fokus aufrecht. Positives Denken spielt also auch hier eine große Rolle. Anstatt Dich auf das Negative zu konzentrieren, suche aktiv nach positiven Aspekten und Möglichkeiten. Das bedeutet nicht, die Schwierigkeiten zu ignorieren, sondern einen konstruktiven Ansatz zu wählen und Dir zu überlegen, wie Du das Beste aus einem Rückschlag machen kannst. Fokussiere Dich darauf, was Du kontrollieren und welche Schritte Du unternehmen kannst, um trotzdem weiter voranzukommen.

Ein positives Mindset ist bereits die halbe Miete. Um dann neben Deinem Kopf auch Deinen Körper noch vor unnötigem Stress zu bewahren, rate ich Dir in Zeiten der Herausforderung zur aktiven Selbstfürsorge. Achte in diesen Zeiten ganz besonders auf Deine gesunde Ernährung, ausreichend Schlaf, Bewegung und regelmäßige Entspannung. Selbstfürsorge stärkt Deine Widerstandsfähigkeit und gibt Dir die Energie, die Du benötigst, um mit Rückschlägen bestmöglich umzugehen.

Am Ende sind Rückschläge eine Challenge, die Dich wachsen lässt. Ein Leben ohne Hindernisse wäre langweilig und würde Dir keine neuen Fähigkeiten oder Erkenntnisse beibringen. Wenn immer alles glatt läuft, hast Du keine Möglichkeit, Dich weiterzuentwickeln und Deine Grenzen zu erweitern. Deine

Persönlichkeitsentwicklung hängt also ganz konkret von den Rückschlägen ab, mit denen Du Dich auseinandersetzt.

Rückschläge zwingen uns, aus unserer Komfortzone auszubrechen und neue Lösungen zu finden. Sie machen das Leben interessant und herausfordernd. Nur dank ihnen schöpfen wir das volle Potenzial unseres Lebens aus. Betrachte Rückschläge deshalb nicht als Misserfolge, sondern als wertvolle Gelegenheiten, die Dich stärker und klüger machen.

Wenn Du nicht weißt, wie es ist unzufrieden zu sein, hättest Du auch nicht den Drang, noch zufriedener sein zu wollen. Zur Sonne gehört nun einmal auch der Schatten!

Ein interessanter Artikel von *GEO Plus*[30] zum Thema Rückschläge

Der Artikel „Besser scheitern: Wie aus Niederlagen Chancen werden" untersucht, wie Menschen und Organisationen aus Fehlern und Misserfolgen lernen können, um langfristig erfolgreicher zu sein. Hier sind einige wichtige Erkenntnisse und Fakten aus dem Beitrag: Studien zeigen, dass das Erleben und Bewältigen von Misserfolgen positive Auswirkungen auf das Gedächtnis, das Urteilsvermögen, die Motivation und die soziale Interaktion haben kann. Scheitern aktiviert oft Kräfte und Resilienz, die Menschen helfen, sich weiterzuentwickeln und zu verbessern.

Ein interessantes Konzept, das im Artikel erwähnt wird, sind die sogenannten „Fuckup Nights". Bei diesen Veranstaltungen teilen Unternehmer und Fachleute ihre persönlichen Misserfolge vor Publikum. Diese offenen Gespräche helfen dabei, das Stigma des Scheiterns zu reduzieren und fördern eine Kultur der Transparenz und des Lernens aus Fehlern. Die Teilnehmer berichten, dass solche Events psychologische Sicherheit bieten und dazu beitragen, Netzwerke zu bilden und voneinander zu lernen. Eine gründliche Fehleranalyse ist wichtig, um aus Misserfolgen zu lernen.

[30] *GEO* (2023)

Das bedeutet, die Gründe für das Scheitern zu hinterfragen und zwischen kontrollierbaren und unkontrollierbaren Faktoren zu unterscheiden. Indem Du erkennst, was Du verbessern kannst, und akzeptierst, was außerhalb der eigenen Kontrolle liegt, kannst Du künftige Fehler vermeiden und Dich gezielt weiterentwickeln.

Erfolgreiche Fehlermanager zeichnen sich durch Demut aus. Sie sind bereit, sich selbst realistisch einzuschätzen, aktiv Feedback einzuholen und von anderen zu lernen. Diese Haltung fördert eine positive Fehlerkultur innerhalb von Organisationen und trägt zur kontinuierlichen Verbesserung bei. Der Umgang mit Niederlagen erfordert Selbstmitgefühl und die Fähigkeit, sich selbst zu ermutigen. Statt sich von Schuldgefühlen überwältigen zu lassen, sollten Menschen ihre Fehler akzeptieren und sich auf ihre Stärken und vergangenen Erfolge besinnen. Das hilft, das Selbstwertgefühl zu stärken, und motiviert zum Weitermachen. Diese Ansätze und Erkenntnisse zeigen, dass Scheitern bei Weitem kein Ende, sondern oft ein notwendiger Schritt auf dem Weg zum Erfolg ist. Die Fähigkeit, aus Fehlern zu lernen und sich kontinuierlich zu verbessern, ist eine der wichtigsten Lektionen für persönliches und berufliches Wachstum.

WAS SIND DEINE 3 WICHTIGSTEN ERKENNTNISSE AUS DIESEM KAPITEL?

1

2

3

TEIL 9

Einfach gute Gewohnheiten etablieren

„Die Gewohnheit ist ein Seil; wir weben jeden Tag einen Faden, und schließlich können wir es nicht mehr zerreißen."

Thomas Mann

Stell Dir vor, Du könntest Dein Leben mit Leichtigkeit verbessern, indem Du nur ein paar kleine Veränderungen in Deinen Alltag einführst. Wenn Du solche Verhaltensmuster entwickelst, machen sie Dich erfolgreicher, glücklicher und ausgeglichener.

Gute Gewohnheiten sind wie unsichtbare Kräfte, die Dir dabei helfen, Deine Ziele zu erreichen, ohne dass Du ständig mit Willenskraft dafür kämpfen musst. Für unser Gehirn bedeuten Gewohnheiten pure Entspannung, da es weniger Energie für ebendiese Verhaltensmuster benötigt.

Am besten ist es, eine alte Gewohnheit, die nicht mehr zu Deinen aktuellen Zielen passt, durch eine neue, angepasste Gewohnheit zu ersetzen. Wenn Deine Gewohnheit etwa das nachmittägliche Essen eines Stücks Kuchen war und Du nun aber mehr auf Dein Gewicht achten möchtest, könntest Du eine neue Gewohnheit etablieren, bei der Du jeden Nachmittag einen Apfels snackst.

Bereite Dich darauf vor, einfache, aber effektive Strategien zu entdecken, die Dein Leben nachhaltig verbessern. Egal, ob es darum geht, Deine tägliche Routine zu optimieren oder neue, positive Gewohnheiten zu etablieren – dieser Teil des Buches gibt Dir die Werkzeuge und das Wissen an die Hand, das beständig und mühelos umzusetzen.

Die 66-Tage-Regel für neue Gewohnheiten

Wusstest Du, dass es durchschnittlich 66 Tage dauert, bis eine neue Gewohnheit fest verankert ist? Studien[31] haben gezeigt, dass durch die einfache Wiederholung einer Handlung in einem konstanten Kontext eine automatische Reaktion auf entsprechende Auslöser entsteht. Diese 66-Tage-Regel ist besonders nützlich, um positive Verhaltensweisen langfristig zu etablieren.

Dabei ist es wichtig, geduldig und konsequent zu sein, da regelmäßige Wiederholung der Schlüssel zur Bildung stabiler Gewohnheiten ist. Auch wenn Du gelegentlich einen Anlass verpasst, die neue Gewohnheit auszuführen, beeinträchtigt das den Prozess nicht wesentlich, solange Du mehrheitlich dabei bleibst und die Automatisierung der Gewohnheit bald wieder aufnimmst. Nutze diese Erkenntnis, um Schritt für Schritt erfolgreiche und nachhaltige Verhaltensänderungen in Deinem Leben zu integrieren.

[31] Gardner B., Lally P., Wardle J. (2012)

52. Erfolgsgewohnheiten aufbauen: der Schlüssel zur Beständigkeit

„Wer schon während der Jugend gute Gewohnheiten entwickelt, verändert sein gesamtes Leben."

Aristoteles

Erfolgsgewohnheiten machen Dir wortwörtlich das erfolgreiche Leben leicht. Sie sind die unsichtbaren Veränderungen, die im Laufe der Zeit große Transformationen bewirken und im besten Fall wie von selbst funktionieren. Doch wie kannst Du solche Gewohnheiten aufbauen und in Deinem Alltag verankern?Erfolgsgewohnheiten sind Verhaltensweisen, die wir regelmäßig und automatisch ausführen und die uns jedes Mal ein kleines Stückchen näher zum Erfolg bringen. Sie erfordern nur wenig bewusste Anstrengung, was sie zu mächtigen Werkzeugen für die persönliche Entwicklung macht. Wenn Du es schaffst, positive Gewohnheiten zu etablieren, wirst Du feststellen, dass Du Deine Ziele viel leichter erreichst.

Der erste Schritt zum Aufbau von Erfolgsgewohnheiten ist das Setzen realistischer und überschaubarer Ziele. Beginne mit kleinen Veränderungen, die leicht in Deinen Alltag integriert werden können. Ein berühmtes Beispiel ist der sogenannte „2-Minuten-Trick": Wenn Du eine neue Gewohnheit entwickeln möchtest, beginne damit, sie nur zwei Minuten pro Tag auszuführen. Möchtest Du regelmäßig meditieren? Setz Dich hin und lass für zwei Minuten die Gedanken ruhen. Mehr nicht. Für den Anfang ist das völlig ausreichend. Mehr wäre tatsächlich schädlich, weil es leicht ist, sich am Anfang zu übernehmen und dann direkt wieder die Lust an der neuen Aktivität zu verlieren, statt sie zur Gewohnheit zu machen.

Der Knackpunkt ist, dass Du die zwei Minuten täglich in Deine sonstigen Abläufe einbaust. Mit der Zeit erhöhst Du die Dauer dann schrittweise. Die Wiederholung ist der Schlüssel zur Beständigkeit.

Je häufiger Du eine Handlung wiederholst, desto mehr wird sie zu einer automatischen Gewohnheit.

Es dauert nun einmal, wie Du oben gelernt hast, durchschnittlich 66 Tage, bis eine neue Gewohnheit fest in Deinem Verhalten verankert ist. Geduld und Ausdauer sind also auch in diesem Fall der Schlüssel zum Erfolg.

Um einen zusätzlichen positiven Anreiz zu setzen, belohne Dich für Deine Erfolge. Positive Verstärkung hilft dabei, neue Gewohnheiten zu festigen. Das kann eine kleine Belohnung sein, die Du Dir gönnst, wenn Du eine Woche lang Deine neue Gewohnheit erfolgreich umgesetzt hast oder etwas direkt im Anschluss.

Die Freude über die Belohnung verstärkt das positive Verhalten und motiviert Dich, weiterzumachen. Schlag bei Belohnungen allerdings nicht über die Stränge. Eine Routine der gesunden Ernährung zu etablieren und sich dann nach jedem Salat mit Eiscreme zu belohnen, ist offensichtlich kontraproduktiv. Besser funktionieren Belohnungen, die der eigentlichen Aktivität nicht entgegenlaufen. Belohnungen sind dabei auch eher Übergangslösungen, denn Dein übergeordnetes Ziel ist, die Aktivität selbst als etwas Positives wahrzunehmen. Ab einem gewissen Punkt musst Du Dich beispielsweise für Deine Meditationsübungen nicht mehr belohnen, sondern spürst die nützlichen Auswirkungen auf Deine mentale Gesundheit und gehst den Übungen deshalb gerne nach.

Natürlich wird es dabei auch zu Tagen kommen, an denen Du auf dem Weg zur Etablierung der neuen Gewohnheiten auf Hindernisse stößt. Erkenne diese frühzeitig und entwickle Strategien, um sie zu überwinden. Eine häufige Hürde ist der innere Schweinehund, der Dich davon abhalten möchte, Deine neuen Gewohnheiten umzusetzen. Finde Wege, ihn zu bewältigen, indem Du Dich zum Beispiel an Deine langfristigen Ziele erinnerst oder Dich mit Gleichgesinnten austauschst.

Dein Umfeld hat einen großen Einfluss auf Dein Verhalten, nicht nur die Personen, mit denen Du Dich umgibst, sondern auch die Gegenstände und Räumlichkeiten. Gestalte Dein Umfeld so, dass es Deine neuen Gewohnheiten unterstützt. Wenn Du beispielsweise gesünder essen möchtest, räume ungesunde Snacks aus Deiner Küche und ersetze sie durch gesunde Alternativen. Schaffe eine Umgebung, die Dich automatisch zu den gewünschten Verhaltensweisen führt und nicht auf Abwege.

Wenn Du dann doch einmal vom Weg abkommst und in alte Gewohnheiten zurückfällst, nimm es Dir nicht übel. **Rückschläge sind normal und gehören zum Prozess des Aufbaus neuer Gewohnheiten dazu. Anstatt Dich von ihnen entmutigen zu lassen, akzeptiere sie als Teil des Lernprozesses. Analysiere, was schiefgelaufen ist, und finde Wege, um ähnliche Fehler in Zukunft zu vermeiden.** Wichtig ist, dass Du nicht aufgibst, sondern weitermachst.

Langfristiger Erfolg erfordert Kontinuität und die Fähigkeit, sich anzupassen. Überprüfe Deine Gewohnheiten daher regelmäßig und passe sie an, wenn nötig. Manchmal erfordert das Leben ganz einfach eine gewisse Flexibilität und es ist wichtig, dass Deine Gewohnheiten sich an die Veränderungen in Deinem Alltag anpassen können.

Einmal etabliert, sind Erfolgsgewohnheiten der Schlüssel zur Beständigkeit und damit zu nachhaltigem Erfolg. Durch kleine, kontinuierliche Schritte, positive Verstärkung und ein unterstützendes Umfeld entwickelst Du neue, positive Gewohnheiten und integrierst sie dauerhaft in Dein Leben. Bleibe geduldig, überwinde Hindernisse und akzeptiere Rückschläge als Teil des Prozesses. Mit der Zeit wirst Du feststellen, wie Deine neuen Gewohnheiten Dein Leben zum Besseren verändern.

WAS SIND DEINE 3 WICHTIGSTEN ERKENNTNISSE AUS DIESEM KAPITEL?

1

2

3

53. Selbstreflexion: sich selber besser verstehen lernen

„Das ungeprüfte Leben ist nicht lebenswert."

Sokrates

Immer wieder kommt sie zur Sprache und ist eines der wichtigsten Tools, das Du für Dich und Deinen Erfolg nutzen kannst: die Selbstreflexion. Selbstreflexion ist für den Erfolg absolut unerlässlich. Nur dank ihr etablierst Du die richtigen Gewohnheiten und wirst Dir darüber klar, wo Du hin willst. Sie ist das Bewusstsein über Dich selbst, die eigenen aktuellen Gewohnheiten, Reaktionen und Gedanken sowie das eigene Verhalten. Selbstbeobachtung und das Ziehen von Rückschlüssen sind Kern der Selbstreflexion.

Selbstreflexion bedeutet, Dich selbst besser zu verstehen und zu lernen, Dich selbst zu beobachten und zu erkennen, was Dich triggert, was Dir gefällt, was Dir nicht gefällt, was Dir Spaß macht und wie Du auf verschiedene Situationen reagierst. Diese Erkenntnisse helfen Dir, eine Art Bedienungsanleitung zu erstellen, die Dir sagt, wie Du am besten mit Dir selbst umgehst, um Deine Ziele zu erreichen und erfolgreich durchs Leben zu gehen. Wir bekommen keine Bedienungsanleitung bei der Geburt. Stattdessen schauen wir uns von anderen Menschen ab, wie sie mit sich selbst umgehen, aber auch diese Menschen hatten ebenfalls keine Bedienungsanleitung und oft gehen sie nicht gut mit sich, geschweige denn mit anderen um.

Sobald Du diese Anleitung über Dich selbst hast, kannst Du auch anderen Menschen erklären, was Dir wichtig ist und wie sie mit Dir umgehen sollten. Du verstehst dann sozusagen, wie Du funktionierst und was Dich ausmacht. Wenn Du keine Anleitung für Dich selbst hast, wirst Du ständig von anderen verletzt oder getriggert und weißt nicht, wie Du diesen Einflüssen am besten begegnen sollst.

Um die Selbstreflexion voranzutreiben und eine möglichst umfängliche Bedienungsanleitung für Dich zu entwickeln, die wirklich alle Facetten Deines Selbst umfasst, arbeite mit einem Coach oder Mentor zusammen. Diese Menschen haben oft bereits erfolgreich Bedienungsanleitungen ausgearbeitet und können Dir helfen, Dich selbst besser zu verstehen. Sie halten Dir einen Spiegel vor und zeigen Dir, wie Du Dich verhältst und welche Strategien Du verwenden kannst, um besser mit Dir selbst umzugehen.

Um erfolgreich Selbstreflexion zu betreiben, nimm Dir regelmäßig Zeit, um über Dein eigenes Verhalten und Deine Reaktionen auf verschiedene Situationen nachzudenken. Ein Coach oder Mentor kann Dich dabei unterstützen, indem er Dir Feedback gibt und Dir hilft, Deine blinden Flecken zu erkennen. Mit der Zeit wirst Du lernen, Dich selbst besser zu verstehen und weißt dann, worauf Du Dein Augenmerk richten musst.

Frage Dich zum Beispiel, warum Du Dich in bestimmten Situationen gut oder schlecht fühlst, was Dich antreibt, warum Du Dir bestimmte Ziele setzt und Dir andere Dinge weniger wichtig sind. Früher habe ich zum Beispiel schlechte Witze über andere gemacht, die diese natürlicherweise verletzt haben. Ich habe dies aber nur getan, um mein damaliges mieses Selbstwertgefühl zu überdecken. Ich musste andere niedermachen, um mich selbst größer zu fühlen. Mein Coach hat mir hier einen Spiegel vorgehalten und ich habe diese schlechte Gewohnheit erst dadurch wirklich erkannt und konnte an ihr arbeiten. Durch die Reflexion über mich selbst habe ich gelernt, mein Selbstwertgefühl auf andere Weise zu stärken.

Glaubenssätze hinterfragen

Ein wichtiger Punkt der Selbstreflexion ist das Hinterfragen der eigenen Glaubenssätze. **Viele unserer Grenzen entstehen**

durch limitierende Überzeugungen, die wir im Laufe unseres Lebens übernommen haben. Diese Glaubenssätze können so tief verankert sein, dass wir sie gar nicht mehr anzweifeln. Doch genau das ist notwendig, um über sie hinauszuwachsen. **Frage Dich: „Warum glaube ich das?" und „Was wäre, wenn diese Überzeugung nicht wahr wäre?"** Durch das Hinterfragen und Auflösen dieser limitierenden Glaubenssätze entdeckst Du bislang ungeahnte neue Möglichkeiten für Dich.

Geh beim Hinterfragen Deiner Glaubenssätze in kleinen Schritten vor. Es ist in Ordnung, noch an einem alten Glaubenssatz festzuhalten, während Du neue erkundest. Das lässt sich gut mit der Geschichte von Tarzan und den Lianen veranschaulichen: Wenn sich Tarzan durch den Dschungel schwingt, hält er immer noch an der einen Liane fest, während er nach der nächsten greift. Erst wenn er sicher die neue Liane in der Hand hat und sich im Schwung befindet, lässt er die alte los.

Tu es genauso mit Deinen Glaubenssätzen und Deiner persönlichen Entwicklung. Anstatt alles auf einmal ändern zu wollen, nimm Dir einzelne Bereiche vor und arbeitete daran, während Du immer noch an Deinen bisherigen Überzeugungen und Gewohnheiten festhältst. Sobald Du sicher bist, dass der neue Glaubenssatz oder die neue Gewohnheit funktioniert, lass die alte los. Das ermöglichte Dir, kontinuierlich voranzukommen, ohne Dich zu überfordern oder Dein gesamtes Weltbild auf einmal verändern zu wollen.

Ein konkretes Beispiel hierfür ist meine Umstellung auf eine gesündere Ernährung. Anstatt meine gesamte Ernährung über den Haufen zu werfen, begann ich mit kleinen Schritten, wie mehr Wasser zu trinken und täglich eine Portion Gemüse zu essen. Als diese neuen Gewohnheiten fest verankert waren, konnte ich weitere Veränderungen vornehmen, wie den Verzicht auf zuckerhaltige Getränke oder das Reduzieren von Fast Food. So verbesserte ich schrittweise und nachhaltig meine Ernährungsweise, ohne mich unter Druck zu setzen oder auf einmal zu viel zu wollen.

Wann immer Du auf Erfolg aus bist, ist absolut entscheidend, den inneren Dialog mit Dir selbst zu meistern und Dich bewusst auf positive Aspekte zu konzentrieren. Schreib Deine Bedienungsanleitung in einer Weise, die herausstellt, welche Stärken Du hast und sieh auch das Gute in neuen Glaubenssätzen. Inwiefern bringt Dich ein neuer Glaubenssatz weiter als ein alter? Wenn Du eine neue Liane greifst, hinterfrage immer, was an dieser Liane gut und cool ist. Warum solltest Du von der alten Liane loslassen? Was bringt Dir die neue? Diese Selbstkommunikation hilft, Zweifel zu überwinden und Deine Persönlichkeit auf positive Art und Weise zu entwickeln.

Erfolg kann jeder.

WAS SIND DEINE 3 WICHTIGSTEN ERKENNTNISSE AUS DIESEM KAPITEL?

1

2

3

54. Der Zinseszinseffekt: großer Erfolg entsteht durch kleine Schritte

> *„Ich messe den Erfolg nicht an meinen Siegen, sondern daran, ob ich jedes Jahr besser werde."*
>
> Tiger Woods

Erfolg entsteht nicht über Nacht und auch Deine Persönlichkeit entwickelst Du in kleinen Schritten, eine Gewohnheit und ein aufgelöster Glaubenssatz nach dem anderen. Das haben wir bereits etabliert. Es sind die kleinen, konsequenten Schritte, die im Laufe der Zeit zu großen Erfolgen führen. Dieser Gedanke liegt dem Zinseszinseffekt zugrunde.

Viele Menschen denken beim Zinseszinseffekt zunächst an Finanzen, doch das Prinzip lässt sich auf alle Lebensbereiche übertragen. Der Zinseszinseffekt beschreibt, wie kleine, kontinuierliche Investitionen, sei es Zeit, Energie oder Ressourcen, mit der Zeit exponentiell wachsen und zu großen Ergebnissen führen, weil sie sozusagen auf Deinen Grundstock einzahlen und ihn vergrößern.

Der Zinseszinseffekt: erklärt an einem einfachen Beispiel

Stell Dir vor, Du pflanzt einen Apfelbaum. Im ersten Jahr wächst der Baum und trägt ein paar Äpfel. Diese Äpfel isst Du nicht alle, sondern pflanzt einige der Kerne wieder ein. Im nächsten Jahr hast Du also nicht nur den ursprünglichen Baum, der erneut Äpfel trägt, sondern auch die neuen kleinen Bäume, die aus den Kernen gewachsen sind und ebenfalls Früchte tragen. Dieses Prozedere wiederholst Du mit jeder neuen Ernte. Je länger Du diesen Prozess fortführst, desto mehr Bäume und desto mehr Äpfel wirst Du haben, und zwar exponentiell. Es wächst nicht nur die Anzahl der Äpfel, sondern auch die Anzahl der dadurch neu gepflanzten Bäume pro Jahr.

Maximilian Wolf, Immobilienunternehmer und einer meiner Geschäftspartner, für dessen Kunden ich einmal pro Woche einen Mindset-Call gebe, in dem wir über private Herausforderungen, geistige Blockaden, Zeit- und Selbstmanagement, Skalierung und vieles mehr sprechen. Maximilian sagt über Erfolg:

„Für Erfolg brauchst Du drei Dinge: 1. das richtige Mindset, 2. das richtige Umfeld, 3. verkaufen und überzeugen können."

Erinnerst Du Dich noch an den Anfang des Buches, als ich von dem Glas geschrieben habe, das ich bin und welches ich immer mehr vergrößere und immer mehr fülle? Nehmen wir an, Du erweiterst den Horizont Deines eigenen Glases von 0,1 auf 0,2. Dann ist der nächste Schritt nicht von 0,2 auf 0,3, sondern auf 0,4. In jedem weiteren Schritt vergrößerst Du Dein Glas deutlich mehr, da Dein neues Wissen auf dem alten aufbauen kann. Du sammelst also nicht nur einzelne Wissensfakten, sondern wirst auch in die Lage versetzt, diese einzelnen Fakten miteinander zu verbinden. Dadurch erlernst Du mit jeder neuen Erweiterung deutlich mehr, als zunächst angenommen.

Das verdeutlicht den Zinseszinseffekt und seine Auswirkungen auf Deine Weiterentwicklung.

Genauso sieht es mit Gewohnheiten und Fähigkeiten aus. Auf diesen baust Deinen Erfolg auf, und zwar nachhaltig. Eine Immobilie kann zerstört werden oder einfach einen Wertverfall erleben, ein Auto kann man zu Schrott fahren und so weiter. Alles Materielle vergeht – Dein menschliches Wissen und Dein persönliches Kapital sind hingegen beständig. Das kann Dir niemand nehmen.

Die Investition in Dich ist die sicherste und renditestärkste Anlage der Welt.

Wenn Du ein Buch liest, einen Podcast hörst oder an einem Coaching teilnimmst, investierst Du einmalig Zeit und Ressourcen. Das Wissen, das Du daraus gewinnst, bleibt Dir jedoch für immer und ermöglicht es Dir, in der Zukunft bessere Entscheidungen zu treffen und erfolgreicher zu handeln. Jede kleine Lerneinheit, jede neue Fähigkeit und jedes zusätzliche Wissen sind wie Bausteine, die schrittweise ein stabiles und erfolgreiches Leben aufbauen.

Hinzukommt, dass der Wert von Wissen und Fähigkeiten mit der Zeit zunimmt. **Der Wert dieser Investitionen wächst durch ihre Anwendung und die daraus resultierenden Erfahrungen kontinuierlich.**

Der Schlüssel zum Nutzen des Zinseszinseffekts liegt darin, kleine, konsistente Schritte zu unternehmen und Geduld zu haben. Konzentriere Dich darauf, regelmäßig kleine Verbesserungen vorzunehmen, anstatt große, sporadische Anstrengungen. Kleine tägliche Fortschritte summieren sich und führen zu bedeutenden Erfolgen über die Zeit hinweg.

Um den Zinseszinseffekt in Deinem Leben zu nutzen, beginne mit kleinen, realistischen Zielen und arbeite konsequent daran, sie zu erreichen. Sei geduldig und beharrlich, denn die Früchte Deiner Arbeit werden sich mit der Zeit vervielfachen.

Denke daran, dass jede kleine Anstrengung, die Du heute unternimmst, ein Baustein für Deinen zukünftigen Erfolg ist. So wirst Du nach und nach ein beeindruckendes Fundament aufbauen, das Dich langfristig trägt und unterstützt. Das gilt im Übrigen nicht nur für Erfolge, sondern auch für Niederlagen, aus denen Du viel lernen kannst. So wirst Du auch durch ebendiese Niederlagen immer besser und kannst von dem Effekt profitieren.

Der Zinseszinseffekt zeigt, dass großer Erfolg aus vielen kleinen Schritten besteht. Beim Aufbau von Gewohnheiten kommt er Dir zugute, weil Du nicht nur jedes Mal ein wenig besser wirst, sondern eine regelrechte Aufwärtsspirale in Gang setzt, die den Effekt Deiner neuen Gewohnheiten exponentiell steigert.

Indem Du kontinuierlich in Dich selbst investierst und Deine Fähigkeiten und Dein Wissen ausbaust, wirst Du langfristig erstaunliche Ergebnisse erzielen. Dieser Ansatz hilft Dir, beständig voranzukommen und die Grundlagen für ein erfolgreiches und erfülltes Leben zu schaffen.

WAS SIND DEINE 3 WICHTIGSTEN ERKENNTNISSE AUS DIESEM KAPITEL?

1

2

3

TEIL 10

Präsent sein auf dem Weg zum Erfolg

„Die Stille ist eine Quelle der großen Stärke."

Friedrich Nietzsche

Wir leben in einer Welt voller Möglichkeiten. Es gibt so viel Information wie nie zuvor, Kommunikation passiert in Sekundenschnelle quer über den Globus, Transport und Reisen gehen schneller und weiter, Kulturen prallen aufeinander und jedem steht es frei, sich intellektuell zu beschäftigen. Was auf der einen Seite Chancen schafft, sorgt auf der anderen Seite für Ablenkungen und ständige Hektik. Da ist es von unschätzbarem Wert, Momente der Ruhe zu finden und das Bewusstsein wieder für das zu schärfen, auf das es im Leben eigentlich ankommt.

Präsenz und Achtsamkeit ermöglichen genau das, lassen uns das Leben im Hier und Jetzt erleben und schenken dadurch mehr Klarheit, Zufriedenheit und Lebensqualität.

Präsenz bedeutet, sich uneingeschränkt auf den gegenwärtigen Moment zu konzentrieren, anstatt sich in Gedanken über die Vergangenheit oder Sorgen um die Zukunft zu verlieren.

Achtsamkeit schärft das Bewusstsein für die Umgebung und die inneren Prozesse, was zu einem tieferen Verständnis des Selbst und zu einer besseren Verbindung mit anderen führt.

Techniken und Übungen, die diese Fähigkeiten fördern, können in jeden Lebensbereich integriert werden – sei es im hektischen Berufsalltag, in der Zeit mit der Familie oder in Momenten des Alleinseins. Diese Praktiken helfen, Gelassenheit und Freude in den Alltag zu bringen und das Leben trotz Ablenkungen bewusster und harmonischer zu erleben.

55. Im Hier und Jetzt: die Kraft der Gegenwart

„Über die Zukunft zu reden, ist der beste Vorwand, sich vor der Gegenwart zu drücken."

Mark Twain

Viele Menschen leben entweder in der Vergangenheit oder träumen von der Zukunft. Dabei vergessen sie, den gegenwärtigen Moment zu schätzen. Dabei ist das Hier und Jetzt der wertvollste Moment, den es gibt, denn jeder Augenblick ist einzigartig und kommt niemals wieder. Menschen, die in der Vergangenheit feststecken, machen oft ihr aktuelles Leben kaputt, indem sie alten Wunden und Groll nachhängen.

„Mein Vater hat mich immer geschlagen."

„Wir waren arm und ich hatte keine Möglichkeiten."

„Früher war alles besser."

Wer die Vergangenheit für seine aktuelle Situation verantwortlich macht, erinnert sich ständig daran, was in der Kindheit oder in früher falsch gelaufen ist, und lässt diese Erinnerungen die Gegenwart negativ beeinflussen. Auf der anderen Seite gibt es diejenigen, die ständig von der Zukunft träumen und Pläne schmieden, ohne konkrete Schritte im Hier und Jetzt zu unternehmen. Sie fantasieren darüber, wie es sein wird, wenn sie ihr Ziel erreicht haben, ohne sich auf die notwendigen Maßnahmen zu konzentrieren, um auch dorthin zu gelangen.

„Wenn ich erst einmal fertig studiert habe, dann … "

„Wenn ich noch mehr Geld angespart habe, dann … "

„Sobald ich mir ein größeres Haus leisten kann … "

„Wenn ich mal im Lotto gewinne, dann … "

Die Kehrseite der Zukunftsversessenheit zeigen diejenigen, die sich konstant um zukünftige Entwicklungen sorgen und dadurch ihr Hier und Jetzt belasten. Auch ihr Verhalten führt dazu, dass sie meist nicht die notwendigen Schritte unternehmen, um ihr Leben zu verbessern, weil sie von negativen Erwartungen abgeschreckt werden.

Alle diese Verhaltensweisen führen dazu, dass der gegenwärtige Moment vernachlässigt wird und Menschen nicht die Zufriedenheit und das Glück finden, die sie sich wünschen. Die wahre Kunst besteht darin, zwar den inneren Drang nach mehr zu spüren, aber gleichzeitig Zufriedenheit im Hier und Jetzt zu empfinden.

Im Grunde bedeutet das vor allem, bewusst und aktiv das zu erleben, was gerade passiert, anstatt ständig abgelenkt zu sein und an andere Dinge zu denken. Eine solche Präsenz erfordert, dass Du Dich nicht von äußeren Einflüssen wie Social Media oder der Angst, etwas zu verpassen, vereinnahmen lässt, sondern den aktuellen Moment voll und ganz wahrnimmst. **Was siehst Du jetzt gerade? Was spürst Du? Welche anderen Sinne sind angesprochen? Was geht in Deinem Kopf vor?**

Ein solches Bewusstsein ermöglicht es Dir, den gegenwärtigen Moment zu schätzen und ganzheitlicher zu leben. Genieße die kleinen Freuden des Lebens und entwickle eine tiefe Dankbarkeit für das, was Du hast. Konzentriere Dich gleichzeitig auf Deine Ziele und unternimm konkrete Schritte, um diese zu erreichen, ohne Dich in Träumereien oder Bedauern zu verlieren.

Das Leben im Hier und Jetzt bedeutet, sich voll und ganz auf den aktuellen Moment einzulassen und die Schönheit und Einzigartigkeit jedes Augenblicks zu erkennen. Sei präsent und erlebe jeden Moment bewusst, anstatt ihn in Gedanken an die Vergangenheit oder die Zukunft zu verlieren. Präsenz verhilft Dir zu einem erfüllten und glücklichen Leben, da Du dank ihr das Beste aus jedem Moment machst und ein tiefes Gefühl der Zufriedenheit und des Friedens entwickelst.

WAS SIND DEINE 3 WICHTIGSTEN ERKENNTNISSE AUS DIESEM KAPITEL?

1

2

3

56. Achtsamkeit: Dein Leben upgraden

> *„Achtsamkeit bedeutet, dass wir ganz bei unserem Tun verweilen, ohne uns ablenken zu lassen."*
>
> Dalai Lama

In die gleiche Richtung wie Präsenz läuft auch die Praxis der Achtsamkeit. Richtig eingesetzt, kann sie Dein Leben auf eine neue Ebene heben. Dank ihr nimmst Du Deine Umwelt und Dich selbst bewusster wahr und gewinnst daraus wertvolle Erkenntnisse. **Achtsamkeit bedeutet, dass Du in jedem Moment fragst: „Was macht das gerade mit mir? Was will mir das sagen?"**

Sei aufmerksam gegenüber Deinen Gefühlen und Deiner Umgebung und nutze diese Informationen, um Dein Leben bestmöglich zu gestalten.

Wenn Du achtsam bist, lebst Du nicht einfach nur vor Dich hin, sondern nimmst bewusst Feedback von Deinem Umfeld auf. Du erkennst, ob Dir etwas Spaß macht oder nicht, ob es das ist, was Du wirklich willst, oder ob Dir etwas anderes besser dienlich wäre. Ein Leben ohne Achtsamkeit ist wie eine Fernbedienung, auf der Du nur die Hälfte der Tasten wahrnimmst. Dadurch bleibt viel Potenzial ungenutzt. Genau wie bei einem Smartphone, das man nur zum Telefonieren benutzt, obwohl es viele weitere Funktionen bietet, liegt es an Dir, das volle Potenzial Deines Lebens zu erkennen und zu nutzen.

Jeder Mensch hat solches Potenzial, das darauf wartet, entfaltet zu werden. Achtsamkeit hilft Dir dabei, ungenutztes Potenzial zu entdecken und zu nutzen. Beginne zu verstehen, was Du in verschiedenen Umgebungen und Kontexten erreichen kannst, und wie Du am besten mit Dir selbst und Deiner Umwelt umgehst, um glücklich und erfolgreich zu sein.

Achtsamkeit bedeutet auch, die kleinen Dinge im Leben zu schätzen, und hilft Dir, in der Hektik des Alltags innezuhalten und die Schönheit um Dich herum wahrzunehmen – sei es der Gesang der Vögel, das Rauschen der Blätter im Wind oder die Lachfalten eines geliebten Menschen. Diese kleinen Momente des Innehaltens und der Bewusstheit machen einen großen Unterschied in Deinem Leben und führen Dich hin zu mehr Gelassenheit, Freude und Zufriedenheit.

Durch Achtsamkeit entwickelst Du ein tieferes Verständnis für Dich selbst und Deine Bedürfnisse. Du lernst, was Dir wirklich wichtig ist und wie Du Dein Leben entsprechend gestaltest. Achtsamkeit ist der Schlüssel, um bewusste Entscheidungen zu treffen, die Dein Wohlbefinden steigern. Auf diese Weise und indem Du Dein volles Potenzial ausschöpfst, führst Du nicht nur ein erfüllteres, glücklicheres Leben, sondern gelangst auch automatisch entspannt zu mehr Erfolg.

Etwas Wissenschaft:
das menschliche Potenzial und die Nervenzellen des Gehirns

Forschungsergebnisse[32] haben gezeigt, dass das menschliche Gehirn etwa 86 Milliarden Nervenzellen besitzt. Diese präzise Zahl wurde von der brasilianischen Neurowissenschaftlerin Suzana Herculano-Houzel und ihren Kollegen ermittelt und 2009 veröffentlicht.

Durch eine innovative Methode, bei der Gehirne homogenisiert wurden, konnten die Forscher eine repräsentative Zellverteilung sicherstellen und so die exakte Anzahl der Nervenzellen im gesamten Gehirn berechnen. Diese 86 Milliarden Nervenzellen verdeutlichen das immense Potenzial, das in jedem von uns steckt. Jede Nervenzelle ist Teil eines komplexen Netzwerks, das unsere Gedanken, Gefühle und Fähigkeiten ermöglicht.

[32] Helmholtz-Gemeinschaft (2015)

Die enorme Anzahl an Nervenzellen und deren Verbindungen bieten eine nahezu unendliche Kapazität für Lernen, Kreativität und persönliche Entwicklung. Indem wir uns der Leistungsfähigkeit unseres Gehirns bewusst werden und Techniken wie Achtsamkeit und Präsenz praktizieren, können wir dieses Potenzial voll ausschöpfen. Lass Dich von dem Wissen um die 86 Milliarden Nervenzellen dazu inspirieren, kontinuierlich an Dir zu arbeiten und Deine Fähigkeiten zu entfalten, um ein erfülltes und erfolgreiches Leben zu führen.

WAS SIND DEINE 3 WICHTIGSTEN ERKENNTNISSE AUS DIESEM KAPITEL?

1

2

3

57. Meditation: der Reset-Button für den Alltag

> *„Meditation bringt uns in Berührung mit dem, was die Welt im Innersten zusammenhält."*
>
> Johann Wolfgang von Goethe

Neben dem Leben im Moment und der Achtsamkeit ist die Meditation eines der effizientesten und einfachsten Werkzeuge, die Du für mehr Präsenz auf dem Weg zum Erfolg nutzen solltest.

Meditation hilft Dir dabei, Dich inmitten des hektischen Alltags neu zu zentrieren und Energie zu tanken. Als könntest Du das Spiel des Lebens kurz auf „Pause" schalten, Luft holen und dann wieder neu durchstarten. Meditation hat mein Leben verändert, indem es mir eine neue Routine gegeben hat, die mir Energie verleiht und mich auf meine Ziele ausrichtet. Während ich meditiere, fokussiere ich mich auf mein Warum und darauf, wohin ich möchte.

Sie ist dabei nicht zwingend das, was Du Dir vielleicht unter Meditieren vorstellst. Es gibt keinen einheitlichen Standard für Meditation, genauso wenig wie für Erfolg oder Selbstreflexion. Du musst Dich dazu nicht irgendwo hinknien, die Hände in bestimmter Weise falten oder die Füße über die Knie zwingen. Jeder Mensch meditiert am besten auf seine Art und Weise. Ich zum Beispiel kann besonders gut meditieren, wenn ich auf meinem Balkon sitze und in die Frankfurter Skyline schaue. Dadurch komme ich in einen meditativen und inspirierenden Zustand. Für andere kann es ein Spaziergang in der Natur sein oder das Betrachten eines schönen Ausblicks. Auch für geführte Meditationen gibt es mehr und mehr Möglichkeiten.

Meditation ist also nicht gleich Meditation. Es ist eine individuelle Praxis, die auf die eigenen Bedürfnisse und Vorlieben abgestimmt ist. Anfangs war ich skeptisch und dachte, dass ich als Macher und Umsetzer keine Zeit habe, mich hinzusetzen und nichts zu tun. Als ich Meditation das erste Mal ausprobierte, schwirrten mir zunächst viele Gedanken durch den Kopf und ich hatte das Gefühl, nicht in meine Mitte zu finden. Doch durch die Anleitung meines Coaches lernte ich, dass es bei der Meditation auch darum geht, Gedanken kommen und gehen zu lassen, nicht zwingend, alle Gedanken auszusperren.

Mach Dir vielmehr die Vorgänge im eigenen Denken bewusst. Auf diese Weise stärkt Meditation Deine Konzentration und den Fokus. Regelmäßige Meditation hilft dabei, in einer immer schneller und lauter werdenden Welt einen Rückzugsort zu haben, um wieder zu Dir selbst zu finden. Ohne diese regelmäßigen Momente der Besinnung verlierst Du leicht den Überblick über das, was Dir wirklich guttut, und über Deine aktuellen Bedürfnisse.

Seitdem ich regelmäßig meditiere, hat sich meine Umsetzungsgeschwindigkeit deutlich verbessert. Wenn ich meditiere, wird das Bild meiner Zielen klarer und ich sehe die Schritte, die mich dorthin führen. Ich sammle Energie, besonders wenn ich müde, genervt oder von etwas vereinnahmt bin. Manchmal kombiniere ich Meditation mit einem kurzen Powernap, um meine Energie aufzuladen und in eine positive Stimmung zu kommen.

Auf welche Weise Du Meditation auch praktizierst, das Ziel ist immer, in die eigene Mitte zu finden, zur Ruhe zu kommen und Energie zu tanken. Meditiere regelmäßig und schaffe Dir dadurch einen Reset-Button für Deinen Alltag, der Dir hilft, Stress abzubauen, Klarheit zu gewinnen und Deine Energie zu erneuern.

Die transformative Kraft bewusster Wahrnehmung, sei es des gegenwärtigen Moments, der Welt um Dich herum oder Deiner inneren Vorgänge, bereichert das eigene Leben und ist eine Einladung, Dich auf mehr inneren Frieden und ein tieferes Verständnis des Lebens einzulassen.

WAS SIND DEINE 3 WICHTIGSTEN ERKENNTNISSE AUS DIESEM KAPITEL?

1.

2.

3.

TEIL 11

Next Level Leben

„Every next level of your life will demand a different version of you. – Jedes neue Level Deines Lebens verlangt nach einer neuen Version Deines Selbst."

Unbekannt

Der Weg zu einem selbstbestimmten und erfolgreichen Leben ist eine Reise, die zahlreiche Aspekte umfasst, von denen Du bis hierhin viele kennengelernt hast. Nun ist der Zeitpunkt gekommen, all diese Erkenntnisse zusammenzuführen und Dich auf das nächste Level zu heben.

Wir haben uns mit den grundlegenden Bausteinen der Persönlichkeitsentwicklung auseinandergesetzt, darunter Selbstbewusstsein, Gesundheit, Beziehungen und finanzielle Freiheit. Keiner dieser Aspekte darf fehlen, wenn Du ein erfülltes und erfolgreiches Leben führen willst.

Wie aber das alles integrieren und die verschiedenen Facetten Deines Lebens harmonisch in einer Denkweise miteinander verbinden? Lerne, Dein Leben so zu gestalten, dass es Deinen tiefsten Wünschen und Zielen entspricht. Stelle Dir vor, Du machst Dein Leben zu einer Meisterleistung und einem Blockbuster – ein Leben, das so inspirierend und erfüllend ist, dass andere nur staunen können.

58. Mach aus Deinem Leben eine Meisterleistung

> *„Wer kämpft, kann verlieren. Wer nicht kämpft, hat schon verloren!"*
>
> Bertolt Brecht

Dir stehen alle Wege offen. Die Welt strotzt vor Möglichkeiten. Ängste, Zweifel und äußere Erwartungen halten Dich vielleicht jetzt noch zurück, aber was, wenn Du Dein Leben als eine Meisterleistung, einen regelrechten Blockbuster betrachtest? Was wäre, wenn Du der Darsteller Deines eigenen Films wärst und die Macht hättest, jede Szene, jeden Akt und jedes Detail zu gestalten? Einen Film voller Abenteuer, Leidenschaft und Erfüllung, der vor allem immer gut für den Helden ausgeht. Es ist an der Zeit, die Zügel selbst in die Hand zu nehmen und Dein Leben zu einer Meisterleistung zu machen.

Jeder von uns ist etwas ganz Besonderes und verdient daher auch etwas Besonderes. Diese Überzeugung ist der Grundstein für ein Leben, das über das Mittelmaß hinausgeht. Warum solltest Du Dich mit weniger zufriedengeben als dem Besten? Warum nur bedeutungslose Nebenfigur sein, statt der Held im Rampenlicht? Die Welt bietet unzählige Möglichkeiten und es liegt an Dir, sie zu ergreifen und das Beste aus ihnen zu machen. **Du hast einzigartige Talente und Fähigkeiten, die nur darauf warten, entdeckt und genutzt zu werden.** Führe ein einzigartiges Leben, ein einfach komplett geiles Leben, anders kann ich es nicht ausdrücken.

Nur das Beste ist gut genug für Dich!

Mach aus Deinem Leben eine Meisterleistung, indem Du groß träumst und Deine kühnsten Ziele verfolgst. Beginne damit, eine Vision für Dein Leben zu entwickeln und umzusetzen.

Was möchtest Du wirklich erreichen? Was sind Deine größten Träume und Ziele? Schreib Dein eigenes Drehbuch, in dem Du die Hauptrolle spielst und das Ende selbst bestimmst.

Glaub, dass Du all das erreichen kannst, und dann arbeite jeden Tag daran. Ein Blockbuster-Leben entsteht nicht durch Zufall, sondern durch bewusste Entscheidungen und kontinuierliches Handeln. Jeder Tag erlaubt Dir, ein Stück näher an Deine Vision zu gelangen. Denke daran, dass jeder Blockbuster aus vielen einzelnen Szenen besteht, die zusammen das Gesamtbild formen. Brich Deine großen Ziele in kleinere, überschaubare Schritte herunter und arbeite konsequent an jedem einzelnen von ihnen.

Wenn Du auf Mittelmaß abzielst, bleibst Du auch nur Mittelmaß. Außerdem hast Du dann eine riesige Konkurrenz, denn es gibt viele Menschen, die im Mittelmaß feststecken. Die meisten Menschen geben sich mit durchschnittlichen Zielen und Leistungen zufrieden. Das liegt daran, dass sie Angst vor dem Scheitern haben und sich nicht trauen, nach den Sternen zu greifen. Sobald Du anfängst, auf das Beste hinzuarbeiten, gibt es kaum noch jemanden, der mit Dir an der Spitze konkurriert.

Als ich zum Beispiel letztens beim Friseur war, erzählte mir die Friseurin, dass sie auf der Suche nach einer neuen Wohnung sei und allein bei der letzten Besichtigung über 50 Leute anwesend waren. Sie fragte mich, wie das bei mir war. Ich zögerte erst, erzählte ihr dann aber, dass ich meine Wohnung innerhalb von zwei Wochen gefunden hatte, weil Geld keine so große Rolle spielte. An der Spitze der Gesellschaft hast Du einfach mehr Freiheiten, mehr Raum, mehr Luft.

Meisterleistung schlägt Mittelmaß.

Natürlich hätte ich mich auch verstellen können, um mich auf das Level der Friseurin zu begeben, aber warum? Das hätte mich lediglich meine Authentizität gekostet und jeder Blockbuster lebt davon, dass die Hauptfigur authentisch ist. **Sei Du**

selbst und lebe nach Deinen eigenen Werten und Überzeugungen, wenn Du der Held Deines Films sein willst. Lass Dich nicht verbiegen. Am Ende bringt Dir das mehr, als Dich zu verstellen, denn Authentizität zieht die richtigen Menschen und Gelegenheiten in Dein Leben und schafft echte Verbindungen. Zeige der Welt, wer Du wirklich bist, und lass Dich nicht von den Erwartungen anderer einschränken.

Das bedeutet auch, das Risiko einzugehen, andere vor den Kopf zu stoßen, aber damit musst Du leben. Kein großer Film kommt ohne Herausforderungen, Konflikte und Wendepunkte aus. Fehler, Rückschläge und Auseinandersetzungen sind ein natürlicher Teil des Prozesses auf dem Weg zum Erfolg und bieten wertvolle Lektionen. Lerne aus ihnen, passe Deinen Plan an und mach weiter. Mit Mut und Durchhaltevermögen meisterst Du die Höhen und Tiefen jeder Storyline.

Wenn Du dann erst einmal ein gewisses Level erreicht hast, gelangst Du in ruhigere Gewässer – wie der Held, der nach der geschlagenen Schlacht auf sein neues Königreich blickt. Vergiss auch dann nicht, die kleinen Momente des Glücks und der Freude zu schätzen. **Das Leben besteht nicht nur aus den großen, dramatischen Szenen, sondern auch aus den alltäglichen Begegnungen und Erlebnissen, die ihm Tiefe und Bedeutung verleihen. Sei präsent, genieße die Reise und feiere jeden Erfolg, egal wie klein er erscheinen mag.**

Erfolg kann jeder.

Mach das Beste aus Deinem Leben, indem Du es in eine Meisterleistung verwandelst und einen Hingucker, zu dem andere ins Kino strömen würden. Du bist einzigartig und Dein Leben sollte es auch sein. Nutze Deine Talente und Fähigkeiten, setze Deine Träume um und gestalte ein Leben, das der großen Leinwand würdig ist und das Du mit Stolz und Freude führst. Deine Geschichte ist wertvoll – mach sie zu einem Meisterwerk, das andere inspiriert und Dir selbst die Erfüllung bringt, die Du verdienst.

Oliver Fischer und ich arbeiten zusammen und ich gebe einmal pro Woche einen Call für seine Kunden – den Mindset-Call. Darin sprechen wir über private Herausforderungen, mentale Blockaden, Zeit- und Selbstmanagement und wie man im Kopf skaliert. Er sagte mir einst:

„Erfolg bedeutet Freiheit und Freiheit kann man mit Geld kaufen. Deshalb sollte jeder mehr Geld verdienen."

WAS SIND DEINE 3 WICHTIGSTEN ERKENNTNISSE AUS DIESEM KAPITEL?

1

2

3

59. Wie Du andere inspirierst und Deinen Erfolg an andere weitergibst

„Betrachte das Geben nicht als eine Pflicht, sondern als ein Privileg.“

John D. Rockefeller Jr.

Indem Du aus Deinem Leben eine Meisterleistung machst, inspirierst Du auch andere Menschen. Sie sehen, wie Du Schritt für Schritt Deine Ziele erreichst, was Du dafür tust und welchen Weg Du gegangen bist. Teile Deine Erfolge und Deine Erkenntnisse, um auch ihnen ein wenig auf ihrem Weg weiterzuhelfen. **Deine Geschichte kann anderen Mut machen und sie dazu motivieren, ihre eigenen Träume zu verfolgen.** Ein Blockbuster-Leben ist nicht nur für Dich selbst erfüllend, sondern hat auch die Kraft, die Leben anderer zu bereichern.

Andere zu inspirieren ist eine Win-win-Situation, denn das Teilen Deines Erfolgs dient gleichzeitig auch Dir wiederum als Antrieb, Deinen Erfolg weiter auszubauen und abermals neues Wissen und Erfahrungen weiterzugeben. Der Erfolg ist dann nicht nur eine persönliche Errungenschaft, sondern ein Mittel, um anderen zu zeigen, was möglich ist.

Andere zu inspirieren, ist ein Bedürfnis, das viele erfolgreiche Menschen verbindet. Sobald Du ein gewisses Level erreicht hast und den Weg dorthin kennst, willst Du ihn mit anderen teilen. Genau deshalb habe ich dieses Buch geschrieben und biete Coachings an – um den Menschen die Werkzeuge und Einsichten zu geben, die sie in ihrem eigenen Leben anwenden können, um erfolgreich zu werden. Ich weiß, wie wunderbar das Leben sein kann, wie gut sich finanzielle Freiheit anfühlt und wie jeder erfolgreich wird. Da ist es nur natürlich, dass ich andere aufrütteln und dazu anregen will, ihr eigenes erfolgreiches Leben zu gestalten.

Sobald Du das Wissen aus diesem Buch aufgenommen und umgesetzt hast, verspürst auch Du eventuell den Wunsch, andere zu inspirieren und Dein Umfeld mit Deinem Wissen und Deinen Erfahrungen zu bereichern. Es gibt viele Wege, das zu tun. Ein einfacher und wirkungsvoller Weg ist zum Beispiel, Bücher zu verschenken, die Dich selbst inspiriert und weitergebracht haben. Ohne die Bücher, die mich ganz am Anfang zu neuem Handeln und neuen Denkweisen angeregt haben, weiß ich nicht, wo ich heute wäre.

Bücher haben das Potenzial, das Leben eines Menschen zu verändern, indem sie neue Perspektiven eröffnen und wertvolle Informationen bieten. Mit einem Buch beschäftigen wir uns deutlich intensiver als mit einem Video oder einer Podcast-Folge. **Schenke anderen Menschen Bücher, die Dich selbst inspiriert haben und die Du für hilfreich hältst.** Du nimmst damit nicht nur positiven Einfluss auf ihr Leben, sondern ein Buch-Geschenk ist auch eine wunderschöne Geste.

Versuche dabei jedoch nicht, andere aktiv zu bekehren oder ihnen Deinen Weg aufzudrängen. Du kannst Samen säen, aber den Baum nicht zum Wachsen zwingen. Sorge stattdessen für Dich selbst und bleibe dabei authentisch. Menschen werden automatisch auf Dich zukommen und fragen, wie Du Deinen Erfolg erreicht hast, wenn Du ihn vorlebst. Dann kannst Du ihnen auf eine respektvolle und hilfreiche Weise Deine Erfahrungen und Einsichten mitgeben und weißt, dass sie für Dein Wissen auch bereit sind.

Tatsächlich inspirierst Du die Menschen am meisten, indem Du mit gutem Beispiel vorangehst. **Wenn Du Dein Leben veränderst und glücklicher und erfüllter wirst, werden andere das bemerken und sich fragen, wie Du das geschafft hast.**

You go first!

Indem Du authentisch und transparent zeigst, wie Du Dein Leben gestaltest und welche Methoden Du anwendest, machst

Du anderen Mut, ihren eigenen Weg zu gehen und ihre Ziele zu verfolgen.

Wenn andere niemanden haben, der ihnen inspirierende Beispiele von Lebensstilen gibt, wissen sie auch nicht, was möglich ist. Werde durch Deine Art zu leben zum Vorbild und zur Quelle der Inspiration. Verbarrikadiere Dich also nicht in Deinen vier Wänden, egal, wie luxuriös sie sein mögen. Feiere nicht nur Deine eigenen Erfolge, sondern nutze sie auch dazu, um anderen zu helfen.

Deine Geschichte beginnt hier, der Start Deines Blockbusters, Deiner Meisterleistung, und der Sprung auf das nächste Level im Leben. Nutze Dein Wissen und Deine Erfahrungen, um das Leben anderer Menschen positiv zu beeinflussen und ihnen zu zeigen, dass auch sie Großes erreichen können. Was Du Positives in die Welt hinausträgst, wird auch wieder zu Dir zurückkommen und Deinen Erfolg auf wunderbare Weise bereichern. Dadurch wirst Du anderen ein leuchtendes Beispiel dafür, dass Erfolg und Erfüllung für jeden möglich sind.

Erfolg kann jeder.

WAS SIND DEINE 3 WICHTIGSTEN ERKENNTNISSE AUS DIESEM KAPITEL?

1

2

3

Liebe Leserin, lieber Leser,

Herzlichen Glückwunsch! Du hast das Buch vollständig gelesen und konntest mit Sicherheit einige wertvolle Erkenntnisse für Dich mitnehmen. Abschließend habe ich noch eine Empfehlung für Dich: Wenn Du nach diesem Buch gerne Teil unserer „*Erfolgkannjeder-Community*" sein willst, dann schaue jetzt auf unsere Website und werde ganz unkompliziert Teil eines einzigartigen Netzwerks mit Coachings in allen Lebensbereichen. Hier kannst Du die Themen des Buches noch einmal richtig vertiefen und wirst optimal in der Umsetzung im Alltag unterstützt.

Melde Dich an:

Du möchtest mich supporten?

Dann freue ich mich riesig über Dein Feedback! Bitte hinterlasse mir doch über den QR-Code auf der nächsten Seite Deine persönliche Bewertung auf Amazon, wenn Dir das Buch gefallen hat. Damit hilfst Du mir dabei, die Botschaften des Buches an möglichst viele Menschen senden zu können und auch sie zu ihrem persönlichen Erfolg zu führen.

Ich danke Dir von Herzen und wünsche Dir für Deinen weiteren Weg maximalen Erfolg. Denke immer daran:

Erfolg kann jeder.

Dein Alexander

ForwardVerlag

Dir hat das Buch gefallen?

Wir freuen uns über jede Rezension bei Amazon.

Mit Deiner Rezension unterstützt Du uns, bei Amazon eine verbesserte Sichtbarkeit zu erhalten. Das hilft vielen Menschen sehr weiter.

Sende uns gerne eine E-Mail mit einem Screenshot von Deiner Bewertung bei Amazon und erhalte ein tolles Geschenk.

Du hast Interesse an unseren Büchern?

Zum Beispiel als Geschenk für Deine Kunden oder Mitarbeiter?

Dann fordere unsere attraktiven Sonderkonditionen an.

✉ info@forwardverlag.de

ForwardVerlag

Features

Titel:	Mach aus Deinem Leben eine Meisterleistung
Untertitel:	Wie Du als Unternehmer Deine Ziele in allen Lebensbereichen effektiv erreichst und Dich noch erfolgreicher machst.
Autor:	Alexander Lang

Im Februar 2023 schrieb ich ein Buch, das viele der Themen, die in diesem Buch anklangen, noch ausführlicher behandelt und in ihrer Tiefe ergründet. Darin finden sich auch viele Übungen, die zu mehr Klarheit führen sollen und die ich Dir deshalb von Herzen als Zusatz zu diesem Buch empfehle.

Darin erfährst Du, wie Du als Selbstständiger und Unternehmer limitierende Glaubensmuster auflöst und sie durch dienliche ersetzt. Wir sprechen über Themen wie Dankbarkeit, Durchhaltevermögen, Umfeld und persönliches Wachstum. Du wirst Dich in manchen Absätzen wiederfinden und Dich identifizieren können.

ForwardVerlag